JN114415

情報処理技術者試験対策書

合格論文の書き方・事例集

第6版

システムアーキテクト

岡山昌二［監修・著］
鈴木　久・長嶋　仁・北條　武・満川一彦［著］

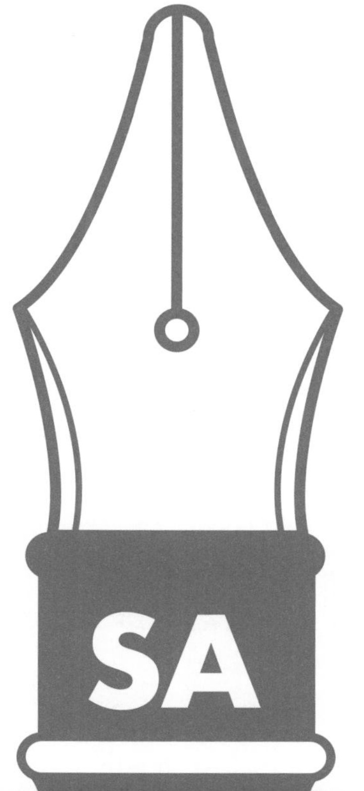

はじめに

筆者が仕事として初めて文章を書いたのは，1980 年のことです。当時はワープロなどもまだ普及しておらず，手書きの文章を何度も書き直して上司にレビューをお願いしました。書類を見たときの上司の顔，短い文章にもかかわらずコメントするまでの時間の長さは，今でも忘れられません。

情報処理技術者試験対策のセミナの案内を見て，システム監査技術者試験の受験勉強を始めたのは，今から 35 年ほど前です。添削用の論文を 1 本書けばよいのに 3 本も書いて講師を困らせていました。

その後，ワープロが現れて，「おまえは字が汚いから書類はワープロで書け」と上司に言われ，システム本部に 1 台しかないパソコンを占有して仕事をしていました。日本語を知らない，あるいは，字が汚いにもかかわらず，論文対策の講義や，論文の書き方の本を出版するという仕事がいただけるのは，情報処理技術者試験のおかげです。試験勉強は，情報処理に関する能力の向上にとどまらず，日本語力や他人を納得させる力も併せて向上させ，社外における人間関係も広がりました。このような効果は筆者だけでなく，他の受験者にも当てはまると思います。毎年，情報処理技術者試験をきっかけにして勉強が好きになり，試験に合格した方からメールをいただいています。

近年，情報処理技術者試験の受験者数が低下しました。この試験によって，社会に出てからの勉強の楽しさを知った者にとって，この状況は残念なことです。受験者数の低下については，筆者の力の及ぶところではありませんが，論述式試験のもつイメージの敷居を低くすることによって，既に情報処理技術者試験に合格している方に，更に上級の試験にチャレンジしてもらいたいと考え，この本を執筆しています。上級の情報処理技術者試験の合格者が増え，合格者が組織で活躍することによって，この試験が見直され，受験者数の上昇傾向に貢献することを願っています。

字がきれいに書けない方も安心してください。筆者の講師経験から 100 人中 98 人は，筆者よりも読みやすい字を書きます。普段はパソコンを使っていて，手書きで文章を書くことに慣れていない方も安心してください。本書の演習では，作文を書いて手首の動作を柔らかくするところから始めます。実務経験の少ないチャレンジャー精神旺盛な方も，少し安心してください。筆者が書いた第 2 部の論文の中には，実務経験の少ない読者のために記述式問題を参考にして論述した論文もあります。

本書をしっかりと読み，書かれた訓練を繰り返すことによって，本書を読む前と読んだ後で違う皆さんになってください。そうなれば，合格レベルの論文が書けるようになっていると，筆者は考えています。筆者の講師経験から，本書を読んだことが明らかに分かる論文を書く受講者は，残念ですがまれです。ただし，そのまれな受講者の合格率は高いです。そのような人は，この試験を合格した後に，他の試験区分を受験しても合格率は高いです。したがって，本書を試験前日の土曜日に初めて手に取ったとしてしても，急がば回れです。本書をしっかりと読んでください。

本書は，通勤時などの電車内での学習を考慮し，必要な章だけを切り離して読んでも支障がないように，重要なポイントを各章で繰返し書いています。電子書籍でない読者の方は，本書をばらばらにして持ち歩いてください。第2部では，本試験問題に対応した，専門の先生方による論文事例を収録しています。一つの問題に対して専門知識，経験，専門家としての考えなどを，どのように表現すればよいか，ぜひ参考にしてください。

最後に，この本を出版するに当たって，論文事例を執筆してくださった先生方，並びにアイテックの皆様に感謝します。

2022年8月吉日

岡山昌二

目　次

第5章 論文を設計して書く演習をする

第6章 添削を受けて書き直してみる

第7章 午後Ⅰ問題を使って論文を書いてみる

第8章 本試験に備える

第9章 受験者の問題を解消する

第2部 論文事例

第1章 企画

第2章 要件定義

第3章 開発（機能の設計）

開発（ソフトウェアの設計）

第5章 システムテスト・システム移行

第6章 組込みシステム・IoTを利用したシステム

■無料 Web サービスのご案内■

論述マイルストーン

第 1 部　8.1 2 時間で論述を終了させるために決めておくことの（1）「論述のマイルストーンと時間配分を決める」で紹介している，筆者が設定しているマイルストーン表に基づいて論述問題を演習できる，「論述マイルストーン」をご用意いたしました。試験時間の感覚を養うのにご活用ください。

時間の経過とともに，ペンが移動します。

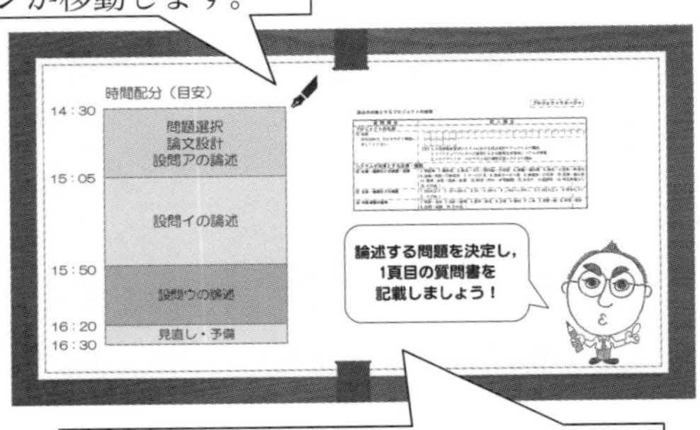

論述ポイントを音声でナビゲート
（デバイスの音量にご注意ください）

ご利用方法

① https://questant.jp/q/sa_ronbun_6にWebブラウザからアクセスしてください。

② 本書に関する簡単なアンケートにご協力ください。
アンケートご回答後，「論述マイルストーン」に移動します。

③ 移動先のURLを，ブラウザのブックマーク／お気に入りなどに登録してご利用ください。

・こちらのコンテンツのご利用期限は，2025 年 9 月末です。

・毎年，4月末，10月末までに弊社アンケートにご回答いただいた方の中から抽選で10名様に，Amazonギフト券3,000円分をプレゼントしております。ご当選された方には，ご登録いただいたメールアドレスにご連絡させていただきます。当選者の発表は，当選者へのご連絡をもって代えさせていただきます。

・ご登録いただきましたメールアドレスは，当選した場合の当選通知，賞品お届けのためのご連絡，賞品の発送のみに利用いたします。

・プレゼント内容は，2022年9月現在のものです。詳細は，アンケートページをご確認ください。

■内容に関するご質問についてのお願い

この度は本書籍をご購入いただき誠にありがとうございます。弊社では本書の内容に関するご質問を受け付けております。書籍内の記述に，誤りと思われる箇所がございましたら，お問い合わせください。

正誤のお問い合わせ以外の，学習相談，受験相談にはご回答できかねますので，ご了承ください。

恐れ入りますが，質問される際には下記の事項を確認してください。

ご質問の前に

弊社Webサイトで「正誤表」をご確認ください。

最新の正誤情報を掲載しております。

https://www.itec.co.jp/learn/errata/

ご質問の際のお願い

弊社ではテレワークを中心とした新たな業務体制への移行に伴い，全てのお問い合わせを Web 受付に統一いたしました。お電話では承っておりません。ご質問は下記のお問い合わせフォームより，書名（第〇版第△刷），ページ数，質問内容，連絡先をご記入いただきますようお願い申し上げます。

アイテックWebサイト　お問い合わせフォーム

https://www.itec.co.jp/contact/

回答まで，1 週間程度お時間を要する場合がございます。

あらかじめご了承ください。

本書記載の情報について

本書記載の情報は 2022 年 9 月現在のものです。

情報処理技術者試験に関する最新情報は，「独立行政法人 情報処理推進機構」の Web サイトをご参照ください。

https://www.jitec.ipa.go.jp/

■商標表示について

第1部

合格論文の書き方

第1章

本書を手にしたら読んでみる

“積(つ)ん読(ど)く”の気持ちは分かります。ですが，合格に向けて動機付けができていない方には，この章だけでも読んでいただきたいです。それほど時間はかかりません。お願いします。動機付けができている方，及び，本書をしっかりと読んでみようと決意された方は，その時点で第２章に読み進めていただいて結構です。

このように，この章の内容は，本書を手にした方の中で，全員に該当する内容ではありません。自分には関係ないと思った方は，どうぞ次の章に進んでください。

1.1 効果を出すことに急いでいる方は読んでみる

本書を手にしている皆さんの中には，“明日が試験の本番なので初めて本書を手にしている”，“通信教育で添削してもらうための論文を急いで書かなければならない”，という方がいると思い，第１章を書いてみました。

（1）顧客体験価値の向上

顧客体験価値が上がる理由を二つ書いておきます。一つは論文を書き終えたら“－以上－”で締めくくることです。情報の出どころは書けませんが，**“－以上－”がないと減点**される可能性があるようです。もう一つは，①問題文の趣旨の内容，②本試験の解答用紙にある“論述の対象とする計画策定又はシステム開発の概要”において問われている“あなたが担当した業務”の記述内容，③論述内容，以上の**三つの整合性が確保されていないと減点**されるということです。例えば，問題の趣旨を読むと，要件定義とシステム設計の内容が書かれているにもかかわらず，あなたが担当した業務には要件定義だけにチェックが入っているという整合性が不十分な解答が散見されます。これは問題冊子に“項目に適切に答えていないと減点される”と書かれているので，減点対象と考えてよいでしょう。

たとえ明日が本試験日であっても，急がば回れです。時間が許す限り本書を読んでみてください。本書を買った半分以上の方に本書を買ってよかったと思っていただけるはずです。

（2）最重要事項の確認

問題冊子には太字で“問題文の趣旨に沿って解答してください”と書かれています。これが最重要事項です。この意味を確認してみましょう。次にシステムアーキテクト試験の令和３年春午後Ⅱ問２を示します。

システムアーキテクト試験　令和3年春　午後Ⅱ問2

問題文の趣旨

問2　情報システムの機能追加における業務要件の分析と設計について

現代の情報システムは，法改正，製品やサービスのサブスクリプション化などを背景に機能追加が必要になることが増えている。

このような機能追加において，例えば，新サービスの提供を対外発表直後に始めるという業務要件がある場合，システムアーキテクトは次のように業務要件を分析し設計する。

1. 新サービスの特性がどのようなものなのかを，契約条件，業務プロセス，関連する情報システムの機能など様々な視点で分析する。
2. 新サービスは従来のサービスと請求方法だけが異なるという分析結果の場合，情報システムの契約管理機能と請求管理機能の変更が必要であると判断する。
3. 契約管理機能では，契約形態の項目に新サービス用のコード値を追加して，追加した契約形態を取扱い可能にする。同時に請求管理機能に新たな請求方法のためのコンポーネントを追加し，新サービスの請求では，このコンポーネントを呼び出すように設計する。

このような設計では，例えば次のような設計上の工夫をすることも重要である。

- ・対外発表前にマスタを準備するために，契約形態のマスタに適用開始日時を追加し，適用開始前には新サービスを選択できないようにしておく。
- ・他のシステムに影響が及ばないようにするために，外部へのインタフェースファイルを従来と同じフォーマットにするための変換機能を用意する。

あなたの経験と考えに基づいて，設問ア～ウに従って論述せよ。

設問文

設問ア　あなたが携わった情報システムの機能追加について，対象の業務と情報システムの概要，環境の変化などの機能追加が必要になった背景，対応が求められた業務要件を，800字以内で述べよ。

設問イ　設問アで述べた機能追加において，あなたは業務要件をどのような視点でどのように分析したか。またその結果どのような設計をしたか，800字以上1,600字以内で具体的に述べよ。

設問ウ　設問イで述べた機能追加における設計において，どのような目的でどのような工夫をしたか，600字以上1,200字以内で具体的に述べよ。

問題の後半を見ると，設問ア，イ，ウで書き始めている“設問文”があります。“問題文の趣旨”とは問題の始めから設問文の直前までとなります。問題文の趣旨に沿って解答するためには，この問題文の趣旨のうち，**主に各段落の最後の文章に着目する**とよいでしょう。

“システムアーキテクトは次のように業務要件を分析し設計する”，“このような設計では，例えば次のような設計上の工夫をする”という文章から，趣旨に沿って解答するためには次の条件を満たす必要があることが分かります。

①システムアーキテクトの立場での論述

一言で言うと，**システムアーキテクトの業務は対象業務の特徴を踏まえてシステムを設計する**ことです。ここでいう対象業務は，システムアーキテクトが行うシステム開発業務ではありません。利用者部門が行う販売業務などを指します。これについて誤解している方が公開模試では3%ほどいます。

なお，ネットワークやサーバ環境などの基盤設計を行う人がシステムアーキテクトを受験する場合，利用者部門と直接かかわらないことが多いので，趣旨に沿った論述が難しい場合があります。改善策としては，基盤設計の人はシステムアーキテクトとの仕事上のかかわりがあるので，基盤設計の立場ではなく，そのシステムアーキテクトになりきって論述する方法があります。

②業務要件を分析して設計した話の論述

業務要件とシステム要件の違いについて確認する必要があります。業務要件は利用者部門の立場で要件を整理したものです。システム要件は，業務要件をシステムの観点から業務要件を書き直したものです。論文では，この違いを明確にしておく必要があります。問題によっては，“業務要件”と“システム要件”を書き分け，それらをまとめて“要件”などと表現しない方がよい場合があります。

③設計上の工夫の論述

システムの納期を超過する可能性があるという状況下での“クラッシング”や“用語集の整備”などは設計上の工夫ではないと採点者が判断する可能性が高いです。令和3年午後Ⅱ問2の趣旨にあるような，“マスタへの項目追加”や“フォーマット変換機能の実装”などアプリケーションソフトウェアにかかわる設計上の工夫を論じるとよいでしょう。

（3）読みやすい論文

論文を設計して論述する際に，次の点に留意して論述する必要があります。

①図を書かないと分からないような難しい内容は簡潔に表現

基本的には論文では図を使いません。したがって，難しい内容を表現しようとしては，採点者には伝わらないと考えてください。採点時間は採点者によって異なりますが，皆さんが考えているような時間より短いと考えてください。できるだけ，第三者に分かりやすく簡潔に論じる必要があります。特に工夫としての施策の表現において，読んでいて具体的な内容が分かり難い論文が多いです。

難しい内容を説明するときは，表現の仕方を工夫するとよいです。次の例から，①概要を説明してから“具体的には～”と展開している点，②“なぜならば～”と展開して考えをアピールしている点，③“例えば～”などと展開して事例の詳細を論じている点，を確認してください。なお，次の例はトピックとしては古いので実際の試験では使わない方がよいかもしれません。業務内容の変更に柔軟に対応できるソフトウェア構造はマイクロサービスアーキテクチャがよいでしょう。

業務内容の変更に柔軟に対応できるソフトウェア構造として，ビジネスロジックのテーブル化を実施した。**具体的には**，営業所から代理店へのキャッシュバックについての情報である営業所別売上高別キャッシュバック率（以下，キャッシュバック情報という）を，ビジネスロジックとしてプログラム内に記述することをせずに，代わりにキャッシュバック情報としてデータベース上にテーブル化することにした。**なぜならば**，このようなソフトウェア構造を採用することで，キャッシュバック情報が利用者部門によって適宜変更されてもテーブルを更新するだけで，プログラムの改修が不要になるからである。このソフトウェア構造によって，**例えば**，キャッシュバックテーブルと営業所別売上テーブルを結合処理して，キャッシュバック率と営業所別売上テーブルの売上高の積からキャッシュバック金額を算出できるようにした。

分かりにくいことはあえて書かない，分かりやすい表現の仕方でシステムアーキテクトとしての施策をアピールすることが重要です。

ちなみに筆者は論文で図を書いて合格しました。ただし，採点の際，図は文字数に含まれないようです。

②採点時間がかかる論文は読みにくいという低い評価

筆者は設問文に沿った章立てを推奨しています。問題文の趣旨と設問文から章立てをする方法です。この方法のメリットは，採点者が評価したい内容が論文のどこに書いてあるか一目瞭然であるため，採点時間が短くてすみ，読みやすさという点で高評価が期待できるという点です。設問文に沿った章立て以外の章立ては，どのようなものでしょうか。大雑把に言うと，設問文にない言葉が章立ての中にあるということです。例えば，“マイクロサービスアーキテクチャ”という言葉が設問文にない状況において，“2.1 マイクロサービスアーキテクチャの採用”などと章立てをした場合です。

設問文に沿った章立てでは論文が書きにくいという読者がいると考えます。筆者は，読みやすさという評価項目で採点者から高評価を得たかったら，設問文に沿った章立てを薦めます。

（4）合格論文の書き方の概要

本番の試験では，設問文に沿って章立てをします。次に，問題文を使った章立ての例を示します。いろいろ記入されていますが，設問文に着目すれば，設問文に沿った章立ての仕方が分かるでしょう。「1.2」などと記入している意味は，「第 1 章第 2 節」という章立てであると考えてください。なお，詳細は本書で詳しく説明しています。

論述の方向性としては，自分の経験を当てはめる努力をするより，趣旨に沿って，設問に答えるように，かつ自分の経験や専門知識を使って，問題文の趣旨を膨らませるように書くことです。その際，専門家としての考えや，そのように考えた根拠を採点者にアピールすることが重要です。論文ですから，**①「思う」は使わない，②段落の書き始めは字下げをして読みやすく構成する，③行の 1 字目が句読点になる場合は，前行の最終の 1 マスに文字と句読点の両方を入れる禁則処理をする**，などに気をつけましょう。

もう少し，合格論文の書き方について学習してみましょう。論文試験を突破できない論文と突破できる論文の傾向について，図示しながら説明します。

(5) 論述式試験を突破できない論文の傾向

皆さんの多くが理想とする論文の書き方は，既に経験した，論文の題材となる，ある一つの事例を，問題文の趣旨に沿いながら，設問ア，イ，ウの内容に合わせるように書くことではないでしょうか。しかし，**現実にあった事例の内容を，論文に当てはめようとすると，システム開発チームなどが置かれた状況などの説明に時間がかかり，時間内に書き終え設問には答えていても，問題文の趣旨に沿っていない，合格が難しい論文になる**ことがあります。

自分の経験した事例をそのまま書こうとすると，状況説明のための論述に時間がかかって，システムアーキテクトとしての能力を十分にアピールできないなどの弊害が生まれます。これについて，少し考えてみましょう。図表 1-1 に“時間切れになる論文や問題文の趣旨に沿わない論文の書き方”を示します。どうでしょうか。このような書き方をしていないでしょうか。

採点者に対して合格をアピールするための論述では，もう一つ，注意すべき点があります。過去に出題された設問イの多くは，前半と後半の問いに分けることができます。例えば，前半では“業務分析の視点と分析方法”，後半では“分析結果に基づく設計”があります。このような場合，多くの受験者は，前半に注力して早く 800 字を越えようとします。その結果，採点者が重視する“分析結果に基づく設計”などの後半の問いに対する論述が手薄になり，その結果，合格が難しくなります。多くの問題の**設問イでは，前半ではなく後半に注力する**ことが重要です。

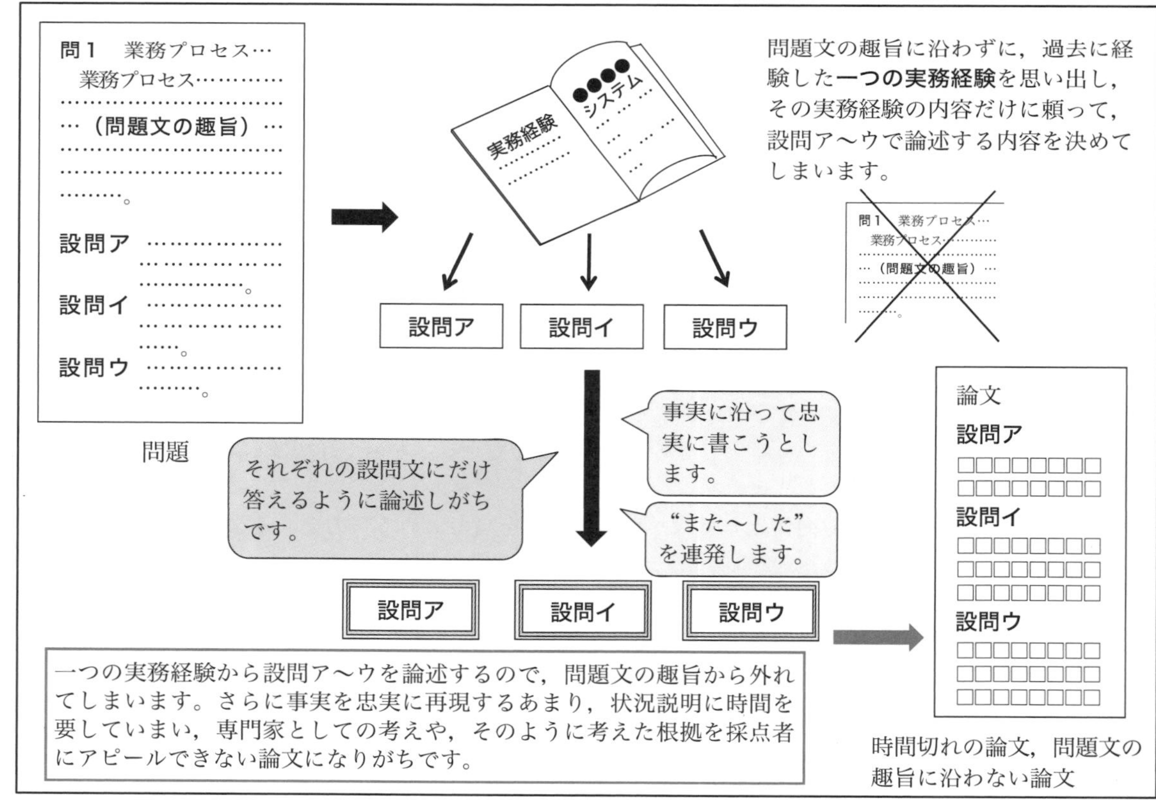

図表 1-1　時間切れになる論文や問題文の趣旨に沿わない論文の書き方

（6）論述式試験を突破できる論文の傾向

論述式試験を突破する方法は複数あります。本書では，複数あるうちの一つを紹介しています。

図表 1-2 に“問題文の趣旨に沿う論文の書き方”を示します。章立てをしながら，設問の内容と，問題文の趣旨の各文章を対応付けします。すなわち，問題文の趣旨を参考にして，各設問で書く内容，すなわち，トピックを決めます。なお，トピックとは，話題，テーマ，論題を意味します。本書では，「情報セキュリティ対策における利用者の利便性の確保の観点から，PoC を実施して業務効率の低下を実際に測定するという分析方法を採用した」など，論述のネタと考えてください。次に，経験に基づいた論文の題材，専門知識を使って，トピックを詳細に書きます。このとき，論文の題材は，皆さんが経験した複数の事例を参考にしてもよいでしょう。なお，論文としての一貫性については，設計時ではなく，論述の際に確保します。

多くの過去問題の設問イでは，後半に合格を決めるポイントがあります。したがって，設問イの終盤で専門家としての考えや，そのように考えた根拠を採点者に示すことが重要です。

その他にも，合格のために皆さんに伝えたいことはたくさんあります。第 2 章以降にも書いてありますので，しっかりと学習しましょう。

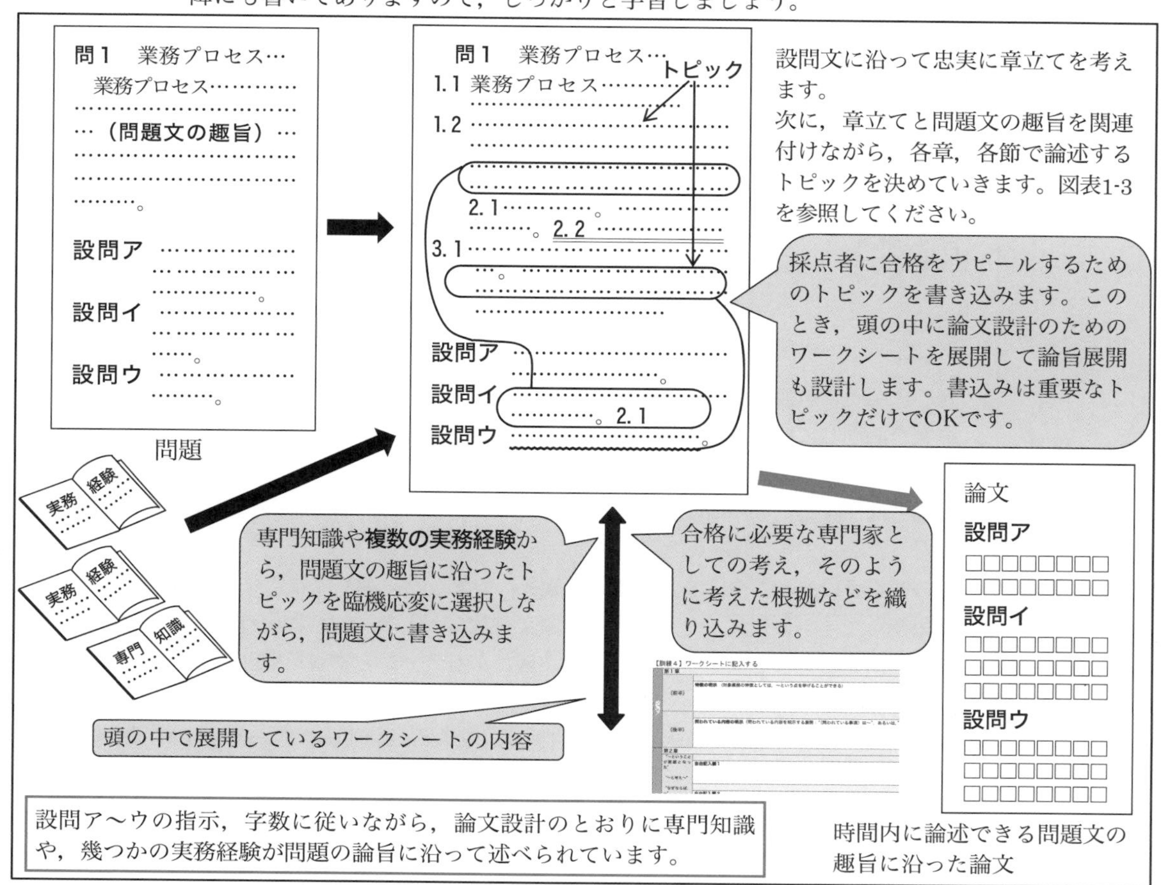

図表 1-2　問題文の趣旨に沿う論文の書き方

（7）学習における効率的かつ効果的な時間の使い方

この項目は，**通信教育で添削してもらう論文を，さしあたって書いてみようという方に向け**て書いてみました。

システム開発を企画する際に，現状業務の把握は重要なプロセスです。これを論文の対策に当てはめると，現状の皆さんの力で論文を書いてみたくなる気持ちは分かります。でも，「さしあたって論文を書いてみる」ことだけはやめてください。時間の浪費です。

本書では論述テクニックを習得して論述式試験を突破することを目指しています。筆者は，その論述テクニックの習得プロセスには，①論述テクニックを説明できる，②論述テクニックを使うことができる，③論述テクニックを使って合格できる，という三つのプロセスがあると考えています。さしあたって書くということは，これらのステップのいずれにも該当しません。つまり，さしあたって書いても，効果的に能力が向上しないということです。

本書を読んでから，論文を書いた場合を考えてみましょう。本書を読んだという時点で「①論述テクニックを説明できる」というステップに達しています。その上で書くということは，「②論述テクニックを使うことができる」ということにトライしていることになります。「③論述テクニックを使って合格できる」に近づいていますよね。

もし，あなたが，さしあたって論文を書いてみたいと思ったら，思いとどまってください。時間の許す限り，しっかりと本書の演習をしてから書いてみてください。その方が論述式試験の突破に向けて，効率的かつ効果的です。

コーヒーブレーク

「踊る論文指導」

初心に戻って勉強しましょう。

論文を添削していると，本書を読んでいることが分かるアウトプットが他の受講者と違う論文に出会います。そういうときは，本当にうれしい気持ちになります。当然，その受講者は SA を一発合格しました。なぜ，“一発”と分かるのか，合格したのが入社1年目だったからです。

その受講者に，AU や ST 試験対策を順次行いました。AU は残念な結果でした。ST は結果待ちです。最後に，その受講者の論文を読んだとき，初心に戻って一から勉強してほしい，と思いました。できましたら，皆さんも，一から本書を勉強してみてください。

後日，ST 合格の連絡がありました。初心に戻ったと確信します。次は PM 合格です。

1.2 大人の学習を後押しする理由をもってみる

20 年以上前ですが，私は「ペン習字」を通信教育で受講したことがあります。結局，字が上手になったのは，私の妻でした。このように大人の学習には，学習の前に解決すべき課題があります。そのお手伝いをしたいと思い，次のトピックを書いてみました。

(1)勉強する気がしないことを克服する
(2)仕事が忙しいことを理由から除外する

ここではっきりと言います。ここまで読んだだけでも，私よりも皆さんは立派です。理由は，受講中に私はペン習字の本を一度も開かなかったからです。では，(1)，(2)のトピックについて皆さんと一緒に考えてみましょう。

（1）勉強する気がしないことを克服する

本書を手にしたけど，勉強する気がしないという皆さん，本書を手にした理由を考えてみてください。例えば，次のような理由があるでしょう。

①会社の上司から「情報処理技術者試験に合格しなさい」と言われたから
②会社の同期や同僚に受験を誘われたから
③仕事が暇でやることがないから

では，このような理由では，なぜ勉強する気がしないのでしょうか。勉強する気がしない理由の共通点として，これらが“外的な要因”である点を挙げることができます。会社の上司，同期や同僚からのプレッシャー，指示や誘い，仕事が暇，これらは外的な要因です。そうです。大人は外的な要因では，学習することができないのです。

外的な要因では学習意欲がわかないことは分かりましたから，内的な要因を探してみましょう。

皆さんは，午後Ｉ記述試験の問題を読んでみて，「解けるようになったら面白そう」，あるいは，「情報処理技術者試験に合格したら，私の人生は変わる」などと思いませんか？　あるいは，「会社に入って，このままでよいのかなぁ」などという心配ごとはありませんか？　このような“興味”，“期待”，“心配”といった感情は，誰からも強制されていない，内なる自分から出た感情です。「情報処理技術者試験に合格して自分の人生を少し変えてみたい」，「客観的に評価される実力を身に付けることで心配ごとを早く解決したい」などの思いは，大人の学習を後押しする“理由”になります。

皆さん，内なる思いを探して，それを基に大人の学習の理由付けをしてみてください。

（2）仕事が忙しいことを理由から除外する

筆者の受講者の一人に，自家用車で出社して，帰宅は出社した日の次の日，という方がいました。休日はあったとしても，終日，家事に追われるそうです。確かに勉強する時間がないことは分かりました。話はそれで終わりました。このように，“仕事が忙しくて勉強できない”ことについて他人を納得させても，何も進歩しません。

本当にそのような状況で満足していますか。内なる思いを探して，それを基に大人の学習の理由付けをしてみてください。

コーヒーブレーク

「踊る論文指導」

DX 白書を読んでいると，DX 戦略の立案の始めに“DX 推進によって達成すべきビジョンを定める”と書かれています。ビジョンとは，例えば“我々は SDGs のために電池を売りたい”です。その会社では，そのために今は電気自動車を作って売っているそうです。DX 時代の今，皆さんもビジョンを定めてはどうでしょうか。

筆者のビジョンは“芸は身を助ける”です。“芸”とは情報処理技術者試験合格を指します。筆者は30歳の頃，仕事が嫌いで仕方ありませんでした。仕事から逃げるためにシステム監査技術者試験対策講座の DM が目に留まり，その講座を受講することにしました。その後，勤めている会社が買収されて私は解雇されました。そのとき，既に情報処理技術者試験に合格していたので，電子部品製造業出身の私にコンピュータ関連の会社から誘いがありました。当時，一般企業からコンピュータ会社への就職は稀でした。資格があると就職に有利だったのです。ただし，試験対策講座で知り合った方のおかげで今の仕事を副業としていました。そのために，現在に至ります。これが私の“芸は身を助ける”です。

仕事をしながらの受験勉強は大変です。私もそうでした。皆さんの情報処理技術者試験合格が，困ったときの助けになるかもしれない，いや，きっとなる，と考えて，私は今の仕事をしています。そのために私たちは，頑張って合格を目指したいと考えています。

1.3 情報処理技術者試験のマイナスイメージを払拭してみる

学習意欲がわかない原因の一つに情報処理技術者試験のマイナスイメージがあるかもしれません。ここでマイナスイメージを払拭しておきましょう。代表的なマイナスイメージを次に列挙してみました。

(1)合格してもメリットがない？
(2)情報処理技術者試験に合格しても仕事ができるとは限らない？
(3)情報処理技術者試験なんて流行(はや)らない？

それぞれ，次のように考えてマイナスイメージを払拭してみましょう。

（1）合格してもメリットがない？

情報処理技術者試験に合格していると，どのようなメリットがあるのでしょうか。ある事例を基に考えてみましょう。

A 係長の上司 B 課長は「A 係長は A ランクの仕事ができる」と評価して課長昇進を推しています。一方，X 係長の上司である Y 課長は「X 係長は A ランクの仕事ができる」と評価して課長昇進を推しています。A 係長か X 係長かのどちらか一人を課長に昇進させることになりました。昇進の判断は B 課長と Y 課長の共通の上司である Z 部長がします。さて，Z 部長はどのように判断するでしょうか。

この場合，A 係長と X 係長のどちらが課長に昇進しても，B 課長と Y 課長との間などに心理的なわだかまりが残りそうです。Z 部長はこの点を考慮しなければなりません。ここで“仕事ができる”などの評価は，会社などの組織における，“組織内部からの主観的な評価”である点に着目します。

情報処理技術者試験に合格すると“組織外部からの客観的な評価”を得ることができます。仮に，A 係長だけが情報処理技術者試験に合格しているとします。このケースでは，「どちらも優秀であり，甲乙つけがたいが，A 係長は情報処理技術者試験に合格しており……」という話の展開ができ，心理的なわだかまりも減らすことができそうです。

以上のように情報処理技術者試験に合格しておくと，“人生の岐路や節目に役立つ，あるいは，有利に働くことがある”ということがいえます。合格のメリットは，実際には目立たないですが，役立つポイントが人生の岐路や節目なので，長い目で考えれば絶大なメリットと言えます。

皆さんの会社や組織でヒアリングして，年収と情報処理技術者試験の合格の関係を調べてみてください。

もう一つ，合格のメリットについて説明してみます。

皆さんの中には，仕事はあって当然と思っている方もいるかもしれませんが，筆者のような世代になると，仕事があるということは重要です。皆さんにとっても，それは同じと考えています。仕事をしてお金を稼ぎたいと考えているときに，仕事があるということは重要です。

私が担当している企業の教育担当者は，「情報処理技術者試験に合格していないと，スキルが高くて経験があっても，顧客から十分な金額をいただけない」，「スキルも経験もこれからだが，情報処理技術者試験に合格していると，顧客から信用してもらえる」と言います。この会社では，情報処理技術者試験に合格していると，有利に仕事にありつけることが分かります。一方，情報処理技術者試験を考慮しない会社もあると思います。

ここで言いたいことは，長い人生において，情報処理技術者試験に合格していると仕事にありつける可能性が高い，ということです。合格証書は一生ものです。今はメリットがないかもしれません。長い人生の中には「あのとき，試験に合格しておいてよかった」と感じる日が訪れるかもしれません。

情報処理技術者試験に合格すると，一時金がもらえる会社が多いと思います。会社によっては基本給がアップすることもあります。そうなると，残業代やボーナスもアップします。システムアーキテクト試験，IT ストラテジスト試験，IT サービスマネージャ試験など，試験区分によって異なる会社もありますから，しっかりと調べておくとよいでしょう。

(2) 情報処理技術者試験に合格しても仕事ができるとは限らない？

筆者は，情報処理技術者試験に興味をもち始めた 1987 年ごろから「情報処理技術者試験に合格していても仕事ができるとは限らない」，「A さんは情報処理技術者試験に合格しているのに仕事ができない」という意見を聞きます。例えば，筆者の知人に汎用コンピュータの OS を開発していた方がいて，そのような意見を私に漏らしていました。当然，私は聞き流していました。

その方が現場を離れて人事担当になったときです。「岡山さん，情報処理技術者試験の合格者の輩出，本当に，よろしくお願いします」と，深々と頭を下げて私に言いました。ここで言いたいのは，“情報処理技術者試験に対して否定的な意見というのは，意見を言う人の立場によって，コロコロと変わる程度のもの”ということです。本書を手にしている皆さん，しっかりと学習して合格し，合格のメリットを享受できるようにしておきましょう。

（3）情報処理技術者試験なんて流行らない？

情報処理技術者試験の全盛期には，試験区分別に合格者のネームプレートを作成して，目立つ場所に展示している会社がありました。経営者が情報処理技術者試験の合格者数に着目していた時代です。確かに，その頃と比べると盛り上がりが足りません。

しかし，皆と違うことをすると，予想外のメリットを享受できるのも事実です。筆者の家族に，保健学博士がいます。その保健学博士が言うには，「医学博士や工学博士に比べて保健学博士は人数が少ないので，学部の新設時などに重宝される」ということです。情報処理技術者試験なんて流行らないと思って合格を先延ばしにしていると，あなたにかかわる大きなチャンスを逃しかねないのです。

現在もシステムの発注時に，受注側のプロジェクトメンバに必須となる情報処理技術者試験の試験区分別の合格者数を指定して，それを発注条件に入れる組織があります。情報処理技術者試験に合格しておくことで，あなた自身の実績価値を更に高めることができるのです。

コーヒーブレーク

「踊る論文指導」

もし，皆さんが情報処理技術者試験の合格手当を毎月もらえる会社に勤務していたとしましょう。その場合，標準報酬月額が上がります。情報処理技術試験の収入上昇分の何割かは，年金として皆さんが生きている限りもらえるのです。仮にシステムアーキテクト試験合格の手当が月5千円，年間6万円の収入とします。年金としては半分の年間3万円とします。これだけの年金をもらうには，概算すると，筆者の年齢では一括60万円払う必要があります。

以上，会社から手当としてもらって，退職後も，年金としてもらえるというおいしい話でした。

1.4 “論文なんて書けない”について考えてみる

多くの受験者の方は，午後Ⅱ論述式試験の試験問題を読むと，“書けない”，“解けない”，“無理”と思ってしまうと思います。このような印象を“よし”として，受け入れてしまってください。これから本書を活用して学習したとしても，本番の試験のときに初めて見る試験問題に対して，今と同じように，“書けない”，“解けない”，“無理”と思うはずです。それでよいのです。

では，本書を活用して学習した結果，何が変わるのでしょうか。それは“専門家として考えをアピールできる点”です。本書で解説している論述テクニックを活用して，本番の試験では，初めて見る試験問題に対して，“書けない”，“解けない”，“無理”と思いながらも，一生懸命考えながら合格論文を仕上げることができるようになりましょう。

本書の前身は，午後Ⅱ論述式試験のある複数の試験区分の情報処理技術者試験を対象とした一冊の本でした。その本を一冊購入すると，システムアーキテクト試験，IT ストラテジスト試験，IT サービスマネージャ試験など，全ての試験区分の論述式試験をフォローすることができました。ここで言いたいことは，午後Ⅱ論述式試験突破のコツは，複数の試験区分の情報処理技術者試験に共通しているということです。実際に，ある会社のシステムアーキテクト試験の合格者は，翌年に行われたプロジェクトマネージャ試験に 2 年連続で全員合格していました。その午後Ⅱ論述式試験に共通する合格のコツを本書から学び取りましょう。

論文を書けない理由として，次のトピックについて考えてみます。

(1)経験がないから書けない
(2)論文に書くネタがないから書けない

なお，これらの他にも，字が汚いから自信がない，などありますが，字は汚くとも読めれば問題ありません。

(1) 経験がないから書けない

論文の書き方が分からない方は，“急がば回れ”です。本書の演習を飛ばさずに，始めから取り組み，論述テクニックを習得してみましょう。大変ですが，論文の書き方には共通点があります。苦労しても習得してしまえば，他の試験区分の受験勉強も楽になります。

“経験がないから書けない”について書いてみましょう。大丈夫です。実は，実務経験は必須ではありません。

筆者が試験対策を担当する会社では，入社する前から勉強を始めて，システムアーキテクト試験，プロジェクトマネージャ試験，IT ストラテジスト試験，システム監査技術者試験に連続合格という方が現れます。午後Ⅱ論述式試験は，実務経験が十分になくとも，論述テクニックを駆使して専門知識を基に書けば突破できます。

本書の第１部では論述テクニックを，第２部では事例を紹介していますので，それらを専門知識として論述に活用するとよいでしょう。

（2）論文に書くネタがないから書けない

論文を書くネタは，皆さんがもっている事例の詳細，問題文の趣旨，専門知識から，本試験の場で，一生懸命考えます。その作業を支援するのが論述テクニックです。ネタはその場で考えることもあるでしょうが，事前に用意することも大切です。次の例のように，“業務プロセスの時間短縮”という課題など，課題を明示してから，検討した内容を書くように整理しておくと，本試験の場で活用しやすくなります。

> 問題の原因を踏まえ私は，ホテルにおけるチェックアウト対応業務における業務プロセスの時間短縮を課題と認識した。そこで問題となっている業務プロセスに含まれる手順の一部削減や，手順の一部を前倒しすることで時間短縮を図ろうと考えた。具体的には次の解決案を検討した。
>
> ①電子決済の導入などによる業務プロセスに含まれる手順の一部削減
>
> 　顧客自身による領収書のダウンロードと印刷に加えて，1.自動釣銭機の導入，2.電子決済の導入，による支払の所要短縮方法を検討案に加えることにした。
>
> ②宿泊代金の前払制による，業務プロセスに含まれる手順の一部を前倒し
>
> 　チェックアウトで待たされる状況の背景には，短い時間帯に顧客が集中することが挙げられる。そこで私は，ビジネスホテルであるため追加料金が発生するケースが少ないという点を踏まえ，料金の前払制を業務部門に提案することを検討案に加えた。なぜならば，支払が集中する時間帯を分散させ，領収書をチェックアウト前に印字することで，顧客対応時間を極端に短縮できると考えたからである。

このような論文ネタは，専門雑誌から収集することができます。なお，このようなネタを中心に本書に書いてしまうと，試験委員も読んでしまい，何らかの対策が講じられます。結果として，本を読んでも合格できない要因になってしまいます。面倒ですが，各自で収集してみてください。ただし，本書では，収集の仕方の例を示しておきます。一つの収集方法としては，記述式問題から収集する方法があります。本書では第１部第７章で，記述式問題を使った論文ネタの収集について詳しく説明しています。

1.5 本書の第一印象を変えてみる

本書のページをめくったときの第一印象が悪いと，本書との出会いを有効に生かせず残念なことになります。本書を開くことも，何かの縁ですから，筆者としては，最後までしっかりと訓練して，皆さんに論述テクニックを習得してほしいです。英文の提案書を書くときに使っていたテクニックを流用しているので，実務でも役立つと考えています。

（1）論述テクニックの例を見てみる

本書をめくるとワークシートの記入などについて書かれていて，“本番の試験向けのテキストではない”という第一印象をもつ方がいます。ワークシートは“ただの論旨展開のひな型”です。簡単に頭の中に入ってしまいます。論旨展開のひな型が頭に入ると，問題文を使った論文設計ができるようになります。

平成 29 年秋午後Ⅱ問 1 の論文設計の例を図表 1-3 に示します。なお，受験中に書いたものであり，第三者に分かるように書いたものではありませんから，内容については今の時点では分からないと思います。本書の演習を終えた時点で，7 割ぐらい分かると思います。残りの 3 割は設計内容ですから，私の頭にあるひな型の中にあります。

これなら，解答とともに 2 時間内に書ける設計内容だと，納得してもらえるはずです。

（2）“論文を難関とは思っていない”という考えを変えてみる

セミナでは，“論文がある他の試験に合格しているから，論文を難関とは思っていない”という人がいます。それでは本書との縁が台無しになってしまいます。読んでもらえません。

提案させてください。この本を手にしているのですから，以前の成功体験は忘れて，この本に書かれている論述テクニックを習得して合格してみてはいかがでしょうか。

既にシステムアーキテクト試験，システム監査試験などに合格している方が，IT サービスマネージャ試験の試験対策講座を受講したときの話です。「今回は，岡山先生の合格方法で合格してみたいと思います」と言っていました。いろいろな合格方法があり，筆者はそのうちの一つの方法を教えています。この受講者のように，自分の中にいろいろな引き出しをもつという姿勢は大切です。過去の成功体験は隅に置いておいて，筆者がこの本に書いている論述テクニックを，皆さんの引き出しの一つにしてやってください。

問１　非機能要件を定義するプロセスについて

情報システムは，非機能要件の考慮漏れによって重大な障害を引き起こすことがある。非機能要件とは，信頼性を含む品質要件，運用・操作要件など，機能要件以外の要件のことである。利用者は非機能要件を明確に認識していないことが多いので，システムアーキテクトは，利用者を含む関連部門へのヒアリングによって必要な情報を収集する。収集した情報を基に，業務及び情報システム両方の視点から非機能要件を検討し，検討結果を意思決定者に提示し，判断してもらう。

例えば，信頼性要件の場合，次のようなプロセスで検討する。

- リスクを洗い出し，想定される損失並びに事業及び業務への影響を分析する。
- 分析結果に基づき，目標とすべき復旧時間を設定する。
- 設定した復旧時間を達成するための情報システムの実現方式を具体化する。

その際，前提となるシステム構成，開発標準，システム運用形態など，非機能要件を定義するに当たって制約となる事項を示した上で，例えば次のように，意思決定者に判断してもらうための工夫をすることも必要である。

- 複数のシステム構成方式について，想定される損失と，対策に必要なコストの比較を示す。
- 信頼性を向上させるためにデュアルシステム方式にすると効率性の指標の一つであるスループットが下がる，といった非機能要件間でのトレードオフが生じる場合，各非機能要件の関係性を示す。

あなたの経験と考えに基づいて，設問ア～ウに従って論述せよ。

設問ア　あなたが要件定義に携わった情報システムについて，対象業務の概要と情報システムの概要を，800 字以内で述べよ。

設問イ　設問アで述べた情報システムについて，どのような非機能要件を，業務及び情報システム両方のどのような視点から，どのようなプロセスで検討したか。検討した結果とともに，800 字以上 1,600 字以内で具体的に述べよ。

設問ウ　設問イで述べた非機能要件の検討の際，意思決定者に判断してもらうためにどのような工夫をしたか。600 字以上 1,200 字以内で具体的に述べよ。

図表 1-3　受験中に書く論文設計の例

第2章

論述式試験を突破する

本章の 2.1 では，論述式試験について概要を説明します。

次の 2.2 では，採点者の立場になって論述式試験を考えてみましょう。“一方的に設問の問いに答えるように書いた論文”と“採点者の立場を知った上で書いた論文”では，得点に違いが現れるのは明らかです。

後半では，論文の採点基準や採点方法について説明しています。採点する側の立場を理解した上で論述すると，“合格”も更に近づいてきます。

2.1 論述式試験とは何なのか

ここでは論述式試験についての概要を 5W2H で説明します。なお，試験の実施形態については，独立行政法人 情報処理推進機構（以下，IPA という）のホームページなどで，最新の情報を確認するようにしてください。

(1) What：論述式試験とは何なのか

①システムアーキテクト試験の実施形態

試験の実施形態を図表 2-1 に示します。

午前 I 9:30～10:20 (50 分)	午前 II 10:50～11:30 (40 分)	午後 I 12:30～14:00 (90 分)	午後 II 14:30～16:30 (120 分)
多肢選択式 (四肢択一) 30 問出題 30 問解答 (共通問題)	多肢選択式 (四肢択一) 25 問出題 25 問解答	記述式 4 問出題 2 問解答	論述式 3 問出題 1 問解答

図表 2-1　試験実施形態

午後 II 論述式試験（論文）の前に実施される，午前 I 多肢選択式試験，午前 II 多肢選択式試験，午後 I 記述式試験は，足切り試験と考えてください。例えば，午前 I 多肢選択式試験を 60 点以上得点すれば，午前 II 多肢選択式試験の解答は採点されます。60 点未満ならば，それ以降の試験の解答は採点されません。なお，午前 I 多肢選択式試験には，免除制度があります。詳しくは IPA のホームページで確認してください。

各試験形態の突破率については，免除制度があるために，試験実施年度によって異なります。

②午後 II 論述式試験（論文）の実施形態

午後 II 論述式試験（論文）では，3 問中から 1 問を選択して 120 分以内で解答することが求められます。試験では，問題冊子と答案用紙が配られます。

問題冊子には注意事項が記載されており，その中で最も重要なことは，**「問題文の趣旨に沿って解答してください」という文章です。設問に沿って論述するだけでは問題文の趣旨に沿わない論文になる**こともあるので，注意が必要です。

答案用紙では，設問ア，設問イ，設問ウの書き始める場所が指定されています。答案用紙については，**試験開始前に開いてよいことを確認した上で，解答箇所を確認するように**してください。

(2) Who：誰が採点するのか

論文は試験委員が採点します。試験委員の名前は IPA のホームページに公表されていますので，確認してみてください。知っている名前があるかもしれません。

同様に IPA のホームページに公表されている試験委員の勤務先分類別人数一覧を図表 2-2 に示します。多くは一般企業です。したがって，**試験委員の方には実務家が多い**といえます。

勤務先分類	人数	
情報通信業	267	60.4%
（うち情報サービス業）	245	55.4%
製造業	54	12.3%
（うち情報通信機械器具製造業）	26	5.9%
教育，学習支援業	39	8.8%
サービス業	39	8.8%
金融・保険業	12	2.7%
その他	31	7.0%
合計	442	100.0%

・この勤務先分類別人数一覧は，総務省統計局統計センターの“日本標準産業分類”に従って勤務先を分類し，全試験委員を対象に集計したものです。
（令和４年５月１日現在）

図表２-２　試験委員の勤務先分類別人数一覧

ここで，図表の教育，学習支援業に着目してください。このような試験委員の多くは大学の教授やそれに準ずる方（以下，大学の教授という）と考えています。私は，**大学の教授**は論文の採点には厳しい視点で臨むと認識しています。そのように考える根拠は，私の知っている大学の教授は，大学の教え子の書いた修士論文を添削して“一面真っ赤”にしていたらしいからです。もちろん，その大学の教授は，かつて試験委員でした。

本書では，論文の体裁について，細かすぎる指示をしていると思う方もいるかもしれません。**私の知っている大学の教授が採点しても，論文の体裁上は問題のないように，本書では論文の書き方を細かく指示をしています。**

試験対策のセミナでは，受講者から「そのような細かいことをしなくとも，他の試験区分の論述式試験を突破できた」という意見をいただくことがあります。合格したときの採点者は実務者であったかもしれません。いつも実務者が採点するとは限りません。年に１回しか実施されない試験です。**どのような採点者であっても，合格できるようにしておきましょう。**

Point ここがポイント！！！！！！！

★細かいことであっても論文の体裁を十分に確保して，論文に厳しい**大学の教授**が採点しても，午後Ⅱ論述式試験を1回目で突破できる論文を書きましょう。

★採点者である試験委員は，試験関連以外にも実務をもっていて多忙です。試験委員は貴重な時間を使って，問題を作り，解答を採点します。したがって，受験者も，試験委員に協力して採点しやすい解答を作成することが，合格への第一歩です。

（3）Why：なぜ，論述式試験があるのか

受験者が，対象者像に合致して，業務と役割を遂行でき，期待する技術水準に到達していることを確認するために論述式試験を行います。図表 2-3 に IPA 発表の対象者像及び業務と役割を示します。

ここで“業務と役割”に絞って考えてみましょう。①に「情報システム戦略を具体化するために，全体最適の観点から，対象とする情報システムの構造を設計する」とあります。難しい内容という印象を受けますが，心配しないでください。難しいと思うのは，あなただけではありません。受験者全員です。“全体最適”では，全体の反対，“部分最適”を考えればよいです。部分最適の時代は，単一の情報システムのスループットを重視していました。そのため，販売システムから出力された売上情報を見ながら，会計システムに入力などをしていました。全体最適では，例えば，単一の情報システムのスループットよりも，かかわり合う複数の情報システムのスループットを向上させるためにシステム間連携を考えて各情報システムのかかわり合いを設計する，と考えればよいでしょう。なお，グローバルなサプライチェーンでは，社会最適ということもあるようです。

論文ではこれらの業務と役割が遂行できることを採点者にアピールすることが重要です。したがって，**絶対に“今後，～をできるようになりたい”などと書かない方が無難です。“業務と役割”に書かれている内容を，受験した時点において遂行できないことを採点者にアピールしない**ことです。

ここで“業務と役割”の③について考えてみましょう。「対象とする情報システムの要件を実現し，情報セキュリティを確保できる，最適なシステム方式を設計する」と記述されています。“要件”ですが，要件定義プロセスにおいて，ユーザ側が求めるものが“要求”，システムを開発する側がそれを定義すると“要件”にな

ります。具体的には“業務要件”です。要件定義プロセスの後のシステム要件プロセスでは，業務要件をシステムの寄りに変換して，システム要件を定義します。

“システム方式設計”も分かりにくい言葉です。要件定義の後のプロセスを，以前は外部設計と表現していました。“システム方式設計”では，ハードウェア，ソフトウェア及び人手による作業を，どのように組み合わせてシステム要件を実現するかを総合的に検討します。例えば，システム要件を，ソフトウェアが行う作業と，人手による作業に振り分けます。そのうち，ソフトウェアが行う作業を，Webシステム，クライアントサーバシステム，スマートフォンなどのアプリケーション，ソフトウェアパッケージ，クラウドサービスなどを活用して，どのように実現するかを検討します。システム方式設計の結果，情報システム稼働後の業務の全体像が，より具体的に明らかになります。

復習ですが，システムアーキテクトの業務は，対象業務の特徴を踏まえながら，対象とする情報システムの要件を実現する最適なシステム方式を設計する，と考えるとよいでしょう。

対象者像	高度IT人材として確立した専門分野をもち，ITストラテジストによる提案を受けて，情報システム又は組込みシステム・IoTを利用したシステムの開発に必要となる要件を定義し，それを実現するためのアーキテクチャを設計し，情報システムについては開発を主導する者
業務と役割	〔情報システム〕 情報システム戦略を具体化するための情報システムの構造の設計や，開発に必要となる要件の定義，システム方式の設計及び情報システムを開発する業務に従事し，次の役割を主導的に果たすとともに，下位者を指導する。 ① 情報システム戦略を具体化するために，全体最適の観点から，対象とする情報システムの構造を設計する。 ② 全体システム化計画及び個別システム化構想・計画を具体化するために，対象とする情報システムの開発に必要となる要件を分析，整理し，取りまとめる。 ③ 対象とする情報システムの要件を実現し，情報セキュリティを確保できる，最適なシステム方式を設計する。 ④ 要件及び設計されたシステム方式に基づいて，要求された品質及び情報セキュリティを確保できるソフトウェアの設計・開発，テスト，運用及び保守についての検討を行い，対象とする情報システムを開発する。 なお，ネットワーク，データベース，セキュリティなどの固有技術については，必要に応じて専門家の支援を受ける。 ⑤ 対象とする情報システム及びその効果を評価する。 〔組込みシステム・IoTを利用したシステム〕 組込みシステム・IoTを利用したシステムの要件を調査・分析し，機能仕様を決定し，ハードウェアとソフトウェアの要求仕様を取りまとめる業務に従事し，次の役割を主導的に果たすとともに，下位者を指導する。 ① 組込みシステム・IoTを利用したシステムの企画・開発計画に基づき，対象とするシステムの機能要件，技術的要件，環境条件，品質要件を調査・分析し，機能仕様を決定する。 ② 機能仕様を実現するハードウェアとソフトウェアへの機能分担を検討して，最適なシステムアーキテクチャを設計し，ハードウェアとソフトウェアの要求仕様を取りまとめる。 ③ 汎用的なモジュールの導入の妥当性や開発されたソフトウェア資産の再利用の可能性について方針を策定する。

図表2-3　IPA発表の対象者像及び業務と役割

(4) When：いつ採点するのか

前述の試験委員の説明から実務家が多いことが分かりました。したがって，平日の仕事を終え夕食をとって，19 時ごろから始め，終電のある 23 時ごろまで採点すると考えています。

ここで 19 時と 23 時では採点者のコンディションに違いがあり，23 時の方が集中力は落ちていると考えるのが妥当です。一方，**採点者は論文において専門家としての考えや根拠を高く評価します。なぜならば，問題文の趣旨に"あなたの経験と考えに基づいて，設問ア～ウに従って論述せよ"と必ず全ての問題に書いてある**からです。これらの点を踏まえ，本書では，**"～ため"という表現よりも，集中力が落ちていても考えや根拠を示していることが分かりやすい"～と考え"や"なぜならば，～"という表現を推奨**しています。

(5) Where：どこで論文を採点するのか

試験委員は，セキュリティが確保された会議室のような場所で採点を行うと考えるのが妥当です。採点者全員がデスクライトを使っているとは限りません。更に，長時間の採点で目が疲れます。したがって，**論文は大きな字で，適切な筆圧で濃く書く**ことが重要です。

コピーされた答案用紙を採点することも考えられます。したがって，**コピーに負けない濃い字で書く**ようにしましょう。

(6) How：どのように採点するのか

システムアーキテクト試験では，多くの問題において，設問イの後半部分がシステムアーキテクトとしての考えをアピールする重要ポイントです。設問イの後半に採点者へのキラーメッセージが書いてあれば，最初の合格ポイントを無事にクリアしたことになります。ここで言う**キラーメッセージとは，採点者が"これが書いてあれば合格"と判定する"専門家としての考えや，そのように考えた根拠"**です。

(7) How many：どのくらいの時間をかけて採点するのか

2 時間で書かれた論文を，採点者は 30 分くらいで採点するのだろうと，皆さんは思っているかもしれません。採点時間に関して，いろいろな人の話を聞くと，驚くほど短い時間で採点しているようです。したがって，その短い時間内に専門家としての能力を採点者にアピールする書き方をする必要があることが分かります。

前述のとおり，本書では，専門家としての考えや，そのように考えた根拠を採点者に示すために"～ため"という表現よりも，"～と考え"や"なぜならば，～"

という表現を推奨しています。採点者が，終電を気にしながら，もう一部，論文を採点するケースを考えてみましょう。“～ため”と書いていると見落としやすいのですが，“なぜならば，～”と表現していると，目立つので，考えや根拠を示している箇所が採点者に分かりやすくなり，高い評価を得やすくなります。

採点者に合格論文であることをアピールするキラーメッセージは“なぜならば，～と考えたからである”，“なぜならば，～を根拠に～と考えた”などと表現するとよいでしょう。

Point ここがポイント！！！！！！！

★キラーメッセージは連発しない

設問イにおいて，“なぜならば～”を二つほどに抑えるとよいでしょう。多くても三つにしましょう。“なぜならば～”を連発しては，文章として読んでいて不自然なことがあります。“～と考え”という展開は，文章中に多くても不自然とは感じません。専門家としての考えを，より採点者にアピールしたい場合に“なぜならば～”を使うようにするとよいでしょう。

2.2 採点者を意識して論述する

筆者は，採点もコミュニケーションの一種であると考えています。採点は双方向ではなく一方向ですが，答案用紙に書かれた解答によって，採点者の評価を“未定”から“合格論文”あるいは“不合格論文”に変えるからです。

コミュニケーションでは，例えば，第一印象が大切です。したがって，採点者を意識して作成した解答と，そうではない解答では，得点に違いが表れると考えてよいでしょう。では，採点者を意識するには，どのようにすればよいかを考えてみます。

（1）採点者に気持ちよく採点してもらう

試験委員には実務家が多く，多忙だということが分かりました。これはつまり，採点者に気持ちよく採点してもらう必要があるということです。具体的にはどのようなことか，考えてみましょう。

①　清潔な答案用紙を提出する

採点する際に，答案用紙の間に消しゴムの消しカスや頭髪が挟まれたままになっていたら，どうでしょうか。誰だって，そのような答案用紙を読んで，気持ちよく採点することはできません。論述後は，答案用紙の間のごみを取って，清潔な答案用紙を提出しましょう。

②　濃い大きい字で書く

試験の運営上，答案用紙はコピーをとってから採点されるかもしれません。採点者は，実務が終わってから採点作業に入ります。したがって，目が大変疲れます。コピーしても読みやすい濃い字で，疲れても見やすい大きい字で書くようにしましょう。

③　短い文章で書く

長い文章は，理解するのに時間がかかります。接続詞を少なく，短い文章で書くと，読みやすい文章になります。

④　問題に沿って，答えていることを明示する

読んでいる文章が，どの問いに対するものなのか分からないときがあります。これでは採点に時間がかかります。気持ちよく採点してもらうためには，どの問いに対する文章なのかを明示するために「章立て」をする必要があります。「章立て」の方法については後述します。

⑤　不要な空白行の挿入や，過剰なインデントの設定をしない

設問イとウが指定した字数を少し超えたような解答の場合，採点者は，減算する字数をカウントします。不要な空白行の数や過剰なインデントの字数を数えるのです。減算して設問イとウが指定した字数以上でない場合は不合格にします。これでは，効率的な採点はできません。不要な空白行の挿入や，過剰なインデントの設定をしないようにしてください。

（2）採点者に安心して採点してもらう

これから，合格レベルの論文の書き方について学習していきますが，論文を読んでいて，「この論文を書いた受験者には対象者像にふさわしいという以前に改善すべき点がある」と思うことがあります。次の点には「絶対に」注意してください。

①　プロフェッショナルらしい質問書を書く

試験を開始すると，最初に答案用紙の先頭に添付してある“論述の対象とする計画策定又はシステム開発の概要”，あるいは“論述の対象とする製品又はシステムの概要”（以下，質問書という）に答える必要があります。この質問書において，「答えない項目」がある，「分からない」を選択する受験者がいます。上級エンジニアであるシステムアーキテクトが，システムの開発期間や費用を「分からない」では，合格できないと考えてよいでしょう。

質問書を軽視しないで，プロフェッショナルらしさを採点者に与える回答に仕上げてください。

Point ここがポイント！！！！！！！

★1人月の単価を妥当な金額にしておく

質問書の一つのポイントとして，システム開発の規模における，総開発工数と開発費総額の関係があります。開発費総額において，「ハードウェア費用を含まない」を選択した場合，開発費総額を総開発工数で割ると，1人月の単価が出てきます。筆者は，これをチェックします。多分，採点者もチェックするでしょう。これが60万円から200万円くらいの間になるのが一般的と考えています。

★“質問書の記入”を受験番号の記入や問題番号の選択と同様に重要と考える

アイテック公開模試の午後Ⅱ答案を採点する際，筆者は質問書の記入漏れを確認して問題がなければ“OK”と記入します。稀ですが“OK”ではなく，“Good”と記入してしまうことがあります。質問書を読んでいて解答者の合格への気合を感じて書いてしまいます。したがって，“Good”の判定基準を説明してくださいと言われても，具体的には説明できません。

本試験の採点者は，質問書から午後Ⅱ論述式試験における合否判定の第一印象を得ます。質問書の記入を後回しにして，記入を忘れてしまった場合を想定してみてください。採点者の第一印象は“不合格”となるでしょう。本試験では，受験番号の記入や問題番号の選択と同様に，質問書の記入についても見直すようにしてください。

② ある漢字について，誤字を書いたり，正しい字を書いたりの混在をしない

他人に文章を読んでもらう際に，書いたものを読み直して，必要に応じて修正するのは，社会人としての基本的なエチケットです。一つの論文の中で，ある漢字について，誤字を書いたり，正しい字を書いたりすることは，読み直しをしていないことを証明しています。問題に書いてある漢字を間違えることも同様です。基本を守れない受験者は合格できないと考えてください。

③ 問題文に書かれている漢字を別の漢字やひらがなで書かない

基本的な注意力がない受験者と判断されても，仕方がありません。読み直しの際には，問題文を読んでから論文を読むとよいでしょう。

④ 自分の専門分野のキーワードの字を間違えない

情報セキュリティに関する論文において「暗号」を「暗合」と書いたり，病院の医療システムを題材にした論文で「看護」を「患護」と書いたりして，自分の専門分野のキーワードの字を間違えて書いている論文があります。このような誤字がある論文は，採点者に対して「本当に専門家なのか」という不信感を抱かせます。

⑤ 最後まで，一定の「ていねいさ」で字を書く

だんだん字が荒くなっていく論文を読んでいると，採点者は論文に不安定さを感じます。内容がよくても，不安定さを感じる論文に合格点をあげることはできません。一定の「ていねいさ」で字を書くようにしましょう。

（3）採点についての誤解を解く

最後に，採点者や論文への誤解について説明します。

理想は字がきれいで，設問ア，イ，ウで 2,800 字程度の論文が書けることです。しかし，そのような論文でなくとも，合格レベルの論文は多数あります。内容で勝負しましょう。

① 字がきれいでないと合格できないという誤解

字がきれいに書けなくても，採点者はしっかり読んでくれます。採点者には，教育に携わる方も多くいます。したがって，人を教育するという観点から解答を採点してくれます。字をきれいに書くのが苦手な方も，ぜひ，論文にチャレンジしましょう。

筆者は字がきれいではありません。20 名の受験者がいるとすると，1 名いるかどうかという低いレベルです。しかし，事実として論述式試験に複数回合格しています。おそらく，**筆者の字が「デッドライン」**と推測されます。第 1 章の図表 1-3 には筆者の字が掲載されていますから，その「デッドライン」を確認して安心してください。偶然ですが，筆者が知っている試験委員や採点者の中には筆者レベルの字を書く方もいます。きれいな字ではなくても OK ですが，読んでもらえる字を書く必要はあると思われます。

② 成功談を書かないと合格できないという誤解

論文は成功談を書くことが当たり前のようです。ただし，筆者を含めて多くの先生が「厳しく評価して問題点を今後の改善したい点に論旨展開する」ということを基本的に推奨します。筆者もこのような展開で論述し，合格しています。

失敗談でも，**きちんと問題点を挙げて，解決の方向性を示している論文は，読んでいて気持ちがいい**です。本当のことを書いている，本音で書いているという気持ちになれるからです。逆に，要求定義など，難易度が高い局面に関する評価を“十分満足のいく成功を収めた”と書かれると，読んでいて疑問に感じます。

Point ここがポイント！！！！！！！

★評価では，高度の情報処理技術者の視点の表れ，視座の高さを示せ

以前に入手した情報処理技術者試験のガイドブックによると，採点者の方は，受験者の論述から，「成功した」，「うまくいった」という気持ちが分かるそうです。また，成功した事例を探して論述しているかもしれないと考えるそうです。しかし，中には，これでどうして成功するのか分からないような論述に出会うこともあるそうです。「○○は問題にならなかったのだろうか」と疑問点に気付くことも多いそうです。

それらの課題を冷静に見つめて，論述した事例では問題にならなかったが，改善が必要だと認識した事項について淡々と書かれていると，「そうだよね。よく気が付いたね」と共感を覚えながら読むことになるそうです。これが，高度の情報処理技術者の視点の表れであり，視座の高さであろうと言っています。

③ 設問ア，イ，ウで 2,800 字程度書かないと合格できないという誤解

合格者が 2,800 字論述していた経験を根拠にして，このようなことが書いてある本が多いのは事実です。筆者の著書でも同様のことを書いていました。しかしながら，字数については，問題冊子に書いてあるとおり，設問アが 800 字以内，設問イが 800 字以上 1,600 字以内，設問ウが 600 字以上 1,200 字以内書いてあれば，合格圏内と考えてください。ただし，**空白行や過剰なインデントについては減算**されますから，余裕をもった字数で論文を書き上げることは大切なことです。

④ 設問ア，イ，ウで 2,800 字程度書くと合格できるという誤解

2,800 字クラスの論文を 2 時間で書ける受験者の合格率は，経験からいうと高いです。しかし，3,200 字程度の論文を 2 時間で書き上げても合格できない受験者がいることも事実です。このような受験者に共通している点は，論文が冗長的であるという点です。すなわち，対策を選択した根拠などで，いつも同じことを

書いているということです。このような論文にならないためには，しっかりとした論文設計や，**重要なこと以外は繰り返して書かない**などの注意が必要となります。

⑤　設問アは800字の最後の行まで書かなければならないという誤解

筆者が20年以上前に論文指導を受けた際に，講師は，“設問アは800字の最後の行まで書かなければならない。なぜならば，自分が担当した業務について書くことがないとは，論述力がないことをアピールしていることと同じだからである”と説明していました。この影響を受け，筆者も，同じことを長い間，指導していました。しかし，受験者の立場に立つと，設問アを800字の最後の行まで書くことよりも，もっと重要なことがあります。**最後まで，論文を書き上げることです。**

設問アは簡潔に表現できていれば700字でも問題ありません。なぜならば，問題冊子にそのようなことは書かれていないからです。また，設問アの配点は少ないので，たとえ減点されたとしても，合否には大きく影響しません。それよりも，合格に必須となる「**最後まで書き上げること**」**の方が重要**です。予定した時間どおりに設問アを終了して，時間内に最後まで論文を書き上げるようにしてください。これが何よりも重要なことです。

そして，**論述に慣れてきたら，設問アは800字の最後の行まで書いてください。なぜならば，合格レベルの論文の多くは，設問アがしっかり書かれているからです。**

コーヒーブレーク

「踊る論文指導」

2時間以内で書ける文字数で論文練習をしましょう。

論文添削をしていると，制限字数目一杯に書いてある論文を添削することがあります。最近，そのような論文が多い傾向があります。目一杯とは，設問ア800字，設問イ1,600字，設問ウ1,200字，合計3,600字です。規定文字数を満たしていれば，文字数と点数の関係はないと考えてください。3,600字書いている人に，“2時間以内に書ける字数に抑えましょう”とはコメントできません。2時間以内に3,600字を書ける可能性があるからです。何かよいコメントがありましたら，教えてください。

2.3 論述式試験突破に必要な要素を明らかにする

論述式試験突破に必要な要素を，もう一度分かりやすく，段階的に解説します。

（1）論述式試験の答案を採点してもらうために必要な要素を明らかにする

第一歩は記述式試験を突破することです。論述式試験の答案が採点されるという方は，記述式試験を突破できる実力がある方です。筆者が言いたいのは，記述式試験を突破できた段階で，論文を書くために必要な，ある程度の実力が備わっているはずなのですから，**記述式試験を突破する実力を生かして論述式試験を突破しないことは，「もったいない」**ということなのです。

（2）合否判定の対象となるために必要な要素を明らかにする

合否判定の対象となるために必要なこととして，「2 時間で，設問アを 800 字以内，設問イを 800 字以上 1,600 字以内，設問ウを 600 字以上 1,200 字以内の字数で書いて，問題に書かれている全ての問いに答え，論文を最後まで書き終える」ことです。その他にはどのようなことがあるでしょうか。考えてみましょう。

① 「である」調で統一して書く

「ですます」調で書かれた論文もありますが，ほとんどの論文が論述の途中で，「ですます」調と「である」調の混在となってしまいます。これでは，論文として失格です。「ですます」調を最後まで貫くことは，どうやら難しいようです。

論文は，「である」調で書くと決まっているわけではありません。「ですます」調では合格できないのなら，問題冊子にその旨が書かれているはずです。しかし，経験的に言うと，「ですます」調で書かれた論文は合格レベルに達しないものが多いです。したがって，「である」調で書くようにしましょう。

② 守秘義務を遵守する

顧客名に関する固有名詞については，明示しないようにしてください。守秘義務違反として，採点は中止になると考えられます。「○○株式会社」，「○○銀行」は，「A 社」，「A 銀行」としましょう。想像してしまうイニシャルによる表現もやめた方がよいです。

③ 試験区分とあなたの立場を一致させる

あなたが受験する試験区分の対象者像に合った立場で，論文を書くことが求められています。例えば，システムアーキテクト試験において，プロジェクトマネージャの立場で論述して，すばらしい論文を書いても合格することはできません。

システムアーキテクト試験は，対象業務の特徴を踏まえて，要件定義やシステム設計を行う方が受験する試験区分です。例えば，プロジェクトマネージャ試験との違いは，QCD の観点ではなく，**システム開発の専門家の視点で書く**ということです。要件定義やシステム設計を円滑に行うための施策やシステム設計内容などを論じます。

④　ローカルな言葉を使わない

これは，「あなたが勤めている会社でしか通じない言葉を論文で使わない」ということです。あなたの会社以外の，第三者が読むということを意識して書くようにしてください。基本的には本試験の午前Ⅰ・Ⅱや午後Ⅰ・Ⅱの問題で使用されるキーワードを使って書くと考えるとよいでしょう。

（3）論述式試験合格を確実にする要素を明らかにする

採点者による合格判定の対象となった論文に，どのようなことが書いてあると合格と判定されるのでしょうか。これまでに，次の二つは分かりました。

①　問題文の趣旨に沿って，簡潔で分かりやすい文章を書く

②　専門家として工夫した点，専門家としての考えやそのように考えた根拠を書く

このうち，②について詳しく説明します。

・課題を明示する

状況を説明しただけでは，課題は相手に伝わりませんし，課題を挙げたことにもなりません。例えば，「A さんのセキがとまらない」という状況だったとします。これは解決すべき問題でしょうか。その日，A さんは，会社に行きたくなかったのです。したがって，「A さんのセキがとまらない」という状況は，課題ではないのです。

課題を挙げるには，状況と理想を挙げてからそれらのギャップである課題を示すか，状況を説明して課題を示す必要があります。状況を説明しただけで，対策を講じるという展開の論文がありますが，それでは対策の妥当性に採点者が納得できない場合があります。それを回避するために，**対策について論じる前に“～という課題があった”と書いて，課題を明示する**ようにします。

・論文というコミュニケーションによって，相手の考えや行動が変わるようにする

コミュニケーションの一つの要素として，「相手の考えや行動が変わる」ということがあります。「土用の丑（うし）の日」のニュースを見た後に，「うなぎ」を食べたくなるということは，よくある話です。これもコミュニケーションによって，「相手の考えや行動が変わる」という一例です。

論文はコミュニケーションの一つです。したがって，論文を読んだ後に，相手の考えや行動が変わることは論文の大切な要素です。そのためには，論文の中に主張を盛り込むようにします。**主張を述べ，その後に，“なぜならば，～”と書いて根拠を示すことあるいは，“～と考え”と書いて，専門家として**

の考えや，そのように考えた根拠を示すことが重要です。

・**試験に出題されるキーワードを使う**

本試験の午前Ⅰ・Ⅱや午後Ⅰ・Ⅱの問題で出題されているキーワードを使って，簡潔に書くということです。冗長な表現や稚拙な表現は，プロフェッショナルな印象を採点者に与えませんから注意しましょう。

・**工夫したことをアピールする**

IPA が発表した令和 3 年春午後Ⅱ問 2 の解答例の出題趣旨を図表 2-4 に示します。

出題趣旨
法改正やサービスのサブスクリプション化などを背景に情報システムの機能追加が必要になることが増えている。 システムアーキテクトは，このような情報システムの機能追加において，要件を対象業務の制約条件，業務プロセス，関連する情報システムの機能など様々な視点で分析し設計する。 本問は，情報システムの機能追加で実施した設計について，業務要件の分析の視点と分析方法，設計の結果，設計で工夫したことについて，具体的に論述することを求めている。論述を通じて，システムアーキテクトに必要な要件の分析及び設計の能力などを評価する。

図表 2-4　IPA 発表の出題趣旨

この出題趣旨を読むと，工夫したことを具体的に論述することを求めていることが分かります。“工夫”とは，辞書を引くと“いろいろ考えてよい手段を見つけ出すこと”とあります。したがって，**工夫をアピールする展開としては，課題を明示した後に，複数の対策案を挙げて，そのうちから，根拠とともに対策を選択する**という展開があると考えてください。

その他に工夫をアピールする展開としては，“困難な状況からのブレークスルー”を挙げることができます。通信教育の論文の添削では，「～という工夫をした」という語尾の文章が散見されます。そのうちの多くは「～した」という語尾を“工夫した”と変えただけの文章です。これでは工夫を採点者にアピールできません。そのようなケースで，添削の指示をどうしたらよいでしょうか。そこで私は，“～という困難な状況であった。そこで私は～”などという展開を盛り込んで，困難な状況を採点者に説明してから，システムアーキテクトとしての施策を説明することで，工夫したことを採点者にアピールできると考えました。したがって，もう一つの**工夫をアピールする展開は，施策を論じる前に困難な状況を説明するなどして工夫の必要性を採点者に示す**という展開です。

以上をまとめると，工夫した点をアピールするためには，施策を論じる前に，①課題に対していろいろな案を挙げて検討した論旨展開を盛り込む，②課題に対して対応の難しさなどを説明して，工夫する必要性を示す展開を盛り込む，という二つの方法があります。

・能力をアピールする

更にこの出題趣旨を読むと，「能力を評価する」ということが分かります。では，能力とは何でしょうか。能力とは「物事を成し遂げることができること」です。したがって，**“課題に対して，いろいろ考えて対策を講じたら，新たな課題が生じた。新たな課題に対しても対処することで対象業務の特徴を踏まえたシステムを設計した”などという展開を論文に盛り込んで能力をアピールする**ことが重要です。このように，通常，能力をアピールする展開は，工夫をアピールする展開の後に盛り込みます。

なお，能力をアピールする展開の中で，工夫をアピールしてもよいです。具体的には，“ただし”と展開してから課題を示し，①その課題について困難な状況を説明してから施策を論じる，あるいは，②その課題に対して複数の案を挙げて検討する展開を盛り込んで工夫をアピールする，です。

・具体的に書く

事例を挙げて書く方法が，理想的です。その場合は，“具体的には～”と書いて，事例を挙げます。しかし，経験に基づいて書ける方はよいですが，知識で書いている方にとっては，事例を挙げて書くことは難しい要求です。そこで，5W2H を論述内容に適用して，**できるだけ数値を論文に盛り込む**ようにします。これについては，第 3 章「3.3【訓練 2】トピックを詳細化して段落にする」で演習します。

コーヒーブレーク
「踊る論文指導」

試験会場で論述する公開模試の論文などには見られませんが，自宅で受験した公開模試の論文や，通信教育の論文で，設問ア800字，設問イ1,600字，設問ウ1,200字と各設問の制限字数までしっかりと論述されたものに，採点・添削する立場として出合うことがあります。これは最近の傾向です。3,600字を2時間以内で論述し，箇条書きなどを活用して整理がされ，趣旨に沿って専門家としての工夫や考えなどがアピールされていれば，問題ありません。私は「本試験では，箇条書きの項目数を減らして，2時間という制限時間切れのリスクを回避するとよいでしょう」などとコメントすればよいからです。

問題は，自信満々な“ものがたり”が書かれている場合です。懸命に3,600字を書いた解答者に，例えば，“趣旨に沿って，専門家としての考えや，そのように考えた根拠をもっと鮮明に採点者にアピールしましょう”とコメントを書いても伝わらないことは明らかです。理由は，解答者の自信が論文を読み進めるにつれて伝わってくるからです。そのような場合，解答者の立場や解答者の学習効果を最大限に高めるという点を考慮してコメントします。

あるとき，解答者の自信が伝わってくる“ものがたり”が書かれている3,600字の論文を添削することになりました。そのとき，試験対策セミナで知り合った受講者からの“プロとして本当のことをコメントした方が最終的には解答者が喜ぶ”という意見を思い出しました。15分ほど考えた挙句，“解答者は合格できなくて本当に困っているのだ。プロとして，適切なコメントしなければならない”と決断し，筆者の意見を率直に書きました。細かいことは書けませんが，その後私は3年ほど，その試験区分の論文添削から仕事を降ろされました。

趣旨に沿って，工夫や専門家としての考えや，そのように考えた根拠をアピールしていれば，設問ア800字，設問イ850字，設問ウ650字でも，合格できるでしょう。

字数を多く論述するよりも，論文設計に注力しましょう。

2.4 論文を評価する

「論述式試験は難しい」と一般に思われていますが，今までの説明で，そのような誤解が少しずつ解けてきたのではないでしょうか。また，どのようなことをすれば論文合格に近付くかについて，皆さん，概要が少しずつ分かってきたのではないでしょうか。

（1）論文の採点方法と採点の観点を知る

論述式試験では，論文採点はどのように行われているのでしょうか。これについては詳しく公表されていません。一般的な観点から推測すると，採点項目と採点基準に従って定量的な評価がされていると考えられます。そうでないと，合格した論文が，なぜ合格レベルなのか，客観的に説明できなくなってしまうからです。なお，一説には，論文の評価の客観性を確保するために，一つの論文は 2 人の採点者によって採点されているという話もあります。

論文採点の観点として考えられるのは，次のようなことです。

①　「質問書」にはプロフェッショナルな印象を採点者に与えるように書く

計画又はシステムの名称，対象とする企業・機関，システムの構成，開発規模等を質問書としてアンケート形式で問われているのは，受験者のバックグラウンドを確認するためです。したがって，質問書の回答で専門家としての印象をしっかり採点者に与える必要があります。今後，質問書がどのように変更されるか分かりませんが，基本的には次の項目を守って，しっかり質問書に答えるようにしましょう。

・選択した問題の趣旨，質問書の内容と本文の内容が一致している。
・30 字で記入が求められている，計画策定，システム開発，製品又はシステムの名称などについては，質問書に挙げられている例に従って，名称を修飾して，相手に分かりやすく表す。
・「分からない」はやめる。どうしても「分からない」場合には，理由を簡潔に書いておく（第 9 章の 9.2 を参照）。
・対象者像に書かれている内容に従って，あなたの担当業務を選択する。
・質問書の担当業務と論文に書くあなたの立場を一致させる。

Point ここが ポイント！！！！！！！！

★質問書にある「名称」で合否を推測する

質問書の最初にある，「情報システム」では「計画又はシステムの名称」，「組込みシステム・IoTを利用したシステム」では「製品又はシステムの名称」についての30字以内の記述によって，採点者は，論文の合否を推測するようです。しっかりと，質問書の例に倣って名称を修飾してアピール性の高いものにしましょう。

②　出題意図に答えている

設問で問われている全ての内容に対して，採点者が分かりやすいように答える必要があります。このことには次の四つの意味があります。

- **設問で問われている項目に，漏れなく答えている**

  設問で問われている全ての項目に漏れなく答えないと，論述式試験は突破できません。

- **問題文の趣旨に沿って書いている**

  設問文に答える内容の論文を書いただけでは，論述式試験を突破することは難しいです。問題文の趣旨に沿って書くことが重要です。特に“～が重要である”，“～する必要がある”などに関する展開は，意識的に論文に盛り込むようにします。

- 採点者に分かりやすい文章を書いている

  場合によっては，**「難しいことをあえて書かない」**ことも必要です。採点者に伝わる言葉で書いてください。

- ある文章が，どの問いに対する答えの部分なのかを，採点者に分かりやすく示している

  採点者がある文章を読んでいて，その文章が，設問文のどの問いに答えるものなのか分からないのでは，効率的な採点ができません。したがって，論文では，必ず，**「設問文に沿った章立て」をする**ようにしてください。

③　プロフェッショナルな知識と経験に基づいた課題対応力がある

知識や経験を基に課題に対応する，すなわち，課題に対していろいろ考えて，良い対応策を見い出すという展開を論文に盛り込むことが大切です。これが「工夫した点」となって，合格レベルに論文が近付く要素になります。

④　プロフェッショナルな課題解決能力

実際の業務において，課題解決は一筋縄ではいきません。一つの課題を解決しようとすると，いろいろな課題が生じてきます。これらを解決して「物事を成し遂げる力量」があるかどうかが評価されます。

⑤　現状の問題把握能力と今後のプロフェッショナルな力量の成長性

結果がどうなって，これからどうするのかが明確に書かれていなければ，試験

の対象者像にふさわしい役割を果たしていないと判断されてしまう，と考えてください。これらをきちんと書くことができない受験者は，試験区分の対象者像において必要とされる，一歩前の業務しか経験していないとみなされてしまいます。

⑥　表現能力

内容面だけではなく，上級技術者として必要なドキュメンテーションスキルについても問われます。理解しやすい内容の記述が必要で，「読ませる力」が重要となります。これが表現能力です。

(2) 論文の評価基準を知る

採点の観点をまとめると，論文の評価基準は，次のように設定することができます。アイテックの通信教育の添削では，これらの項目を全て評価基準としています。

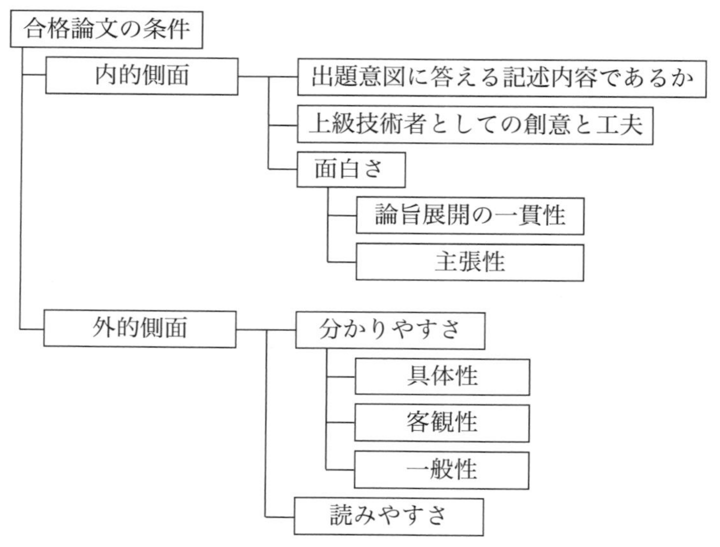

図表2-5　論文に要求される評価基準

(a) 内的側面

①　出題意図に答える記述内容であるか

試験の解答という意味では，最も重要な点です。出題意図に答えていない解答は，採点上全く得点できないことになります。論文対策を行って試験に臨む受験者の中には，準備した論文を題意に関係なくそのまま書いてしまう方がいます。これでは，立派な論文でも，採点上は低い得点となります。

もう一つ重要なポイントですが，**どんなに立派な内容を書いても，最後まで論述を完了させていないと，合格は難しい**ということです。実際の試験では，残り時間をチェックしながら設問イに割ける時間を見極め，時間がきたら設問イを切り上げて設問ウに進む必要があります。

② 上級技術者としての創意と工夫が読み取れるか

内容的には最も実務能力として評価される部分です。ここで問われている実務能力とは，上級技術者としての専門知識を，現実的な課題の中で的確に適用できる力があるかどうかということです。

③ 面白さ（論旨展開の一貫性，主張性）が感じられるか

・論旨展開の一貫性

「面白さ」とは，採点者が読んでいて引き込まれるような論旨展開になっているということです。**質問書と本文の間に一貫性がないと，採点者は気になって本文を読み進めることができません**。また，難しい課題をすぐに解決してしまっても信憑性に欠け，採点者は読み進めることができません。

前述のとおり，実際の業務において，課題解決は一筋縄ではいきません。一つの課題を解決しようとすると，いろいろな課題が生じてきます。これらを解決して「物事を成し遂げる力量」があるかどうかを評価します。

・主張性

一般的な内容を書き並べても，信憑性に欠けるために，採点者は論文を読み進めることができません。主張性とは，例えば，「設問アで述べた論述の題材を基に，課題あるいは課題に対する対策について説明する際に，**実際の例を挙げて，採点者を十分に納得させること**」と考えてください。

主張性を確保するためには，"～について掘り下げて論述する"というキーセンテンスを意図的に活用するとよいでしょう。

（b）外的側面

① 分かりやすさ

・具体性

根拠や結果をできるだけ，定量化して表現することが必要です。「大規模システム」と表現しても，採点者にはさっぱり分かりません。期間や工数を示して，定量的に表現するようにしましょう。ただし，**質問書の内容とあまり重複しない**ようにしてください。

・客観性

採点者に見解を納得してもらうためには，事例を挙げるとともに，対策を採用した根拠を述べることも重要です。具体的には，"なぜならば，～"と書いて，対策を採用した根拠を明示するようにしましょう。

一方的な展開の論文，すなわち，"～した"の連続は，採点者にとって苦痛となります。対策の根拠を示すために，"なぜならば，～"と書いて，採点者を一服させてあげましょう。

・一般性

一般性とは，誰が読んでも分かる用語を用いて論文を表現しているということです。一般的ではない「略語」，特定の会社にしか通用しない用語を使って書いた論文は，評価が低くなります。

情報処理技術者試験の問題に使われる一般的な用語を用いて，簡潔で分かりやすい文章を書くようにしてください。

② 読みやすさ

読みやすさには，内容の側面と，文章力の側面の二つがあります。なお，日本語としての体裁が整っていないものは，文章力がないと評価されます。次の点に注意しましょう。

・主語と述語の係り受け
・誤字
・脱字
・「門構えの略字」など，普段使われている略字
・禁則処理
・段落の分け方
・箇条書きの活用

なお，対策を列挙する文章では，接続詞の「また」を多用せずに，箇条書きを活用して，見やすい論文に仕上げるようにしましょう。

Point ここが ポイント！！！！！！！

★最後まで書いて合格論文になる

途中にどんなに立派な内容を書いても，最後まで書き終えていない論文では合格することは難しいです。“ー以上ー”と書いて論文を締めくくりましょう。

(3) 採点の視点を知る

論述式試験の結果は，A〜D の評価ランクで示されています。IPA の示す試験要綱には，受験者の論文を評価する際の視点などが示されています。

評価ランク	内　容	合否
A	合格水準にある	合格
B	合格水準まであと一歩である	不合格
C	内容が不十分である 問題文の趣旨から逸脱している	
D	内容が著しく不十分である 出題の要求から著しく逸脱している	

図表2-6　IPA が示す午後II（論述式）試験の評価ランクと合否の関係

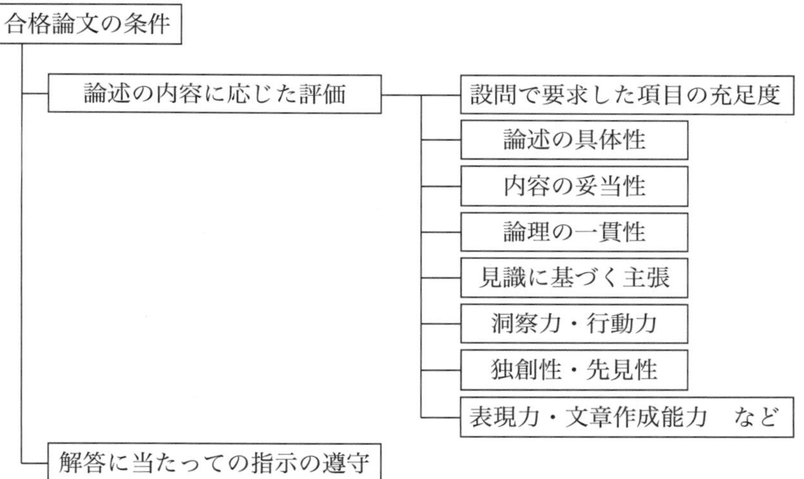

図表2-7　IPA が示す評価項目

IPA が示す評価項目について実際に評価する際の採点方式は，明らかにされていません。前述の論文の評価基準と，IPA が示す評価項目との関係は，おおむね次のとおりと予想します。

IPAの評価項目	通信教育の評価基準	ポイント
設問で要求した項目の充足度	出題意図に応える記述内容であるか	設問に従って論文が構成され，試験の解答となっていること
論述の具体性	分かりやすさ（具体性）	自分自身の経験，創意工夫，結果が明確に示されていること
内容の妥当性	出題意図に応える記述内容であるか	問題文に従って論旨展開され，題意に合った記述内容となっていること
論理の一貫性	面白さ（論旨展開の一貫性）	論文の導入部である設問アから最後の設問ウまで一貫していること
見識に基づく主張	面白さ（主張性）	試験区分にふさわしい視座と視点をもち，上級技術者としての実務能力を表現していること
洞察力・行動力		
独創性・先見性		
表現力・文章作成能力	分かりやすさ（客観性，一般性），読みやすさ	事実と意見が区別され，一般的な用語を用いて，正しい表記法に従っていること

図表2-8　IPA の評価項目とアイテックの通信教育の評価基準との関係

Point ここが ポイント！！！！！！！

★第三者に分かりやすい文章を書くためには，新聞，雑誌，小説を意図的に読む

どの情報処理技術者試験にも合格した経験がない受験者に対して，試験の対策セミナを実施しました。合格発表後，初めての情報処理技術者試験の合格が論述式問題のある試験区分という方に，インタビューしました。その方は本を読むのが大好きで，お小遣いの全てを本に費やすという話でした。第三者に分かりやすい文章を書くためには，やはり，新聞，雑誌，小説を読むことが大切なようです。

第3章

基礎編

この章以降の【訓練】は，主にシステムアーキテクトに関する実務経験が少ない方，あるいは，専門知識はあっても実務経験がない方を対象にしています。実務経験のある方も“手書き”に慣れるために訓練に参加してみてください。意外な改善すべき点が発見できるかもしれません。

3.1 五つの訓練で論文が書けるようになる

これから，論述式試験を突破するために必要な訓練を行います。簡単な訓練から始めますが，それぞれの訓練には，意味があります。例えば，【訓練 1】では作文を書きますが，この訓練によって，「また，～した。また，～した」という語尾が「した」の連続になる「作文」を書かなくなります。【訓練 2】では，トピックを詳細化しますが，数値を文章の中に入れ，定量的に表現する訓練によって，客観性の高い文章を書けるようになります。

「急がば回れ」です。少し時間がかかりますが，しっかりと訓練に参加しましょう。

（1）論文が書けるようになる五つの訓練を知る

記述式問題を突破できるということは，80 字程度の記述力があるということです。次に，80 字の記述力を，2 時間で 2,400 字程度を書ける論述力にアップするための訓練について説明します。

【訓練 1】「作文」や「論文風」の文章を書く

最初に，「作文」と「論文」との文章の違いについて理解しましょう。まずは，小学生の気持ちになって，気楽に文章を書いてみましょう。

【訓練 2】トピックを詳細化して段落にする

一つのトピックに基づいて文章を書いてみましょう。これは記述式問題の解答を，論述式問題の解答にステップアップさせる第 1 段階です。

【訓練 3】問題文にトピックを書き込む

問題文には論述に必要なトピックが書かれていることは，既に説明しました。しかし，これだけでは，論文は書けません。問題文を基にして，もっとトピックを挙げましょう。

【訓練 4】ワークシートに記入する

論文設計のためのワークシートを使って論文を設計してみましょう。3 回くらい訓練を行えば，ワークシートがなくても，論文を設計できるようになります。

【訓練 5】ワークシートを基に論述する

ワークシートができ上がったら，そこに書かれているトピックを基にして論述します。ここでは，「【訓練 2】トピックを詳細化して段落にする」で訓練したテクニックを使って，論述することを学びます。

これらの訓練については，【訓練 1】を本章の 3.2 で，【訓練 2】を 3.3 で，また，【訓練 3】～【訓練 5】は第 5 章で詳しく説明しています。順を追って訓練し，論述式試験突破に向けた論述力を身に付けましょう。

3.2 【訓練１】「作文」や「論文風」の文章を書く

（1）作文を書いてみよう

最初ですから，小学生のときを思い出して，400 字程度の作文を書いてみましょう。題目は，「今日，朝起きてから，今までの出来事」です。

「今日，朝起きてから，今までの出来事」　　3 年 1 組　岡山昌二

今日，妻の A 子に朝，起こされた。とても眠かった。でも，仕事だと思い，頑張って起きた。すばやく支度を済ませて，仕事場に出かけた。電車の中でも眠くて，頭がはっきりしなかった。

土曜日なので，昨日よりも早く着くと思って時計を見た。すると，なんか時刻が違うと思った。眠いので考えられなかったが，気合いを入れて見ると，やはり，早かった。ちょっと，腹が立ったが，共働きなので仕方がないと思った。やっぱり，今度から，自分で目覚ましをセットしようと思った。

Just Do it！ 関所 No.1

やっと皆さんの番になりました。本番の試験に備えた，手書きの訓練を始めましょう！

最初に B か HB の芯の入ったシャープペンシルと消しゴムを用意してください。次にこの本の巻末にあるＢ４サイズの紙を本書から切り離しましょう。“巻末ワークシート 1”にある，「【訓練１】作文を書いてみよう」の原稿用紙に 400～600 字ほどの作文を書いてみてください。目的は「昔のように手書きに慣れる」ことです。手先や手首を柔らかく動かすために，作文を書いてみましょう。制限時間は 15 分です。

(2) 作文と論文の違いを知る

一見，馬鹿らしい訓練ですが，論述式試験において作文を書いてしまわないためには重要な訓練です。論文を添削する場合，添削者は，皆さんが2時間かけ，苦労して書いた論述式問題の解答に対して，「論文ではなく作文になっています」とは，なかなかコメントできないものです。したがって，作文になっていないかを自分でチェックできるように，しっかりと，「作文」と「論文」の違いを確認してください。「作文」を「論文風」に仕上げるためには，次の主張性と客観性を盛り込むことが重要です。

① 主張性

論文と作文の一番の違いは，「主張性」です。作文では，中途半端な表現，あいまいな表現を使ってもかまいませんが，論文では禁物です。論文において **“思う”は絶対に使わない**でください。あいまいな表現をされると，読み手，すなわち採点者が困ってしまいます。

論文において，主張性を確保するには，事例を挙げて説明することです。“～について掘り下げて論述する”，“具体的には次に述べるような対策を講じた”というキーセンテンスを意図的に活用して，事例へ論旨展開することが重要です。

② 客観性

語尾が“～した”の連続では，主観的な表現ばかりとなって，採点者は疲れてしまいます。客観性を確保するために，具体的には，“なぜならば，～”と書いて，対策を採用した根拠を明示するようにしましょう。

③ 具体性

論文で，数十時間や数百台と書かれても，採点者はイメージがわきません。“20 時間～30 時間”，“100 台～150 台”，と，定量的に書くようにしてください。

(3) 論文風の文章を書いてみよう

手書きで文章を書きます。原稿用紙を用意してください。

では，主張性，客観性，具体性に留意しながら，論文風の文章を書いてみましょう。**書けない漢字があった場合は，ひらがなで書くのではなく，辞書を引いて漢字を調べて書く**ようにしてください。

「起床時刻のセットの重要性」　岡山昌二

　朝の目覚まし時計は，頼りになる妻がいても，自分で起きる時間をセットすることが重要である。なぜならば，誤って1時間早く起きても，自分が悪い，仕方がないで済むからである。具体的には，次のようなことが起きた。
　今日の朝は，妻のA子に起こされた。とても眠かった。でも，仕事だと思い，頑張って起きた。30分で支度を済ませて仕事場に出かけた。電車の中でも眠かった。土曜日なので，昨日よりも10分ほど早く着くと思って時計を見た。すると，何か時刻が違うと思った。頭に気合いを入れて，よく考えると，やはり時間が1時間早かった。早く起こされた私は，妻に対して腹が立った。
　このように自分の人生，他人に腹を立てても，その分，損をするだけである。私のように共働きの家庭では特に，自分の責任で生活する工夫が重要である。

100字 200字 300字 400字

どうでしょうか。奥さんに起こしてもらっている方，明日から，自分で目覚まし時計をセットする気持ちになったでしょうか。そのような気持ちになれば，この文章には，コミュニケーションにおける主張性があることになります。また，主張したいことに対して，根拠が述べられているので，客観性も確保されていると考えることができます。

Point ここが ポイント！！！！！！！！

★論文では“と判断する”，“である”，を使う

論文ではあいまいな表現を絶対に使わないでください。“思う”と書かれると，そのあいまいさから，採点者は読んでいて不安になってきます。

★論文はひらがなではなく，漢字で書く

論文に使いたい漢字があるのに，書くことができない場合があります。重要なキーワードではない場合は，別の言葉で書くようにしてください。「専門家ならば書けるレベルの漢字を書けない」という印象を採点者に与えることは，受験者が思っている以上にマイナスイメージになります。

Just Do it！ 関所 No.2

「やらなくても，できるよ」なんて思わないで演習を続けましょう。作文にこそなっていなくても，もしかしたら報告書みたいな論文になっているかもしれません。1 回の受験で合格できると考えれば，この程度の演習は苦にならないはずです。

書いた作文の右側，すなわち“巻末ワークシート 1”にある，「【訓練 1】論文風の文章を書いてみよう」の原稿用紙に 400～800 字ほどの文章を書いてみてください。目的は「採点者に自分の考えをはっきりと示す文章を書くことができる」です。あいまいなことを主張しても合格はできません。論述式試験で合格するためには，採点者に専門家としての主張や考えをしっかりと伝えることが重要です。

書いた作文を基に，次の点に留意して論文風の文章にチャレンジしてみてください。

① 主張したいことを書き，次に“なぜならば，～”と書いてその根拠を明示する。

② 主張性を確保するために，“具体的には”と書いて事例を挙げる。

③ “～が重要である”と書いて事実を考察し，主張したいことを別の表現で言い換えて主張性をアップさせる。別の表現が難しい場合は，主張を二度繰り返してもよい。

④ “思う”など，あいまいな表現は使わない。

⑤ 具体性を確保するために，できるだけ定量的に示す。

最初の文章が主張になっていることが重要です。「今日は電車が混んでいた。なぜならば，4 月の初旬で新入社員が通勤電車に乗るようになったからである」など，“主張”の代わりに“状況”を書かないようにしましょう。

（4）設問イにおいて報告書を書かない方法を知る

さあ，最初の訓練はどうでしたか。作文を書かないためには，作文を書いてみることです。では，報告書を書かないためにはどうしたらよいでしょうか。

そのポイントは，設問イの解答の書き方にあります。設問イの解答に，手順や状況を長々と書いても採点者は読みません。なぜならば，採点者が評価することは，考え方，工夫した点や能力だからです。

なお，設問アでは説明は OK です。システムの概要などをしっかりと説明してください。

報告書を書かない方法としては，状況説明に終始しないことです。次に，**手順などを説明する際には，手順において特に重要と考えたポイントを示して，その根拠を述べる**ようにします。こうすれば，採点者に対して考え方をアピールできます。その際，手順の箇条書きに終始しないことが重要です。

Point ここがポイント！！！！！！！

★設問イやウにおいて項目を列挙しただけでは得点できない！！

項目を列挙する際には，重視した点を根拠とともに明示すると，得点になります。論文では，採点者に「専門家としての考えや，そのように考えた根拠」をアピールしましょう。

3.3 【訓練２】トピックを詳細化して段落にする

論述式問題を記述式問題としてとらえると，問題文からトピックを挙げられることは分かりました。次は，そのトピックを論文に仕上げる訓練の第一歩として，トピックを基にして段落を書く訓練をします。

（1）トピックを基に，5W2Hで段落を書いてみよう

トピックをどのように膨らませて論文に仕上げるかを考えていたところ，新入社員研修で私が講演している「報告書の書き方」のことを思い出しました。5W2Hです。これを応用して，一つのトピックを膨らませることができます。

では，5W2H を挙げてみましょう。

① Why　なぜ
② Where　どこで
③ When　いつ
④ What　何を特に重要と判断した
⑤ Who　誰が
⑥ How　どのようにして
⑦ How many　どのくらい

次に，“プロトタイピングを採用する方針を検討した”というトピックで，5W2H について考えてみます。

① Why	なぜ	ユーザの潜在的要件を引き出して，下流工程で発生が予想される開発の手戻りを未然に防ぐ
② Where	どこで	開発用サーバを仮に調達して開発室で
③ When	いつ	要件定義の局面で
④ What	何を特に重要と判断した	受注業務
⑤ Who	誰が	システムアーキテクトとして私は
⑥ How	どのようにして	熟練者と初心者の双方に対応できるプロトタイプ
⑦ How many	どのくらい	開発スケジュールを遅らせない範囲で，最大 30 画面に限定して

実務経験に基づいて書いても，専門知識に基づいて書いても結構です。例を参考にして，自分で 5W2H を挙げてみましょう。

5W2H が挙がれば，それで一つの段落を書いてみます。始めは結論と，その根拠から書いてみましょう。結論は，“プロトタイピングを採用する方針を検討した”です。

システムアーキテクトの立場では，プロトタイピングの採用は，プロジェクトマネージャの許可が必要と判断して，語尾を“検討した”と変えています。

結論とその根拠としては，“要求定義局面において，システムアーキテクトとして私は，プロトタイピングを採用する方針について検討した。なぜならば，ユーザの潜在的要件を引き出して，下流工程で発生が予想される開発の手戻りを未然に防ぐためである”という例を挙げることができます。

では，訓練開始です。一つの段落を書いてみましょう。なお，段落の開始は「字下げ」を忘れないでください。

　要求定義局面において，システムアーキテクトとして私は，プロトタイピングを採用することを検討した。なぜならば，ユーザの潜在的要件を引き出して，下流工程で発生が予想される開発の手戻りを未然に防ぐためである。具体的には次のように行った。私は，プロジェクトマネージャと検討し，開発スケジュールを遅らせない範囲で，最大30画面に限定してプロトタイピングを適用することにした。特に受注業務を重視して，プロトタイプを作成することにした。その際，開発室にて使用する開発用サーバの調達を早めることをプロジェクトマネージャに要望した。実際に作成したプロトタイプは，熟練者と初心者の双方に対応できるタイプである。

Point ここが ポイント！！！！！！！

★知識で書く場合でも，できるだけ数値を盛り込む

数値が入っていると，信憑性が増してきませんか。論文では，具体的に書くことが求められています。したがって，経験がないことを専門知識に基づいて書く場合でも，数値を入れて書くようにしましょう。

もちろん，経験に基づいて書く場合でも，定量的な表現をしましょう。

5W2H で“プロトタイピングを採用した”というトピックを表現すると，こんなに字数が多い一つの段落が書けるのです。皆さんはどうでしたか。

しかし，実際に書いてみると，一つの段落で多くのことを書き過ぎている感もあります。そのため，論旨展開もギクシャクしています。実際には，この段落を更に分けて，論旨展開をなめらかにします。

　システム開発の要求定義局面では，システムアーキテクトとして私は，プロトタイピングを採用することを検討した。なぜならば，ユーザの潜在的要件を引き出して，下流工程で発生が予想される開発の手戻りを未然に防ぐためである。具体的には次のように行った。

　一般的に，プロトタイピングの採用は開発スケジュールを遅らせ，コストが増大するというリスクがある。そこで私は，プロジェクトマネージャと検討し，開発スケジュールを遅らせない範囲で，最大30画面に限定してプロトタイピングを適用することにした。

　私の経験から販売管理システムでは，受注業務において高い応答性や操作性が要求される。確認のためユーザにヒアリングを行い，その結果，私は特に重要と判断した受注業務を中心にプロトタイプを作成することにした。

　その際に問題となったことは，開発用サーバの調達である。要求定義段階では，調達は完了していない。そこで私は，プロジェクトマネージャに，開発室にて使用する開発用サーバの調達を早めることを要望した。

　実際に作成したプロトタイプは，熟練者と初心者の双方に対応できるタイプである。なぜならば，ユーザ特性に応じたヒューマンインタフェースを作成して操作性を確保し，予定したシステムの効果を確保するためである。具体的には，ユーザ全員に対してWebを使って質問書を作成してユーザ特性を分析した。この結果に基づいて，ユーザ特性に応じた操作性を確保するプロトタイプを作成した。

ここでは，専門知識があれば“プロトタイピングを採用する方針を検討した”という一つのトピックを，これだけの文章に展開できることを確認してください。

（2）キーワードに基づいた段落の書き方を知る

トピックに基づいて，5W2H で段落を書く以外に，キーワードに基づいて一つの段落を書く方法としては，次の二つがあります。

① キーワード中心型の段落構成

「プロトタイピング」という**キーワードを中心にして**一つの段落を書く方法です。

　要求定義の局面では，プロトタイピングを採用することに決定した。なぜならば，現状業務のヒアリングにおいて，ユーザ要件が十分に定まっておらず，システムアーキテクトとして私は，ユーザの潜在的要件を引き出す必要性があると判断したからである。プロトタイピングは，開発スケジュールを遅らせない範囲で，特に重要と判断した連結決算のためのデータ入力業務を中心に，最大30画面に限定して，画面とその展開を確認することにした。プロトタイプの設計の際に工夫した点は，ユーザインタフェースを熟練者用と初心者用で作成して，それをユーザが評価した点である。

② キーワード連鎖型の段落構成

「プロトタイピング」というキーワードを基にして，**次々と関連するキーワードを連鎖させて**一つの段落を書く方法です。

　要求定義の局面では，プロトタイピングを採用することに決定した。なぜならば，システムの特徴から操作性の高いユーザインタフェースを実現する必要があり，そのためにはユーザと開発者が協力して，プロトタイピングによってその操作性を確認する必要があると判断したからである。一般的には，操作性の高いユーザインタフェースを実現するためには，ユーザの特性を分析する。また，パソコンの操作に慣れたユーザがいる場合は，ショートカット機能などを提供して，効率的な操作環境を提供する必要がある。逆に，慣れていないユーザについては，ガイダンス機能やヘルプ機能を充実させて，ユーザが次に何をするかが分かる環境を提供する必要がある。

　ユーザへのヒアリングによる分析の結果，ユーザの特性としては，熟練者と初心者が混在する，混在型であることが分かった。そこで私は，ヘルプ機能，ガイダンス機能を設けるとともに，熟練者にとっても高い操作性を提供するために，操作を簡略化できるショートカット機能を組み込むようにした。

Point ここが ポイント！！！！！！！

★キーワードを学習する際には，関連するキーワードも確認する

キーワード単体で覚えても，必要なときに使うことは難しいものです。関連するキーワードを一緒に確認して，キーワード間の関連性も学習しましょう。そうすれば，キーワードを連鎖させて文章を書くことができるようになります。

★重要なキーワードを意図的に盛り込んで論述する

題意に沿って論述したことを採点者に示すためには，重要なキーワードを意図的に論文に盛り込んでください。重要なキーワードは，多くの場合，問題のタイトル，設問文，「～が重要である」及び「～を踏まえて」という問題文の趣旨にある文章の中にあります。

（3）トピックに基づいて書いた段落を組み合わせれば論文になる

ここで示す論文の設計方法は，ブロックを組み立てて船や飛行機を作ることと似ています。子どものころ，ブロックを使って船や飛行機を作ったことを思い出し，皆さんも，段落というブロックを使って論文を書きましょう。ブロック（段落）を組み立てる設計図（論文設計書）があれば，船や飛行機（論文）を組み立てる（書く）ことができます。

Just Do it！ 関所 No.3

禁則処理を知っていますか？　いろいろなレベルがありますが，句読点で行を書き始めるのはやめましょう。

段落について，理解できましたか？　まだ，段落を書けそうもない方は是非とも演習に参加してください。

基礎の部分はもう少しで終わりですが，禁則処理や段落についての意識がないと，これから先の演習の効果が半減します。がんばりましょう。

"巻末ワークシート 2" にある，「【訓練 2】トピックを詳細化して段落にする」にトピックを 5W2H で詳細化してみましょう。詳細化は，自分の経験でも想像でも OK です。頭の体操だと思って詳細化しましょう。

トピックは何でもよいです。第 2 部にある論文事例から引用すると，次のようなトピックが挙げられます。これらからトピックを選んで，詳細化してみてください。

①リリース間隔を短縮できるソフトウェア構造を採用した。
②非機能要件を業務及び情報システムの視点から検討した。
③業務の課題変更に対応した設計をした。
④開発コストを抑えるために業務要件を絞り込んだ。
⑤セキュリティリスクへの対応策を検討した。

トピックを詳細化したら，その下の原稿用紙部分に一つの段落としてまとめてみましょう。論文では，段落が長いと採点者が読みにくいです。一つの段落を五つくらいの文章で構成するとよいでしょう。次の三つの点に注意してください。

①　段落の書き始めを字下げする。
②　句読点で行を書き始めないように禁則処理をする。
③　段落の区切り以外では改行しないようにする。

アイテックが開催している公開模試で分かることですが，段落を構成することができていない答案が 2 割ほどあります。この訓練を通して，しっかりと段落を構成できるようになりましょう。

第4章

論文を作成する際の約束ごとを確認する

採点者は，基本的な約束ごとを守っていない答案を採点しません。論述式試験における約束ごとは幾つかありますが，その中でも特に，試験の際に配付される問題冊子で指示された基本的な約束ごとは，非常に重要です。

この章では，問題冊子に明示された約束ごとを中心に，論述式試験に臨むに当たって，覚えておくべき約束ごとを，もう一度，確認します。

4.1 試験で指示された約束ごとを確認する

論述式試験における約束ごとには，試験の問題冊子で明示された非常に重要な約束ごと，質問書における約束ごと，一般的な論文における約束ごとがあります。

（1）問題冊子の指示をチェックする

本番の試験では問題冊子と答案用紙が受験者に配付され，問題冊子は持ち帰り可となっています。それでは，問題冊子や答案用紙から得られる情報に基づいて，論述の際の留意点を説明します。

①　Ｂ又はＨＢの黒鉛筆又はシャープペンシルを使用する

自分の手に慣れた筆記用具を，複数本用意します。シャープペンシルを換えることによって指の疲れが気にならなくなることもあります。消しゴムについては，使用の際に答案用紙を汚さないように，使う都度，まずは消しゴム自体をきれいな状態にしてから使います。明らかに濃い鉛筆や薄い鉛筆を使った場合は，この指示に従っていないと判断され，評価を下げる場合がありますので注意してください。

②　問題文の趣旨に沿って解答する

設問文に答えるだけではなく，問題文をしっかり理解してから，論述することが大切です。

③　答案用紙の解答欄は，「質問書」と「本文」に分かれている

答案用紙についての詳細な内容を書くことはできませんが，答案用紙は，“論述の対象とする計画策定又はシステム開発の概要”，あるいは“論述の対象とする製品又はシステムの概要”（以下，質問書という）と「本文」に分かれています。両方とも解答時間内に記入します。

④　「質問書」は問題冊子の２ページ目に記載された記入方法に従って，全項目について記入する

問題冊子に書かれた記入方法について，図表 4-1 に示します。

この表の内容から，質問書では，受験する試験区分の専門分野に関連する，論述の対象となる実務経験について，その概要，立場や役割が問われることが分かります。

⑤　「本文」の設問アは 800 字以内で記述する

設問アの最低字数は指定されていませんが，少なくとも 700 字以上は書くようにしましょう。時間があれば，最後の行まで埋めるようにしてください。

⑥　「本文」の設問イとウは，設問イを 800 字以上 1,600 字以内かつ設問ウを 600 字以上 1,200 字以内で記述する

現状における留意点は次のとおりです。ただし，これらは本書執筆時の状況ですので，受験した際の指示に，必ず従うようにしてください。

試験種別	質問書への記入方法
システムアーキテクト試験 （令和４年春）	**“論述の対象とする計画策定又はシステム開発の概要”の記入方法（問１又は問２を選択した場合に記入）** 論述の対象とする計画策定又はシステム開発の概要と，その計画策定又はシステム開発に，あなたがどのような立場・役割で関わったかについて記入してください。

図表４-１　「質問書」の記入方法

・合格論文に必要な字数は問題冊子に書かれている

問題となる点は，合格論文に必要な字数と，設問イとウの字数の配分についてです。

合格論文に必要な字数は，問題冊子に書かれているとおりです。必要な字数を書いても，論文が完結せず途中であったり，論文に冗長的な表現が多かったりすると，不合格になります。

・設問イと設問ウの論述開始箇所は答案用紙に指定されている

本試験では，答案用紙に設問イと設問ウ，それぞれの論述開始箇所が指定されていることを確認してください。

・答案用紙の字数カウンタは各設問の最初からカウントされている

答案用紙には論述量の目安となる字数が書かれています。本試験ではこの字数が各設問の最初から始まってカウントされていることを，確認してください。本試験の答案用紙は片面が400字です。

・答案用紙に示された800字分の行に達しただけでは800字以上ではない

800字分の行に達していても，その行の数文字分を空白にして論文を終わらせた場合は，800字未満です。これでは採点対象とならない場合があります。**必ず800字分の行を書き終えて，次の行に達するまでがんばってください。**なお，設問ウは600字以上ですが，同様に考えてください。

このように余裕分を考慮して，本書では2,400字（＝800字（設問ア）＋900字（設問イ）＋700字（設問ウ））ほど論述しましょうと書いています。

・過剰な空白行やインデントはカウントして減算される

空白行については，カウントして，実際の字数から引かれると考えてください。この作業は採点者が行いますから，採点者の負担になります。採点作業は時間との戦いでもありますから，このような負担を採点者に与えないことも大切です。したがって，不要な空白行の挿入は控えましょう。過剰なインデントについても，同様です。

⑦　解答はていねいな字ではっきりと書く

きれいな字で書く必要はありません。採点者が読みやすい字で書きましょう。

Point ここが ポイント！！！！！！！

★字の「ていねいさ」を均一にして書く

以前，合格確実といわれた方が不合格になり，その理由を聞いたことがあります。その方は，「問題を見て安心して始めはゆっくり，ていねいに書いた。そのうち，時間がなくなり，字が汚くなった。この変化が不合格の原因だ」と説明しました。だんだんと字が荒れてくると，内容も粗末になってきていると，採点者は感じるものです。

★答案用紙は下を1枚にして書くか，問題冊子を下敷きにする

答案用紙は両面です。したがって，答案用紙の2枚目と3枚目，4枚目と5枚目は表裏になっています。1枚目，2枚目は問題がありませんが，3枚目を書く際に，その下で1枚目と2枚目が合わさっていると，そこに書かれた字がカーボンコピーの役割をして，1枚目と2枚目に書かれた字が互いに写ります。これでは読めない答案になってしまいます。

（2）質問書の指示をチェックする

答案用紙は未記入でも持ち帰り不可となっています。したがって，答案用紙の一部である質問書に関する情報については，ここでは書けません。しかし，答案用紙の始めのページにある質問書は次の点で重要ですから，しっかりと書いてください。

①　質問書では，専門家として自分の経験を相手に伝え，相手に専門家であると認めさせる力をアピールする

問題冊子を読んで，解答する問題を選んだら，質問書に記入します。質問書では，その試験区分の専門分野に関連する，論述の対象となる実務経験について，その概要，立場や役割が問われます。その内容については，実務経験があれば書ける内容について問われると考えてください。

②　質問書がしっかり書けている人は論文もしっかりしている

論文の第一印象は設問アの前半です。しかし，答案の第一印象は質問書で決まります。では，質問書は何のために使われるのでしょうか。人と人とがコミュニケーションをするとき，まずは，相手と会ったときの第一印象を基にコミュニケーションを始めます。相手に見合ったコミュニケーションから始めるわけです。採点者にとって，質問書はコミュニケーションを始めるために必要な第一印象なのです。すなわち，**質問書は採点を始めるための第一印象**というわけです。

“質問書がしっかり書けている人は論文もしっかりしている”という言葉は，私の言葉ではありません。IPA のとある方が講演で話した言葉の一つです。これを言い換えると，「質問書をしっかり書けば，合格の可能性も高くなる」あるいは，「**質問書から受ける印象で，合否の当たりを付けて論文を採点している**」と言えるのです。

③　質問書と論文の一貫性も採点の対象としている

論文を読んだだけで，受験者が試験区分ごとの「対象者像」に合致しているかどうかを読み手が判断することは難しいことです。このような判断を行う上で，論文では不足している部分を質問書で補うと考えてください。

その際に注意すべき点は，受験する試験区分の対象者像，質問書の回答，論文の内容，この三つの一貫性です。システムアーキテクト試験において，質問書の“あなたの担当業務”に“事業戦略策定”と回答しては「IT ストラテジスト試験を受けてください」ということになり，論文の評価では下がる可能性が高いと考えるべきでしょう。このように，**受験する試験区分の対象者像，質問書の回答と論文の内容の一貫性をしっかり確保する**ことが重要です。

Point　ここがポイント！！！！！！！

★質問項目には，全て答えよ

問題冊子には，“記入項目の中から該当する番号又は記号を○印で囲み，必要な場合は（　）内にも必要な事項を記入してください。複数ある場合は，該当するものを全て○印で囲んでください”と書かれています。全ての質問項目に答えていない答案用紙を提出する受験者は，論文がよくても，専門家として認められない可能性が高いです。

④　特に“計画又はシステムの名称”に注力する

コミュニケーションでは第一印象が重要となります。論文も一方向ですが，コミュニケーションです。したがって，第一印象が大切です。では，論文の第一印象はどこでしょうか。私は長い間，「設問アの前半です」と説明してきました。しかし，IPA 発表のとある資料によると，質問書の“名称”だそうです。これがしっかり書けている受験者は，内容もよいそうです。したがって，これで合否の当たりを付けるそうです。それを読んで以来，私は“計画又はシステムの名称（問 1 又は問 2 を選択した場合に記入）”又は“製品又はシステムの名称（問 3 を選択した場合に記入）”も添削対象としています。

かつて受験した経験を基に質問書の内容を再現してみました。再現の精度は高くありませんが，参考にしてください。

システムアーキテクト試験

論述の対象とする計画又はシステムの概要（ 問1 又は 問2 を選択した場合に記入）

質問項目	記入項目
計画又はシステムの名称	
① **名称** 30字以内で，分かりやすく簡潔に表してください。	百貨店における贈答品受注システム 【例】1.生産管理システムと販売管理システムとの連携計画 2.地方自治体でのクラウドサービスを用いた防災管理システムの導入 3.コールセンタのログを活用したマーケティングシステムの構築
対象とする企業・機関	
② **企業・機関などの種類・業種**	1.建設業 2.製造業 3.電気・ガス・熱供給・水道業 4.運輸・通信業 ⑤卸売・小売業・飲食店 6.金融・保険・不動産業 7.サービス業 8.情報サービス業 9.調査業・広告業 10.医療・福祉業 11.農業・林業・漁業・鉱業 12.教育(学校・研究機関) 13.官公庁・公益団体 14.特定しない 15.その他(　　)
③ **企業・機関などの規模**	1.100人以下 2.101～300人 3.301～1,000人 4.1,001～5,000人 ⑤5,001人以上 6.特定しない 7.分からない
④ **対象業務の領域**	1.経営・企画 2.会計・経理 ③営業・販売 4.生産 5.物流 6.人事 7.管理一般 8.研究・開発 9.技術・制御 10.特定しない 11.その他(　　)
システムの構成	
⑤ **システムの形態と規模**	①クライアントサーバシステム ㋐(サーバ約 3 台，クライアント約不明台) イ.分からない 2.Webシステム ア.(サーバ約　台，クライアント約　台) イ.分からない 3.メインフレーム又はオフコン(約　台)及び端末(約　台)によるシステム 4.その他(　　)
⑥ **ネットワークの範囲**	1.他企業・他機関との間 2.同一企業・同一機関の複数事業所間 3.単一事業所内 4.単一部門内 5.なし ⑥その他(同一企業とインターネット上の顧客間)
⑦ **システムの利用者数**	1.1～10人 2.11～30人 3.31～100人 4.101～300人 5.301～1,000人 6.1,001～3,000人 7.3,001人以上 ⑧特定しない 9.分からない
計画策定又はシステム開発の規模	
⑧ **総工数**	①(約 110 人月) 2.分からない
⑨ **総額**	①(約 80)百万円(ハードウェア費用を ア.含む ㋑含まない) 2.分からない
⑩ **期間**	①(2019 年 10 月)～(2020 年 4 月) 2.分からない
計画策定又はシステム開発におけるあなたの立場	
⑪ **あなたが所属する企業・機関など**	①ソフトウェア業，情報処理・提供サービス業など 2.コンピュータ製造・販売業など 3.一般企業などのシステム部門 4.一般企業などのその他の部門 5.その他(　　)
⑫ **あなたが担当した業務**	1.情報システム戦略策定 2.企画 ③要件定義 ④システム設計 ⑤ソフトウェア開発 ⑥システムテスト ⑦導入 8.運用・評価 9.保守 10.その他(　　)
⑬ **あなたの役割**	1.全体責任者 ②チームリーダ 3.チームサブリーダ 4.担当者 5.企画・計画・開発などの技術支援者 6.その他(　　)
⑭ **あなたが参加したチームの構成人数**	(約 9 人)
⑮ **あなたの担当期間**	(2019 年 10 月)～(2020 年 4 月)

本試験では，特に⑧～⑩に○印を付けたか確認をしてください。

論述の対象とする製品又はシステムの概要（問3 を選択した場合に記入）

質問項目	記入項目
製品又はシステムの名称	
① 名称 30字以内で，分かりやすく簡潔に表してください。	ドローンを活用したロボット消火システム 【例】1.自動車制御及びナイトビジョン制御を統合した予測安全システム 2.料理運搬用エレベータの制御システム 3.魚釣りに使用されるマイコン内蔵型電動リール
対象とする分野	
② 販売対象の分野	1.工業制御・FA機器　2.通信機器　3.運輸機器　4.AV機器　5.PC周辺機器・OA機器　6.娯楽・教育機器　7.個人用情報機器　8.医療・福祉機器　9.設備機器　10.家電製品　⑪その他業務用機器　12.その他計測機器　13.その他(　)
③ 販売計画・実績	1.1点物　②1,000台未満　3.1,000〜10万台　4.10万1〜100万台　5.100万1台以上　6.分からない
④ 利用者	①専門家　2.不特定多数　3.その他(　)
製品又はシステムの構成	
⑤ 使用OS(複数選択可)	1.ITRON仕様　2.T-Kernel仕様　3.ITRON仕様・T-Kernel仕様以外のTRON仕様　4.Linux　5.Linux以外のPOSIX/UNIX仕様　6.組込み用Windows　7.組込み用Windows 以外のWindows　⑧Andoroid・iOS　9.自社独自のOS　10.その他(　)　11.使用していない　12.分からない
⑥ ソフトウェアの行数	1.新規開発行数(約　行)　②全行数(新規開発と既存の合計)(約 15M 行)　3.分からない
⑦ 使用プロセッサ個数	1.8ビット(　個)　2.16ビット(　個)　③32ビット(2 個)　④64ビット(5 個)　5.DSP(　個)　6.その他(　)(　個)　7.分からない
製品又はシステム開発の規模	
⑧ 開発工数	①(約 150 人月)　2.分からない
⑨ 開発費総額	①(約 110 百万円)(ハードウェア費用を　ア.含む　㋑含まない)　2.分からない
⑩ 開発期間	①(2019年 4 月)〜(2020 年 4 月)　2.分からない
製品又はシステム開発におけるあなたの立場	
⑪ あなたが所属する企業・機関などの種類・業種	①組込みシステム業　2.製造業　3.情報通信業　4.運輸業　5.建設業　6.医療・福祉業　7.教育(学校・研究機関)　8.その他(　)
⑫ あなたの役割	1.プロダクトマネージャ　2.プロジェクトマネージャ　3.ドメインスペシャリスト　④システムアーキテクト　5.ソフトウェアエンジニア　6.ブリッジエンジニア　7.サポートエンジニア　8.QAスペシャリスト　9.テストエンジニア　10.その他(　)
⑬ あなたの所属チーム	チーム名(　ドローンチーム　)　チームの人数(約 6 人)
⑭ あなたの担当期間	(2019 年 4 月)〜(2020 年 4 月)

本試験では，特に⑧〜⑩に○印を付けたかどうかの確認をしてください。

Point ここがポイント！！！！！！！

★質問書の名称は，例に倣って修飾するアイテックの公開模試では，"原価管理システム" などシステム名だけを記入した回答が散見されます。これでは，採点者の合格アピールが弱すぎです。質問書にある例に倣ってシステム名を修飾して合格論文としての第一印象を採点者に与えましょう。

Point ここがポイント！！！！！！！

★最初にやるべきことをやり，最後まで気を抜かない

情報処理技術者試験では，問題番号選択や受験番号を答案用紙に記入していないと不合格です。

大学入学試験では，受験番号の記入忘れを配慮してくれることもあるかもしれませんが，情報処理技術者試験では配慮してくれません。当たり前のことですが，試験が開始されたら，まず，受験番号を記入しましょう。

論述式試験では，問題を選択したら，答案用紙の表紙にある問題番号に鉛筆で丸を付けるようになっています。情報処理技術者試験のガイドブックによると，採点者は，答案用紙に問題選択の丸が付いていないことに気付きながらも，試しに論文を採点することがあるそうです。そのような場合，よい論文であっても，点数は付けられないそうです。

また，採点者が答案を読んでいて「こんなこと聞いていない」と思うことがあるそうです。すなわち，問題番号の選択を間違っているのです。このような場合は，「題意に沿っていない」という判定をするそうです。「百里の道も九十九里が半ば」です。最後まで，気を抜かないようにしましょう。

4.2 全試験区分に共通する論述の約束ごとを確認する

（1）一般的な論文の約束ごとを確認する

問題冊子に明示されていない，論文を書く上で必要な，一般的な約束ごとについて説明します。

①　「である」調で統一して書く

問題冊子には，「ですます」調で書くと評価を下げる旨は明示されていません。しかし，「ですます」調と「である」調が混合している文章は，減点の対象となると考えてください。また，経験からいうと，論文を「ですます」調で最後まで書ける方は少ないです。以上のことを考えると，「である」調に統一して書くことを推奨します。

②　禁則処理をする

いろいろなレベルの禁則処理がありますが，行の最初を句読点から始めることはやめるべきです。

③　字数が多い英単語は工夫する

英単語を書く際に，半角文字と考えて１マスに２文字入れるという方法があります。これを論文の最後まで適用できればよいのですが，多くの論文では途中で１マスに１文字になったりします。本来ならば１マスに２文字ですが，本試験では１マスに１文字に統一した方が無難と考えます。そこで問題となるのが，字数が多い英単語です。一つの解決策として，カタカナで書くとよいでしょう。

なお，本書では，英数字を１マスに２文字入れています。

【答案用紙（本文）の使い方】

本文の部分は，１ページ 400 字の横書きの原稿用紙になっています。書いた文字を消す場合，**基本的には消しゴムで修正**します。問題は段落の途中の文章を修正する場合です。減点の対象となりますが，次のように訂正するとよいでしょう。

・文章を挿入したい場合

行間の空白部分を上手に利用して，小さい字で文章を挿入します。

プロトタイピングを事前に行い，性能要件を
達成することができることを確認することに
した。ただし，コストが増大し納期が遅れる
可能性があった。そこで私は（プロジェクト）マネージャと検
討し，要員のスケジュールを調整することで
対処した。具体的にはメンバの中からデータ

・**段落の途中の文章を消す場合**

鉛筆を定規代わりに利用して，二重線を引いて，空欄であることを明示するとよいでしょう。ポイントはきれいに見せることです。

プ	ロ	ト	タ	イ	ピ	ン	グ	を	事	前	に	行	い	，	性	能	要	件	を
達	成	の	可	能	性	═	═	═	═	═	═	を	確	認	す	る	こ	と	に
し	た	。	た	だ	し	，	コ	ス	ト	が	増	大	し	納	期	が	遅	れ	る

Point ここがポイント！！！！！！！

★文章を推敲して訂正しても合格できる

段落の中ほどの文章を，このように文字を挿入して訂正した論文を筆者は提出したことがあります。結果は合格でした。書きっぱなしの文章よりも，きちんと推敲して意味のとおる，分かりやすい論文が評価されると考えてよいでしょう。

（2）論述式問題における共通の約束ごとを確認する

情報処理技術者試験の論述式試験の各試験区分において，共通にいわれている約束ごとを確認します。

①　守秘義務を守る

顧客に対して私たちは秘密を守る義務があります。したがって，顧客に関する固有名詞は論文の中では使ってはなりません。なお，顧客ではない，ソフトウェア製品の製造元の会社などについては，基本的には守秘義務の対象とはなりません。

悪い例　弊社の顧客である(株)アイテックにおいて，人事システムを構築した。

良い例　弊社の顧客であるＢ社において，人事システムを構築した。

なお，業界によっては代表的な会社は数社しかなく，プロジェクトの規模などから推測できてしまう場合があります。このような場合でも，Ｂ社という表現で問題はありません。採点者も守秘義務があるからです。採点者が推測できるようなイニシャルを使うのは，絶対にやめましょう。

②　自分の組織内でしか通用しない表現を使わない

情報処理技術者試験，出題範囲，シラバスなどに使われている，一般的な用語を使って論述してください。例えば，Ａ通信サービス会社で使われる「Ｓ日」，あるいは，Ａ電力会社で使われる「本開日」という表現は減点の対象となります。最悪の場合は意味が通じない論文と判断されて不合格となります。このようなときは，一般的な表現である「本稼働日」と記述してください。また，「プロジェクトマネージャ」を「プロマネ」などと最初から省略して記述することもやめましょう。なお，最近では「プロジェクトマネージャ（PM）」と表現している問題が出題されます。その場合は「PM」と書いても問題ありません。

③　設問イでは，設問アで述べた内容を踏まえた論旨展開をする

合格を決める一つの要因に“一貫性”があります。例えば，設問アで述べた対象業務の特徴を，設問イで活用して論旨展開するようにしてください。具体的には，設問アにおいて，“対象業務の特徴は～”と書いて明示しておき，設問イにおいて，“～という対象業務の特徴を踏まえて”と書くようにしてください。簡潔に引用することがポイントです。

④　問題点や課題については，全て解決する，あるいは解決の方向性を示す

設問イにおいて挙げた問題点や課題，あるいは，設問ウの評価において挙げた問題点や課題について，必ず，解決しましょう。解決できない場合は解決の方向性を示して論文を書き終えましょう。問題点や課題を挙げておきながら，それらを放置して論述を終了してしまうと，採点者が「この問題点はどうしたのだろうか？」という状態のままということになります。これでは，高い評価を得ることはできません。なお，設問文において課題だけを問うている場合は，課題だけでもよいです。

以上，いろいろな約束ごとを挙げましたが，初めから合格論文を書くことは難しいことです。まずは，全体で2,400字程度の論文を書いてみましょう。

次の章では，いよいよ「論文を設計して書く」演習を行います。

Point ここが ポイント！！！！！！！

★誤字をチェックしないと，論文を見直していないと判断される

同じ漢字を，誤って書いたり正しく書いたりと文字づかいが整っていない論文は，見直していないと推測されて評価を下げられても仕方がありません。また，問題文に書いてある漢字を，論文の中で誤って書いても評価を下げることになります。

★書けない漢字はひらがなで書くのではなく，別の単語で書く

添削の経験から，ひらがなで書かれた論文は，内容的にも稚拙な論文が多いです。しっかりと漢字で書いて，論文としての体裁を整えましょう。

第5章

論文を設計して書く演習をする

そろそろ読むのに疲れましたか？ 元気を出して例にならって演習を行いましょう。鉛筆をもって，さあ，開始です。

5.1 【訓練3】問題文にトピックを書き込む

システムアーキテクト試験では，要件定義やシステム設計において，顧客体験価値の向上，すなわち，利用者の立場に立って検討して要件定義やシステム設計することについて高い頻度で問われます。そこで，“ユーザビリティを重視したユーザインタフェースの設計”というタイトルの問題を選択しました。設問アの後半では，利用者の特性や，利用シーンについて問われている点，及び，設問ウでは，設計プロセスにおける工夫について問われている点が特徴的な問題です。この節では，論述において，知っていると便利な文章のひな型について説明します。必須ではないですが，気に入ったら，ひな型を使ってみてください，という程度の内容です。できるだけ多くの本試験問題のパターンに対応できるようにひな型を作成しています。なお，作成したひな型を全て使えるように，本試験問題を一部改題しています。

なお，この“5.1”で説明する内容は，“Just Do it 関所 No.4”において，まとめて演習しますので，この節では，まだ，読むだけでもよいです。

システムアーキテクト試験

令和元年度　問１改

問　ユーザビリティを重視したユーザインタフェースの設計について

近年，情報システムの接点としてスマートフォンやタブレット端末など多様なデバイスが使われてきており，様々な特性の利用者が情報システムを利用するようになった。それに伴い，ユーザビリティの善し悪しが企業の競争優位を左右する要素として注目されている。ユーザビリティとは特定の目的を達成するために特定の利用者が特定の利用状況下で情報システムの機能を用いる際の，有効性，効率，及び満足度の度合いのことである。

優れたユーザビリティを実現するためには，利用者がストレスを感じないユーザインタフェース（以下，UI という）を設計することが重要である。例えば，次のように，利用者の特性及び利用シーンを想定して，重視するユーザビリティを明確にした上で設計することが望ましい。

・操作に慣れていない利用者のために，操作の全体の流れが分かるようにナビゲーション機能を用意することで，有効性を高める。

・操作に精通した利用者のために，利用頻度の高い機能にショートカットを用意することで，効率を高める。

また，ユーザビリティを高めるために，UI を設計する際には，想定した利用者に近い特性をもった協力者に操作を体感してもらい，仮説検証を繰り返しながら改良する，といった設計プロセスの工夫も必要である。

あなたの経験と考えに基づいて，設問ア～ウに従って論述せよ。

設問ア　あなたが UI の設計に携わった情報システムについて，対象業務と提供する機能の概要，想定した利用者の特性及び利用シーンを，800 字以内で述べよ。

設問イ　設問アで述べた利用者の特性及び利用シーンから，どのようなユーザビリティを重視して，どのような UI を設計したか，800 字以上 1,600 字以内で具体的に述べよ。

設問ウ　設問イで述べた UI の設計において，ユーザビリティを高めるために，設計プロセスにおいて，どのような工夫をしたが，仮説検証を含めて，600 字以上 1,200 字以内で具体的に述べよ。

（1）ひな型を確認する

論述に慣れていない方は，ひな型があると論述が容易になると考え，ひな型を用意しました。論述に慣れれば，ひな型に固執する必要はありません。筆者は，ひな型に従って論述することで，①採点者にとって採点しやすい論文になる，②合格論文に必要な工夫のアピール，能力のアピールを容易に論文に盛り込めるようになる，という利点があると考えています。**ひな型を意識して論文を設計できるようになる**ことが重要です。

ひな型について，次に説明します。なお，ひな型については，実際の論文の論旨展開に合わせて語尾などを適切に修正して活用します。

（a）対象業務の特徴を明示する展開

多くの問題では，設問アの前半で対象業務の概要について問われます。システムアーキテクトは対象業務の特徴を踏まえてシステムを設計する人ですから，対象業務の概要において，対象業務の特徴を明示しておきます。400 字程度で話の脈絡を作り込み，論述例としては「対象業務は，お中元，お歳暮などの商品を顧客から受注し，それらを贈答先に配送する贈答品受注・配送業務である。お中元やお歳暮によって贈答品が増えるため，対象業務の特徴としては 7 月の上旬，12 月上旬が繁忙期となる点を挙げることができる」などと，対象業務の特徴を明示します。**対象業務の特徴を明示する展開のひな型は，“対象業務の特徴としては，～を挙げることができる”**です。

（b）問われている内容を明示する展開

設問アの後半では，問題によって，いろいろな事項が問われます。この問題では，「想定した利用者の特性及び利用シーン」が該当します。論述例としては，「新システムでは，顧客の対象を広げて，独身の若者の顧客が，お中元やお歳暮を贈ることを支援する。したがって，想定した利用者は 20 歳代から 30 歳代の独身者である。このような利用者の特性としては，スマートフォンを使い慣れているという点を挙げることができる。利用シーンとしては，平日の朝晩の時間が限られた自宅，及び，通勤時の電車内を想定した」などと，問われている事項を明示します。

問われている内容を明示する展開のひな型は，“(問われている事項) は〜”，あるいは，**“(問われている内容) としては〜”**です。

このように書くのは当たり前と思うかもしれません。しかし，公開模試では，設問で問われていることをきちんと書けていない論文が散見されます。そこで，このようなひな型を作りました。

(c) 課題を明示する展開

採点者は，解決すべき問題，課題が分からない状況でシステムアーキテクトとしての施策を読んでも，施策の妥当性を判断できないことがあります。したがって，課題を明示してから施策を論じることで，施策の妥当性を採点者に示すようにします。論述例は「贈答先の登録・修正機能が 60%という操作時間割合に関わる仮説に基づくことを根拠に，贈答先の登録・修正を効率的に行うことが重要と考え，電話帳に贈答先が登録されている場合，電話帳をどのようにアプリに移行するかが課題となった」です。したがって，**課題を明示する展開のひな型は“〜ということが課題となった”**です。

(d) 専門家としての考えをアピールする展開第1パターン

論文では，専門家としての活動をアピールすることも重要です。それ以上に，専門家としての考えや，そのように考えた根拠を採点者にアピールすることが重要です。専門家としての考えをアピールする展開の論述例は「ただし，スマートフォンの操作に慣れた利用者であっても，初めてのアプリの操作では誤操作があるため，確認ボタンがないと利用者にとって操作上の不安があると考え，一時的に操作内容を確認するステップを組み込む方法が課題となった」です。このように論旨展開して専門家としての考えや，そのように考えた根拠を採点者にアピールします。なお，確認ボタンがないと利用者にとって操作上の不安があると考えた根拠は，スマートフォンの操作に慣れた利用者であっても，初めてのアプリの操作では誤操作があることです。

なお，考えをアピールした後に，システムアーキテクトとしての活動を論じます。したがって，**専門家としての考えをアピールする展開第 1 パターンのひな型は，“〜と考え〜”**です。

(e) 専門家としての考えをアピールする展開第2パターン

筆者には，以前，企業において提案書をよく書いていた時期があります。筆者が書いた提案書をアジアパシフィックエリア担当のマネージャがレビューするのですが，高い頻度で，根拠を述べろ，と指摘されていました。そこで私は，提案書を書く際に，事前に“because”を多発することで，レビューにおける指摘を減らすことができました。そうです。人を納得させるためには，根拠を述べることが重要なのです。そこで私は，論文においても“なぜならば〜”という展開を盛り込むことにしました。

論述例としては，「そこで私は，確認ボタンについては必要最小限とする設計とした。なぜならば，既存システムにおいて注文する際に確認ボタンが多いという利用者からのアンケート結果を根拠に，最終的に画面上に表示された注文情報を確認して確認ボタンを押すだけで十分に注文内容を確認できると考えたからである」などと展開します。

ここで「なぜならば，最終的に画面上に表示された注文情報を確認して確認ボタンを押すだけで注文内容を確認できると考えたからである」だけでは，採点者へのアピールは弱いと考えてください。このように考えた根拠が含まれていないからです。「既存システムにおいて注文する際に確認ボタンが多いという利用者からのアンケート結果を根拠に」などと，専門家としての考えに加えて，そのように考えた根拠を述べることも必要です。**専門家としての考えをアピールする展開第 2 パターンのひな型は，“なぜならば，～”**です。

(f) 工夫をアピールする展開第1パターン

工夫とは，いろいろと考えて，よい手段を見つけ出すことです。したがって，**工夫をアピールする展開第 1 パターンのひな型は，“～という課題があった。そこで私は(1)～，(2)～という案を検討した。その結果，(1)を選択した。なぜならば，～と考えたからである”**です。案を増やして，“～という課題があった。そこで私は(1)～，(2)～，(3)～という案を検討した。その結果，(1)を選択した。なぜならば，～と考えたからである”でもよいです。

論述例を次に挙げます。工夫をアピールする展開第 1 パターンには，前述の専門家としての考えをアピールする展開第 2 パターンが含まれていることを確認してください。

「電話帳に贈答先が登録されている場合，電話帳をどのようにアプリに移行するかが課題となった。

(i)電話帳の決まった項目をアプリに一括移行

電話帳から住所・氏名など決まった項目を一括移行する機能を実装する。

(ii)スマートフォン機能の活用

スマートフォンの機能を使い，手作業でコピー範囲を決めて移行する。

(iii)コピーボタンの実装

電話帳内の項目をリスト表示し，それぞれの項目にコピーボタンを割り当てて，移行したい項目をボタンで選択して移行するという移行機能を実装する。

検討としては，(i)の場合，スマートフォン内の電話帳の情報から配送先を登録・修正機能において，スマートフォン内の既存の電話帳にある住所・氏名などのデータを自動で移行すると，電話帳内の情報を選択できない。そのため，決まった，全ての情報が移行されてしまい，利用者にとって不都合が生じることがある。一方，(ii)の場合，手作業でコピー範囲を指定する方法では，開始と終わり部分を修正しなければならず，効率的ではない。そこで私は(iii)を選択することにした。なぜならば，7 月の上旬，12 月上旬が繁忙期となるという対象業務の特徴を踏まえると，特に 7 月は梅雨があり雨具を持っているために手や指が十分に使えないという状況での操作となることが想定できた。そのような状況において贈答先に関わる項目をリスト表示して，それぞれにコピーボタンを割り当てることによって，ボタンを押すだけで最小限に絞られた個人情報を，効率的に移行できると考えたからである。」

(g) 工夫をアピールする展開第2パターン

工夫をアピールするには，「〜した」を「〜という工夫をした」と，システムアーキテクトとしての施策の表現を，語尾だけ変えているケースが散見されます。これでは，採点者は工夫として認めてくれません。そこで，困難な状況からのブレークスルーという展開を盛り込むことで，採点者に工夫をアピールします。システムアーキテクトとしての施策を書く前に，困難な状況を採点者にアピールします。論述例としては，「電車内における，商品割当機能，贈答先登録・修正機能，商品検索・選択機能の操作については，操作ごとに確認ボタンをクリックさせると効率が落ちてしまうという難しい問題に直面した。そこで私は，確認ボタンについては必要最小限とする設計とした。なぜならば，画面のプロトタイプを作成して検証した，操作ごとの確認ボタンは誤操作を防止できないという結果を得た。この確認ボタンは煩わしいことを根拠に，"確認ボタン"を廃止し，画面上に表示された注文情報を確認して更新ボタンを押すだけで，注文内容の確認は十分と考えたからである」。したがって，**工夫をアピールする展開第2パターンのひな型は，"〜という難しい問題に直面した。そこで私は〜"，**あるいは，**"〜という困難な状況であった。そこで私は〜"**です。

(h) 対象業務の特徴を踏まえる展開

設問アの前半で論じた対象業務の特徴を，設問イやウで引用して，対象業務の特徴を踏まえる展開として活用します。これによって，論文における一貫性を採点者にアピールします。論述例としは，前述の「対象業務の特徴としては7月の上旬，12月上旬が繁忙期となる点を挙げることができる」という記述を基に，「想定した利用シーンとして通勤電車内を想定したケースでのUI設計について論じる。このシーンにおけるUI設計では，7月の上旬，12月上旬が繁忙期となるという対象業務の特徴を踏まえると，特に7月では梅雨があり雨具を持っているために手や指が十分に使えないという状況での操作となることが想定できた」を挙げることができます。**対象業務の特徴を踏まえる展開のひな型は，"〜という対象業務の特徴を踏まえると〜"**です。

ここで，「対象業務の特徴を踏まえると〜」だけでは，採点者へのアピールは弱いと考えてください。しっかりと，引用することが重要です。そのためには，設問アの前半において，対象業務の特徴を簡潔に表現することが必要となります。

(i) "含めて"を明示する展開

設問イや設問ウでは，"〜を含めて"という表現が盛り込まれることがあります。当該問題では設問ウにおいて，「仮説検証を含めて」が該当します。ここで，まず，留意すべき点は，設問文におけるキーワードの出現順番と同じ順番で，論文において論じないということです。言い換えると，設問文の最後に"仮説検証"というキーワードが現れているので，設問ウの最後において"仮説検証"について論ずればよい，ということではない，ということです。論旨展開を考えて，“仮説検証”というキーワードについて論じるようにしてください。この問題では，設問ウで問われている“設計プロセスの工夫”において，“仮説検証”を論じるようにしています。論述例を次に挙げます。

「利用シーンにおいて効率が確保されていることを確認することが課題となった。課題に対して，利用者をピックアップして混み合った電車内で実験を行い，目標とする効率が確保されていること確認する工程を盛り込むこととした。要件定義で立てた仮説が実験の結果間違っていた場合，どのようにして仮説を再度立てるかという難題に当たった。

そこで私は，要件定義で作成した UI に関わる仮説を仮説検証し，仮説が間違っていた場合，再度仮説を立て直すことが可能なように設計プロセスを改善する必要があると考え，ソフトウェア要件定義が終了した段階で次の設計プロセスを盛り込むことにした。」

したがって，**“含めて”を明示する展開のひな型は，“（問われている内容）は～”，**あるいは，**“（問われている内容）としては～”**です。設問文において，「～を含めて」と指定されているにもかかわらず，どこに書いてあるか分からない論文が散見されるので，このようなひな型を作ってみました。

（j）能力をアピールする展開

課題に対して施策を講じて，対象業務の特徴を踏まえた設計に成功した，という展開だけでは合格は難しいです。物事を成し遂げることができる展開を盛り込んで，もっと採点者に，システムアーキテクトとしての能力をアピールしましょう。そのためには，課題に対して施策を講じた後に生じた，新たな課題を論じて，その課題を解消する展開を論文に盛り込んでみましょう。論述例は，次のとおりです。

「贈答先登録・修正機能，贈答品検索・選択機能，贈答品割当機能を通して，操作後の確認ボタンが効率を低下させている状況で，確認ボタンの抑制が課題となった。そこで私は，例えば，商品割当機能では，贈答先ごとに選択した贈答品を割り当てる際，最後に 1 回だけ確認する，という，確認ボタンについては機能内で 1 回という UI の設計とした。なぜならば，既存システムにおいて注文する際に確認ボタンが多いという利用者からのアンケート結果を根拠に，最終的に画面上に表示された注文情報を確認して確認ボタンを押すだけで十分に注文内容を確認できると考えたからである。

ただし，スマートフォンの操作に慣れた利用者であっても，初めてのアプリの操作では誤操作があるため，確認ボタンがないと利用者にとって操作上の不安があると考え，一時的に操作内容を確認するステップの組み込むという新たな課題が生じた。そこで私は，確認ボタンについては，次回から確認不要のチェック欄を設けて，操作に慣れた利用者は確認をショートカットできる UI の設計とした。」

したがって，採点者に**能力をアピールする展開のひな型は，“ただし，〜という新たな課題が生じた。そこで私は〜”**です。

（2）章立てをする

設問文に沿って章立てをします。自分が書きやすいように章立てをするのではなく，採点者が採点しやすく章立てをすることが重要です。したがって，設問文に沿って章立てをします。設問文のキーワードを囲って，章と節の番号を振っていきます。具体的には，第1章第2節の場合は，“1.2”と記入します。

前述のとおり，“〜を含めて”という記述については，キーワードの出現順番で論述するのではなく，論旨展開を考えて論述する順番を決めます。当該問題では，“俊敏な対応と品質の確保の観点を含めて”が該当し，キーワードは“俊敏な対応の観点”と“品質の確保の観点”です。趣旨の内容から考えて，これらは評価における観点として使います。

【問題への記入例】

設問ア　あなたがUIの設計に携わった情報システムについて，対象業務と提供する機能の概要，想定した利用者の特性及び利用シーンを，800字以内で述べよ。

設問イ　設問アで述べた利用者の特性及び利用シーンから，どのようなユーザビリティを重視して，どのようなUIを設計したか，800字以上1,600字以内で具体的に述べよ。

設問ウ　設問イで述べたUIの設計において，ユーザビリティを高めるために，設計プロセスにおいて，どのような工夫をしたか，仮説検証を含めて，600字以上1,200字以内で具体的に述べよ。

（手書き書き込み：対象業務と提供する機能の概要→1.1，想定した利用者の特性及び利用シーン→1.2，利用者の特性及び利用シーン→2.1，どのようなUIを設計→2.2，ユーザビリティを高めるために→3.1，設計プロセスにおいて…→3.2）

節のタイトルについては，前図にあるように，設問文にあるキーワードからピックアップします。章のタイトルは，章に含まれる節のタイトルをつなげるとよいでしょう。ただし，長すぎた場合は，簡潔にまとめます。

なお，設問ウの章立てについては，設問ウでは“仮説検証を含めた設計プロセスにおける工夫”についてだけ問われているので，一つの章を一つの節で構成することになります。そこで，“仮説検証を含めた設計プロセスにおける工夫”という節の前に，“設計プロセスにおける課題”という節を設定して，一つの章を二つの節で構成するようにしています。

Point ここが ポイント！！！！！！！

★設問文の「どのように」と「どのような」を読み分ける

これを失敗すると出題の趣旨に沿わない論文になります。正確に読み分けながら章立てをしてください。

★設問文にだけ答える論文を書こうとしない

設問文にだけ答えようとすると，①経験がないから書けない，②時間が足りない，③字数が足りない，という事態に陥ります。問題冊子をチェックしてください。合格論文の要約である問題文を論文にしっかり活用して，そこから掘り下げて論旨展開しましょう。

【章立ての例】

◯ 第１章　対象業務，機能，利用者の特性及び利用シーン
◯ 　1.1　対象業務と提供する機能の概要
◯ 　1.2　想定した利用者の特性及び利用シーン
◯ 第２章　重視したユーザビリティと設計した UI
◯ 　2.1　利用者の特性及び利用シーンから重視したユーザビリティ
◯ 　2.2　設計した UI
◯ 第３章　設計プロセスにおける工夫
◯ 　3.1　設計プロセスにおける課題
◯ 　3.2　仮説検証を含めた設計プロセスにおける工夫

（3）趣旨の文章を節に割り振る

章立てができました。ここで趣旨に沿って論述するために，趣旨にある各文章と，章立てした節とを対応付けします。これによって，各節において，どのようなことを論じればよいかが分かります。割り振った例を次に示します。なお，再度，確認しますが，例えば“2.2”とは論文の章立ての第２章第２節を示します。

問　ユーザビリティを重視したユーザインタフェースの設計について

近年，情報システムの接点としてスマートフォンやタブレット端末など多様なデバイスが使われてきており，様々な特性の利用者が情報システムを利用するようになった。それに伴い，ユーザビリティの善しあしが企業の競争優位を左右する要素として注目されている。ユーザビリティとは特定の目的を達成するために特定の利用者が特定の利用状況下で情報システムの機能を用いる際の，有効性，効率，及び満足度の度合いのことである。 2.1

優れたユーザビリティを実現するためには，利用者がストレスを感じないユーザインタフェース（以下，UIという）を設計することが重要である。例えば，次のように，利用者の特性及び利用シーンを想定して，重視するユーザビリティを明確にした上で設計することが望ましい。 1.2 2.2

- 操作に慣れていない利用者のために，操作の全体の流れが分かるようにナビゲーション機能を用意することで，有効性を高める。
- 操作に精通した利用者のために，利用頻度の高い機能にショートカットを用意することで，効率を高める。

また，ユーザビリティを高めるために，UIを設計する際には，想定した利用者に近い特性を持った協力者に操作を体感してもらい，仮説検証を繰り返しながら改良する，といった設計プロセスの工夫も必要である。 3.1 3.2

あなたの経験と考えに基づいて，設問ア～ウに従って論述せよ。

設問ア　あなたがUIの設計に携わった情報システムについて，対象業務と提供する機能の概要，想定した利用者の特性及び利用シーンを，800字以内で述べよ。 1.1 1.2 2.1

設問イ　設問アで述べた利用者の特性及び利用シーンから，どのようなユーザビリティを重視して，どのようなUIを設計したか，800字以上1,600字以内で具体的に述べよ。 2.2 3.1 3.2

設問ウ　設問イで述べたUIの設計において，ユーザビリティを高めるために，設計プロセスにおいて，どのような工夫をしたか，仮説検証を含めて，600字以上1,200字以内で具体的に述べよ。

Point ここがポイント！！！！！！！

★問題文を最大限活用して，合格論文を書く

問題文は合格論文の要約です。自分が挙げたトピックを肉付けして，要約から合格論文を作成しましょう。

ただし，問題文の引用による字数の水増し，問題文の例と一般論との組合せだけによる論旨展開は採点によい印象は与えません。掘り下げて具体的に書くようにしましょう。

（4）問題文にトピックを書き込む

設問イについては，趣旨にある文章を章立てに割り振ることで，各節において，どのような内容を論じればよいか分かるはずです。設問アの前半は，対象業務や情報システムなどの概要ですから，事前に準備した内容を問題文の趣旨に合わせて微調整すればよいでしょう。

問題は設問ウです。多くの本試験問題では，問題文の趣旨に設問ウに関係する文章は少ないです。しかし，前述のひな型があるので，それを活用して論述すればよいでしょう。設問ウについては，ある程度は事前に設計しますが，設問イを書いていると，事前に設計した内容とは異なる展開になることもあるので，設問ウの設計には，あまり時間をかけないようにしましょう。

では，問題の趣旨を膨らませるように，直前の図にある問題文にトピックを書き込んでみましょう。トピックは，自分の経験からでも，専門知識からでも OK です。**ひとりブレーンストーミングをやる感じ**で書き込みます。

トピックを書き込んだのが次図です。頭に浮かんだ内容を全て書く必要はありません。論文を書き始めるまでの備忘録のようなものです。本番の試験では，次図を作成した段階で論文設計は終了です。論文を書き始めます。論文設計に慣れていないうちは，ワークシートを作成してから論述を開始します。

慣れていないうちは，次の図を見てもチンプンカンプンだと思います。理由は論文を設計した人の，論文を論述するまでの備忘録だからです。前述の**ひな型，及びこれから説明するワークシートの記入方法が分かれば，問題の趣旨に，みなさんの実務経験や専門知識などを盛り込む形で，次の図のように問題文にトピックが書けるようになる**と考えています。したがって，ワークシートの記入方法を習得した上で，もう一度，みなさんの手で，問題文にトピックを書き込んでみてください。

このテキストでは，次の図（以下，論文設計完成版という）を作成したら，論文設計完成版の設計内容をワークシートにまとめて，ワークシートを基に論述します。**本試験の場では，“論文設計完成版”を基に論述する**ことになります。これから演習を行うことで，ワークシートを頭の中で展開できるようになります。前述のひな型と一緒にワークシートの内容を覚えてしまうとよいでしょう。

Point ここがポイント！！！！！！！！

★トピックを挙げることは，論文設計を成功させる第一歩

トピックを挙げるという作業は，この時点で非常に重要な作業です。「**ブレーンストーミングを一人でやる**」という気構えでがんばってください。

【論文設計完成版】

問　ユーザビリティを重視したユーザインタフェースの設計について

近年，情報システムの接点としてスマートフォンやタブレット端末など多様なデバイスが使われてきており，様々な特性の利用者が情報システムを利用するようになった。それに伴い，ユーザビリティの善しあしが企業の競争優位を左右する要素として注目されている。ユーザビリティとは特定の目的を達成するために特定の利用者が特定の利用状況下で情報システムの機能を用いる際の，有効性，効率，及び満足度の度合いのことである。

優れたユーザビリティを実現するためには，利用者がストレスを感じないユーザインタフェース（以下，UI という）を設計することが重要である。例えば，次のように，利用者の特性及び利用シーンを想定して，重視するユーザビリティを明確にした上で設計することが望ましい。

- 操作に慣れていない利用者のために，操作の全体の流れが分かるようにナビゲーション機能を用意することで，有効性を高める。
- 操作に精通した利用者のために，利用頻度の高い機能にショートカットを用意することで，効率を高める。

また，ユーザビリティを高めるために，UI を設計する際には，想定した利用者に近い特性を持った協力者に操作を体感してもらい，仮説検証を繰り返しながら改良する，といった設計プロセスの工夫も必要である。

あなたの経験と考えに基づいて，設問ア～ウに従って論述せよ。

設問ア　あなたが UI の設計に携わった情報システムについて，対象業務と提供する機能の概要，想定した利用者の特性及び利用シーンを，800 字以内で述べよ。

設問イ　設問アで述べた利用者の特性及び利用シーンから，どのようなユーザビリティを重視して，どのような UI を設計したか，800 字以上 1,600 字以内で具体的に述べよ。

設問ウ　設問イで述べた UI の設計において，ユーザビリティを高めるために，設計プロセスにおいて，どのような工夫をしたか，仮説検証を含めて，600 字以上 1,200 字以内で具体的に述べよ。

2.1
2.2
1.2
3.1
3.2
7月，12月が繁忙期 ← 特徴
贈答先登録機能
若手独身者
通勤時
1.1
1.2
2.1
効率
2・2
3.1
課題：効率を高める？
3.2

贈答先登録(電話帳から)
①コピペ
②固定した項目のみコピー
③項目を選択してコピー

確認ボタンを押す回数が多すぎる
↓
最後に1回だけ

要件定義の前に行う実証実験を要件定義内で行う
若手による電車内での操作

実証実験の終了判定条件の設定が難しい。← 工夫

5.2 【訓練４】ワークシートに記入する

それでは，問題文に書き込んだ章立てやトピック，具体的には，**“5.1”で作成した“論文設計完成版”を基に，ワークシートに記入**してみましょう。これから，ワークシートへの記入例を示しますが，これから示す記入例は分かりやすく文章で表現しています。**みなさんが記入するときは備忘録程度の記入で**OKです。

再度，確認します。**ワークシートに記入するトピックは，どこからもってくるの？** と読んでいて思うかもしれません。実務経験や専門知識を基に書いた“論文設計完成版”に，更に実務経験や専門知識を加味して，ワークシートに記入します。

なお，この“5.2”で説明する内容は，“Just Do it 関所 No.4”において，まとめて演習しますので，実際には，まだ，記入しなくてもよいです。

（1）ワークシートを確認する

巻末にある“巻末ワークシート 3”，“巻末ワークシート 4”を切り離します。“巻末ワークシート 3”が未記入，“巻末ワークシート 4”が記入済です。“巻末ワークシート 3”については，コピーして使ってくだい。

これから記入方法を説明しますが，分からなくなったら，記入済の“巻末ワークシート 4”で確認するようにしてください。

では，未記入のワークシートの左側を見て，全体が設問ア，イ，ウに分かれていることを確認してください。これから，設問ア，イ，ウという順番で書き方を説明します。

（2）章立てをワークシートに記入する

章立ては，ワークシートにおいて横長の網掛部分に書込みます。問題によっては，章立てが入らない横長の網掛部分もあります。この問題では，設問ウの自由記入欄の上の網掛部分は空白となります。作成済みの章立ての例を次に示しているので，これをワークシートに記入していきます。

【章立ての例】

○ 第 1 章　対象業務，機能，利用者の特性及び利用シーン
○ 　1.1　対象業務と提供する機能の概要
○ 　1.2　想定した利用者の特性及び利用シーン
○ 第 2 章　重視したユーザビリティと設計した UI
○ 　2.1　利用者の特性及び利用シーンから重視したユーザビリティ
○ 　2.2　設計した UI
○ 第 3 章　設計プロセスにおける工夫
○ 　3.1　設計プロセスにおける課題
○ 　3.2　仮説検証を含めた設計プロセスにおける工夫

設問アの章立てとしては，ワークシートの一段目のカラムに，“第 1 章　対象業務，機能，利用者の特性及び利用シーン”と記入し，その下に，“1.1 対象業務と提供する機能の概要”と記入します。ワークシートの“設問ア”の“後半”の右側の網掛部分には，“1.2 想定した利用者の特性及び利用シーン”と記入します。

設問イの章立てでは，まず，ワークシートの“設問イ”の右側の最上段に，“第 2 章　重視したユーザビリティと設計した UI”と記入し，その下に“2.1 利用者の特性及び利用シーンから重視したユーザビリティ”と記入します。その下の網掛部分に“2.2 設計した UI”と記入します。

設問ウの章立てでは，ワークシートの“設問ウ”の横長の網掛部分の最上段に，“第 3 章　設計プロセスにおける工夫”，その下の網掛部分に“3.1 設計プロセスにおける課題”，更に，その下の網掛部分に“3.2 仮説検証を含めた設計プロセスにおける工夫”と記入します。

章立てを記入することについて，初めは大変かもしれませんが，慣れてくれば機械的にできると考えています。

Point ここがポイント！！！！！！！

★ワークシートは書けるところから書く

ワークシートは最初の第1章から書かなければならないものではありません。埋めることができるところから埋めていきます。午後Ⅰ記述式問題と同じです。最初から順番に解こうとしては時間が足りません。解けるところから，すなわち，書けるところから書いていきましょう。

（3）設問アの前半をワークシートに記入する

“5.1”で作成した“論文設計完成版”を基にワークシートに記入するので，必ず，**“論文設計完成版”を参照しながら，読み進めてください。**なお，【】の中は，ワークシートの記入欄の名称を，〔〕の中は対応するひな型の名称を示しています。

【特徴の明示】

〔対象業務の特徴を明示する展開〕

設問アの前半では，高い頻度で対象業務の概要について問われているので，事前に用意した対象業務の概要を試験では活用するとよいでしょう。具体的な対象業務の概要の論述の仕方については後述します，なお，ワークシートの記入では，対象業務の特徴を決めておけばよいでしょう。次に，“⇒”の後に**“対象業務の特徴”**の記入例を示します。

【特徴の明示】⇒対象業務は，お中元，お歳暮などの商品を顧客から受注し，それらを贈答先に配送する贈答品受注・配送業務である。お中元やお歳暮によって贈答品が増えるため，対象業務の特徴としては 7 月の上旬，12 月上旬が繁忙期となる点を挙げることができる。

〔問われている内容を明示する展開〕

設問アの前半では，対象業務の概要とともに，提供する機能の概要についても問われています。これについては，問われている内容を明示する展開を使って明示的に論じます。

⇒提供する機能としては，贈答先を登録し修正する機能（以下，贈答先登録・修正機能という），贈答品を検索して選択する機能（以下，贈答品検索・選択機能という），送りたい商品を選択し，それらの商品をあらかじめ登録されている贈答先に割り振る機能（以下，贈答品割当機能という）を挙げることができる。

（4）設問アの後半をワークシートに記入する

【問われている内容の明示】

〔問われている内容を明示する展開〕

設問アの後半では，想定した利用者の特性及び利用シーンの二つについて問われているので，それぞれ明示的に論じます。

【問われている内容の明示】⇒新システムでは，顧客の対象を広げて，独身の若者の顧客が，お中元やお歳暮を贈ることを支援する。したがって，想定した利用者は 20 歳代から 30 歳代の独身者である。このような利用者の特性としては，スマートフォンを使い慣れているという点を挙げることができる。利用シーンとしては，通勤時の電車内を想定した。

（5）設問イをワークシートに記入する

【自由記入欄1】

〔問われている内容を明示する展開〕

自由記入欄 1 では，“2.1 利用者の特性及び利用シーンから重視したユーザビリティ”という章立てに従って，重視したユーザビリティについて論じます。

【自由記入欄1】⇒スマートフォンを使い慣れているという利用者の特性を挙げることができる。一方，利用シーンは，通勤時の電車内を想定したため，効率的に贈答品の発送操作が終わる必要があった。利用者特性と利用シーンから，重視したユーザビリティは“効率”として UI を設計する方針とした。

【自由記入欄2（左側）】

〔課題を明示する展開〕

“自由記入欄 2（左側）”では，“2.2 設計した UI”という章立てに従って，UI について論じます。想定した電車内という利用シーンにおいて，“スマートフォン内の電話帳データをアプリの贈答先にコピーボタンを使って登録することによる効率化”と“確認ボタンの抑制による効率化”という二つの施策について論じます。そこで，“自由記入欄 2”以降の設問イについてはワークシートを縦に二分して，左側の列では，“スマートフォン内の電話帳データをアプリの贈答先にコピーボタンを使って登録することによる効率化”という施策について設計します。右側の列では，“確認ボタンの抑制による効率化”という施策について設計します。

【自由記入欄2（左側）】⇒20 歳代から 30 歳代の独身者がアプリを使う際，機能別の操作時間割合について仮説を立てることにした。なぜならば，操作に時間を掛けない機能を効率化しても，全体的な効率化とはならないと考えたからである。操作時間割合は，贈答先の登録・修正機能が 60%，商品の検索・選択機能が 30%，商品割当機能が 10%という仮説を立てた。その仮説に基づき，UI の効率化が課題となった。そこで，次の UI を設計した。

(1)スマートフォン内の電話帳データをアプリの贈答先にコピーボタンを使って登録することによる効率化

贈答先の登録・修正機能が 60%という操作時間割合に関わる仮説に基づくことを根拠に，贈答先の登録・修正を効率的に行うことが重要と考え，電話帳に贈答先が登録されている場合，電話帳をどのようにアプリに移行するかが課題となった。

【工夫をアピールする展開（左側）】

〔工夫をアピールする展開第１パターン〕

課題に対して，複数の案を挙げて検討する展開を盛り込んで，採点者に工夫をアピールします。

【活動案１（左側）】⇒(i)電話帳の決まった項目を一括移行：電話帳から住所・氏名など決まった項目を一括移行する機能を実装する。

【活動案２（左側）】⇒(ii)スマートフォン機能の活用：スマートフォンの機能を使い，手作業でコピー範囲を決めて移行する。

(iii)コピーボタンの実装：電話帳内の項目をリスト表示し，それぞれにコピーボタンを割り当てて，移行したいデータをボタンで選択して移行する機能を実装する（筆者注：ワークシートの一つの枠内に２つの案を記入しています）。

【選択した活動と選択した根拠や考え（左側）】⇒検討としては，(i)の場合，スマートフォン内の電話帳の情報から配送先を登録・修正機能において，スマートフォン内の既存の電話帳にある住所・氏名などのデータを自動で移行すると，電話帳内の情報を選択できない。そのため，全ての情報が移行されてしまい，利用者にとって不都合が生じることがある。一方，(ii)の場合，手作業でコピー範囲を指定する方法では，開始と終わり部分を修正しなければならず，効率的ではない。そこで私は(iii)を選択することにした。なぜならば，7 月の上旬，12 月上旬が繁忙期となるという対象業務の特徴を踏まえると，特に 7 月は梅雨があり雨具を持っているために手や指が十分に使えないという状況での操作となることが想定できた。そのような状況において贈答先に関わる項目をリスト表示して，それぞれにコピーボタンを割り当てることによって，ボタンを押すだけで最小限に絞られた個人情報を，効率的に移行できると考えたからである。

“スマートフォン内の電話帳データをアプリの贈答先にコピーボタンを使って登録することによる効率化”という施策については以上です。能力アピールの展開はありません。次に説明する，“確認ボタンの抑制による効率化”という施策では，能力アピールの展開を盛り込んでいます。

【自由記入欄２（右側）】

〔対象業務の特徴を踏まえる展開〕

〔工夫をアピールする展開第２パターン〕

〔課題を明示する展開〕

“確認ボタンの抑制による効率化”という施策では，対象業務の特徴を踏まえる展開を盛り込んでいます。加えて，困難な状況からのブレークスルー，すなわち，工夫をアピールする展開第２パターンを盛り込んで，採点者に工夫をアピールしています。

【自由記入欄２（右側）】⇒⑵確認ボタンの抑制による効率化：贈答先登録・修正機能，贈答品検索・選択機能，贈答品割当機能を通して，操作後の確認ボタンが効率を低下させている状況で，確認ボタンの抑制が課題となった。

【工夫をアピールする展開（右側）】
〔専門家としての考えをアピールする展開第２パターン〕
　工夫をアピールする展開について記入する欄ですが，ここでは，複数の案を挙げていないので，工夫はアピールしません。“なぜならば～”と展開して，専門家としての考えをアピールしています。

【活動案１（右側）】⇒そこで私は，例えば，商品割当機能では，贈答先ごとに選択した贈答品を割り当てる際，最後に１回だけ確認する，という，確認ボタンについては機能内で１回というUIの設計とした。

【選択した活動と選択した根拠や考え】⇒なぜならば，既存システムにおいて注文する際に確認ボタンが多いという利用者からのアンケート結果を根拠に，最終的に画面上に表示された注文情報を確認して確認ボタンを押すだけで十分に注文内容を確認できると考えたからである。

【能力をアピールする展開】
〔能力をアピールする展開〕
　確認ボタンを減らすUI設計をすると生じる新たな課題を明示して，それを解決することで採点者に能力をアピールします。
【選択した活動によって生じる新たな課題・リスク】⇒ただし，スマートフォンの操作に慣れた利用者であっても，初めてのアプリの操作では誤操作があるため，確認ボタンがないと利用者にとって操作上の不安があると考え，一時的に操作内容を確認するステップを組み込む仕組みが必要となるという新たな課題が生じた。

【新たな課題・リスクを解消するための活動】⇒そこで私は，確認ボタンについては，次回から確認不要のチェック欄を設けて，操作に慣れた利用者は確認をショートカットできるUIの設計とした。

Point ここが ポイント！！！！！！！

★複数の案を挙げて検討する際に，システムアーキテクト試験の採点者が，低く評価する“一般論を組合わせただけ”にしない。

工夫をアピールする展開パターン１において，複数の案を挙げる際，“一般論の組み合わせ”にすると，採点者は論文を高く評価してくれません。例えば，“可視化の技法の選択が課題となった。そこで私は，①業務フロー図，②DFD，③ユースケース図を検討した”という論旨展開です。一般的に使われる技法を三つ挙げて検討していますから，“一般論の組み合わせに該当します。”

（6）設問ウの前半をワークシートに記入する

設問ウの前半には，“3.1 設計プロセスにおける課題”が該当します。

【活動評価】

〔課題を明示する展開〕

設問ウに“ユーザビリティを高めるために”とあるので，その記述に沿って，課題を明示します。

【自由記入欄３】⇒UI の設計では，ユーザビリティを高めることが重要である。要件定義工程では，重視するユーザビリティを効率と定めた。そこで効率をどのように高めるかが課題となった。

（7）設問ウの後半をワークシートに記入する

最後の節です。“3.2 仮説検証を含めた設計プロセスにおける工夫”において，終わりの設問ウだからと，ただ施策を論じるだけでは合格は難しいです。気を抜かないで採点者にしっかりと工夫をアピールして合格を決めましょう。

【自由記入欄４】

〔工夫をアピールする展開パターン 2〕

ここでは，困難な状況からのブレークスルーを盛り込んで，工夫をアピールしています。

【自由記入欄４】⇒課題に対して，利用者をピックアップして混み合った電車内で実験を行い，目標とする効率が十分な度合いであることを確認する工程を盛り込むこととした。ただし，要件定義で立てた仮説が実験の結果間違っていた場合，どのようなプロセスで仮説を再度検証するかという難しい問題に直面した。

【活動案１】

〔専門家としての考えをアピールする展開パターン 1〕

ここでは施策案ではなく，施策を挙げました。したがって，工夫はアピールしていません。ただし，専門家としての考えはアピールしています。

【活動案１】⇒そこで私は，要件定義で作成した UI に関わる仮説を仮説検証し，仮説が間違っていた場合，再度仮説を立て直し，効率を高めることが可能なように設計プロセスを改善する必要があると考え，ソフトウェア要件定義が終了した段階で次の設計プロセスを盛り込むことにした。

①効率に関わる要件における仮説の確認：要件定義で設定した要件にある仮説を確認する。

②プロトタイプ作成とプロトタイプによる実験：実験の被験者は，想定した利用者の特性を満たし，なおかつ，システム開発者ではない利用者を A 百貨店の社員から抽出する。

③仮説検証：実験における利用者からの評価に基づき仮説を検証する。仮説が間違っている場合は，仮説を見直して再度設計して，②のプロセスから繰り返す。

【能力をアピールする展開】

〔能力をアピールする展開〕

〔工夫をアピールする展開パターン 2〕

【選択した活動によって生じる新たな課題・リスク】⇒ただし，仮説検証を繰り返した場合，設計プロセスを終了させる基準の設定が課題となった。スマートフォンを使い慣れているという利用者の特性を踏まえ，効率に関わるユーザビリティを重視したが，実験の被験者に“効率はどうですか”と聞いても答えられないため，終了条件の定量化というという難しい問題に直面した。

【新たな課題・リスクを解消するための活動】⇒そこで私は定量的な終了判定条件を次のように設定することにした。具体的には従来型の基準となる UI のプロトタイプを作成し，それと仮説検証対象のプロタイプについて，商品割当機能，贈答先の登録・修正機能，商品の検索・選択機能の操作を比較し，仮説検証するプロトタイプの所要時間が 50％改善していれば仮説検証を終了するとした。

Point ここが ポイント！！！！！！！

★書いたことを“真”とする

論文設計は重要ですが，ワークシートに忠実に論述する必要はありません。書いたことを“真”として筆を進めることも，制限時間内に書き終えるためには必要です。

Just Do it！ 関所 No.4

「本番の試験において，このように時間のかかる作業をやっている時間はないよ」と感じている皆さん，安心してください。本番でやる作業はもっとシンプルです。本番では，設問文を線で囲って数字を書いて章立てをして，各章各節と問題文の趣旨にある文章とを関連付けるだけです。本書の第 1 章の図表 1-3 の「受験中に書く論文設計の例」にある作業に倣うだけです。これなら，時間はかかりません。問題冊子を開いてから，(1)問題を読む，(2)問題を選択する，(3)論文を設計する，(4)設問アの論述を終了する，まで 40 分以内にできそうです。

「演習と言っても，ワークシートの記入済シートがあるでしょ。なぜ，同じことをするの？」と思っている皆さん，論文では，正解例がありません。記入例は私の経験や専門知識に基づいて書いたものです。皆さんの経験や専門知識に基づいて論文を設計することが重要です。そうしないと，本番で論述することはできません。時間のかかる作業ですが，皆さんの経験や専門知識を活用して，論文を設計してみましょう。

“巻末ワークシート 2”の“【訓練 3】問題文にトピックを書き込む（演習問題）”にある問題を使って，演習を行い，本書の第 1 章の図表 1-3 や［論文設計完成版］のように，問題文上に論文を設計します。論文設計する内容については，まずは，本書と同じように設計して，本書と同じ論文設計ワークシートを作成してみます。まずは，まねをして論述テクニックを頭に定着しやすくします。

ここの演習における主な手順は次の二つです。その前に，巻末ワークシート 2 にある問題と，巻末ワークシート 3 のコピーをします。演習内容が分からない場合は，巻末ワークシート４を参考にしましょう。

①論文設計完成版の作成

具体的には，5.1 を読んで，巻末ワークシート２にある問題に，章立てやトピックの記入などの作業を行い，［論文設計完成版］を完成させる。

②論文設計ワークシートの作成

具体的には，5.2 を読んで，［論文設計完成版］から，巻末ワークシート３に記入を行い，［論文設計ワークシート完成版］を作成する。

この演習では，ひな型と論文設計ワークシートを，頭にしっかりと入れてください。そのようになれば，論文設計ワークシートは不要となり，論文設計完成版を作成すれば，論文を書けるようになるはずです。

なお，論文設計ワークシートに記入する内容は，皆さんが分かればよいので，本書のようにていねいに書く必要はありません。

では，演習を始めましょう。

Point ここがポイント！！！！！！！

★章立ての際，設問文にある“～を含めて”には気を付ける

設問文の終わりに“～を含めて”や“～とともに”という記述のある設問では，キーワードの出現順に章立てをすると，論旨展開が不自然になることがあります。しっかりと設問文を理解して論旨展開を考えた上で，章立てをするようにしましょう。

Just Do it！ 関所 No.5

"Just Do it！　関所 No.4" において確認した論述テクニックを確実に頭に定着させるために，**皆さんの実務経験や専門知識を基に，**オリジナル記入済ワークシートを作成してみましょう。

ここの演習における主な手順は，"Just Do it！　関所 No.4" と同じで，次の二つです。

①論文設計完成版の作成

章立てについては，"Just Do it！　関所 No.4" と同じにしてください。

②論文設計ワークシートの作成

ワークシートは，全て埋める必要はありません。設問イの部分については７割ほど埋まればよいでしょう。

では，演習を始めてください。

Point ここが ポイント！！！！！！！

★ワークシートを書いてみる

ワークシートの書き方が分からない，論文ネタがなくて書けない，実務経験が少なくて書けない，などワークシートを書けない理由は，たくさんあります。

使い方が分からなければ，分かった範囲でよいので書いてみましょう。論文ネタがないならば，第１部５.１の初めで説明したひな型を再度確認した上で，第２部の事例を読んで論文ネタを収集しましょう。あるいは，第１部第７章を読んで，記述式問題から論文ネタを収集してもよいでしょう。

5.3 【訓練５】ワークシートを基に論述する

論文の書き方について，設問アの前半と後半，設問イ，設問ウの前半と後半と，全体を 5 分割して，それぞれについて，論述のポイントを説明します。“巻末ワークシート４”の“【訓練 4】**ワークシートに記入する（記入例）**”の左側に，（設問ア前半），（設問ア後半）などと記入されていることを確認してください。なお，設問イは分割しません。

記入済ワークシートは，論述テクニックを照会するために，全てのパターンを盛り込んでいます。そのため，これから示す**論述例は問題文で指定されている制限文字数を超過する可能性がある**点をご了承ください。実際には，ワークシートの設問イの部分については，7 割ほど埋まればよいと考えます。

重ねて述べますが，論文設計は重要ですが，**論文としての一貫性は，論述しながら確保するので，設計内容と論述内容には違いが生じています。**

（1）設問アを論述する

“巻末ワークシート４”の“【訓練4】ワークシートに記入する（記入済）”の設問アの箇所を参照

設問アの前半では，高い頻度で対象業務の概要について問われます。したがって，事前に準備しておくようにします。字数については，800 字以内という条件が設定されています。できれば，700 字以上，書くようにしてください。根拠は，公開模試の採点では，合格レベルの論文の設問アは 700 字以上書かれているからです。慣れてきたら，解答用紙の最後の行まで書いてみましょう。

次の□については，論述の際のチェック項目と考えてください。

（a）設問アの前半を書く

多くの問題では対象業務の概要について問われます。次の点に留意して論述します。

□対象業務について問われている場合は情報システムの概要にしない。

□対象業務について問われている場合はユーザ業務名を挙げてから業務を説明する。

□対象業務の特徴は簡潔に示す。

□対象業務は，解答者の開発業務ではなく，ユーザ業務にする。

□情報システムについて問われている場合は情報システム名を挙げてから情報システムの主機能を中心に説明する。

□質問書に書いた内容と重複する内容を，過度に書かない。

□400 字前後で書く。

対象業務の概要では，問題文の趣旨や設問文に“対象業務の特徴を踏まえて”などと書かれている場合は，対象業務の特徴を明示します。当該問題では，対象業務の特徴について言及されていませんが，論述例に含めます。

この問題では，設問アの前半において“提供する機能の概要”についても問われていますので，問われている事項を明示する展開のひな型を活用して論じます。

論述のポイントを次に示します。

①どのような業種の組織における業務なのかを示す

②特徴を明示する展開のひな型，“対象業務の特徴としては，〜を挙げることができる”を活用する

③問われている事項を明示する展開のひな型“(問われている事項）は〜”，あるいは，”(問われている内容）としては〜”を活用する

④可能ならば，設問アの後半で論じる内容に寄せて，設問アの前半の終わりの部分を論じる

以上のポイントを踏まえてワークシートを基に論述すると，次のようになります。上の①〜③は，次の論述例にある下線①から下線③に対応していますので，参考にしてください。

第1章　対象業務，機能，利用者の特性及び利用シーン
1．1　対象業務と提供する機能の概要
　①論述の対象となる業務は，A百貨店において，お中元，お歳暮などの贈答品を顧客から受注し，それらを贈答先に配送する贈答品受注・配送業務である。②お中元やお歳暮によって贈答品が増えるため，対象業務の特徴としては7月上旬，12月上旬が繁忙期となる点を挙げることができる。
　③対象となる贈答品受注システムが提供する機能としては，贈答先を登録し修正する機能（以下，贈答先登録・修正機能という），贈答品を検索して選択する機能（以下，贈答品検索・選択機能という），送りたい商品を選択し，それらの商品をあらかじめ登録されている贈答先に割り振る機能（以下，贈答品割当機能という）を挙げることができる。

100字 200字 300字

(b) 設問アの後半を書く

設問アの後半から，問題によって問われる内容が異なります。次の点に留意して論述します。

□問われている内容について，我田引水して論じない。

□システムアーキテクトの立場など，解答者の立場を示す。

□可能ならば設問ア全体で 700 字以上書く。

設問で問われている内容は，章立てのタイトルの中に含まれているので，章立てにあるキーワードを使って明示的に論じます。論述のポイントを次に示します。

①問われている内容を明示する展開のひな型，“(問われている内容) は～”，あるいは，“(問われている内容) としては～” などを活用する

②設問イにつなげる文章を含める

なお，設問イにつなげる文章については，自分の立場や所属，設問イで述べる活動の概要などを含めればよいでしょう。

以上のポイントを踏まえてワークシートを基に論述すると，次のようになります。

1．2　想定した利用者の特性及び利用シーン 400字

　A百貨店では，従来のシステムでは40歳から60歳代の顧客から高評価を得ている。そこで，スマホアプリでは，顧客の対象を広げて，若者の顧客が，お中元やお歳暮を贈ることを推進する。したがって，想定した利用者は20 (500字) 歳代から30歳代の顧客であり，①利用者の特性としては，スマートフォンに使い慣れているという点を挙げることができる。

　従来のWebシステムでは土曜日曜の休日に家族が話し (600字) 合い，贈答品を決めていたが，今回のアプリでは，異なる顧客層をターゲットとすることで売上向上を狙う。したがって，利用シーンとしては，事前に予定が組まれている可能性のある休日は除外して，空いている時間帯と (700字) して，通勤時の電車内を想定した。

　②私は，当該システム開発を受注したSI企業のシステムアーキテクトとしてスマートフォンアプリケーション（以下，アプリという）のUIを次のように設計した。 800字

（2）設問イを論述する

“巻末ワークシート４” の “【訓練4】ワークシートに記入する（記入済)” の設問イの箇所を参照

これから設問イの論述方法を説明します。合格を決める第一ポイントは，設問イ後半なので，前半に注力しないようにします。具体的には，この問題では設問イの前半で問われている “重視したユーザビリティ” をしっかりと書いても合格を決めることは難しいということです。

採点者は，設問イを読み終えた段階で，仮採点をする可能性が高いです。仮採点の前に採点者が読むのは，設問イの後半です。したがって，800 字を超過したから

と安心しないようにしてください。しっかりと論旨展開することが合格には必須です。

設問イの論述文字数は，800 字以上 1,600 字以内です。少なくとも，解答用紙の 800 字のラインを超えて，次ページまで書くようにしてください。なお，過剰なインデントについては不要です。

□空白行を入れない。
□過剰なインデントをしない。
□問題の趣旨を無視しない。
□基本的には，設問イの前半よりも，設問イの後半に注力する。
□800 字未満になるので，解答用紙の 800 字のラインで論述を終わらせない。
□800 字を超過したからと，工夫や能力をアピールせずに設問イを終わらせない。

設問イにおける論述のポイントを次に示します。

①問われている内容を明示する展開のひな型，“(問われている内容）は～”，あるいは，“(問われている内容）としては～”などを活用する
②趣旨に沿って論じる
③工夫をアピールする展開第 2 パターンのひな型，“～という難しい問題に直面した。そこで私は～”，あるいは，“困難な状況であった。そこで私は～”を活用する
④課題を明示する展開のひな型，“～ということが課題となった”を活用する
⑤工夫をアピールする展開第 1 パターンのひな型，“～という課題があった。そこで私は(1)～，(2)～という案を検討した。その結果，(1)を選択した。なぜならば，～と考えたからである”を活用する
⑥対象業務の特徴を踏まえる展開のひな型，“～という対象業務の特徴を踏まえると～”を活用する
⑦専門家としての考えをアピールする展開第 2 パターンのひな型は，“なぜならば，～”を活用する
⑧能力をアピールする展開のひな型，“ただし，～という新たな課題が生じた。そこで私は～”を活用する
⑨専門家としての考えをアピールする展開第 1 パターンのひな型，“～と考え～”を活用する

この問題において，趣旨に沿った論文にするためには，趣旨にある，どの文章が重要か考えてみてください。「～重要である」，「～必要である」，「～望ましい」という語尾の文章に着目すればよいですね。該当する文章は，“利用者の特性及び利用シーンを想定して，重視するユーザビリティを明確にした上で設計することが望ましい”です。趣旨に沿った論文にするためには，この展開を論文に盛り込む必要があります。具体的には，2.1 や 2.2 の“手が不自由な状況で効率を確保することが課題となった”などが該当します。

以上のポイントを踏まえてワークシートを基に論述すると，次のようになります。なお，“写真撮影によるデータ入力機能の実装”のトピックはワークシートに

はありません。工夫をアピールする展開第２パターンのひな型の活用例のために入れています。

第２章　重視したユーザビリティと設計したUI

２．１　利用者の特性及び利用シーンから重視したユーザビリティ

①スマートフォンを使い慣れているという利用者の特性及び利用シーンは通勤時の電車内を想定すると，操作性がよく効率的に贈答品の発送操作が終わる必要があった。したがって，利用者特性と利用シーンから，②重視したユーザビリティは“効率”としてUIを設計する方針とした。

２．２　設計したUI

20歳代から30歳代の独身者がアプリを使う際，機能別の操作時間割合について仮説を立てることにした。⑦なぜならば，操作に時間を掛けない機能を効率化しても，全体的な効率化とはならないと考えたからである。操作時間割合は，贈答先の登録・修正機能が60%，商品の検索・選択機能が30%，商品割当機能が10%という仮説を立て，贈答先の登録・修正機能に重点的を置いてUI設計した。

④電話帳に贈答先が登録されている場合，ユーザが電話帳をどのようにスマホアプリに移行するかが課題となった。⑤そこで次の案を検討した。

(ⅰ)電話帳の決まった項目をアプリに一括移行

電話帳から住所・氏名など決まった項目をアプリに一括移行する機能をスマホアプリに実装する。

(ⅱ)スマートフォン機能の活用

スマートフォンの機能を使い，手作業でコピー範囲を決めて移行する。

(ⅲ)コピーボタンの実装

電話帳内の項目をリスト表示し，それぞれの項目にコピーボタンを割り当てて，移行したい項目をボタンで選択してアプリに移行するという移行機能をアプリに実装する。

検討としては，(ⅰ)の場合，スマートフォン内の電話帳の情報から配送先を登録・修正機能において，スマートフォン内の既存の電話帳にある住所・氏名などのデータを自動で移行すると，電話帳内の情報を選択できない。そのため，全ての情報がアプリに移行されてしまい，利用者にとって不都合が生じることがある。一方，(ⅱ)の場合，手作業でコピー範囲を指定する方法では，開始と終わり部分を修正しなければならず，効率的ではない。そこで私は（iii）を選択することにした。なぜならば，⑥7月の上旬，12月上旬が繁忙期となるという対象業務の特徴を踏まえると，特に7月は梅雨があり雨具を持っているために手や指が十分に使えないという状況での操作となることが想定できた。そのような状況において贈答先に関わる項目をリスト表示して，それぞれにコピーボタンを割り当てることによって，ボタンを押すだけで最小限に絞られた個人情報を，効率的に移行できると考えたからである。

次に，通勤など限られた時間内に操作を終わらせる必要があるため，贈答品検索機能，贈答品引当機能，贈答品管理機能に関わる各操作において，③操作後に行う確認ボタンの押下の回数の抑制が課題となった。④十分な確認をせずに誤操作を見逃してしまうと，最悪の場合，誤った贈答品が送られてしまうなどの問題が発生するため，確認ボタンの省略は難しい状況であった。

そこで私は確認ボタンについては必要最小限とする設計とした。⑦なぜならば，既存システムにおいて注文する際に確認ボタンが多いという利用者からのアンケート結果を根拠に，最終的に画面上に表示された注文情報を確認して確認ボタンを押すだけで十分に注文内容を確認できると考えたからである。

⑧ただし，⑨スマートフォンの操作に慣れた利用者であっても，初めてのアプリの操作では誤操作があることを根拠に，確認ボタンがないと利用者にとって操作上の不安があると考え，⑧一時的に操作内容を確認するステップの組込みという新たな課題が生じた。そこで私は，確認ボタンについては，次回から確認不要のチェック欄を設けて，操作に慣れた利用者は確認をショートカットできるUIの設計とした。

(3) 設問ウを論述する

“巻末ワークシート4”の“【訓練4】ワークシートに記入する（記入済）”の設問ウの箇所を参照

設問イを書き終えたからと安心して，集中力を低下させないことが，設問ウでは重要です。読んでいると，解答者の集中力の低下が採点者に伝わるからです。

設問ウでは，設問イと同じ展開が求められるケースが多いです。したがって，設問ウの書き方と設問イの書き方はほとんど同じです。ただし，字数制限が 600 字以上 1,200 字以内なので，字数は設問イよりも少なくてよい点に留意してください。

(a) 設問ウの前半を書く

設問ウでは，多くの内容は問われません。この問題でも，“ユーザビリティを高めるための，仮説検証を含めた設計プロセスの工夫”だけが問われています。そのため，課題を明示する“3.1 設計プロセスにおける課題”という節を設定して章を二つの節で構成するようにしています。設問ウの前半における留意点を次に挙げます。

□設問ウの論述に入ったからと集中力を低下させない。

設問ウの前半における論述のポイントを次に挙げます

①課題を明示する展開のひな型，“～ということが課題となった”を活用する

このポイントを踏まえて論述すると，次のようになります。なお，3.1 と 3.2 をまとめてもよいでしょう。

第３章　設計プロセスにおける工夫
３．１　設計プロセスにおける課題
　要件定義工程では，重視するユーザビリティを効率と定めたが，効率をどのように高めるかが課題となった。 100字

(b) 設問ウの後半を書く

“3.2 仮説検証を含めた設計プロセスにおける工夫”では，しっかりと工夫を採点者にアピールして合格を決めます。設問ウの後半における留意点を次に挙げます。

□合格を採点者にアピールせずに，論述を終えない。

□論文の最後において，役割と対象者像に書かれている内容を，“今後，～できるようになりたい”などと書いて，自分がシステムアーキテクトとして不適格なことを，採点者にアピールしない。

□600 字のラインをオーバーしてから，“一以上一”で書き終える。

設問ウの後半における論述のポイントは基本的に設問イと同じです。ただし，論述例では，ひな型の全てを使っていません。

①工夫をアピールする展開第 2 パターンのひな型，“～という難しい問題に直面した。そこで私は～”，あるいは，“困難な状況であった。そこで私は～”を活用する
②専門家としての考えをアピールする展開第 1 パターンのひな型，“～と考え～”を活用する
③能力をアピールする展開のひな型，“ただし，～という新たな課題が生じた。そこで私は～”を活用する
④最後を“－以上－”で締めくくる

以上のポイントを踏まえてワークシートを基に論述すると，次のようになります。

3．2　仮説検証を含めた設計プロセスにおける工夫

　課題に対して，利用者をピックアップして混み合った電車内で実験を行い，達成した効率が十分な度合いであることを確認する工程を盛り込むこととした。①ただし，要件定義で立てた仮説が実験の結果間違っていた場合，どのようなプロセスで仮説を再度検証するかという難しい問題に直面した。

　そこで私は，②要件定義で作成したUIに関わる仮説を仮説検証し，仮説が間違っていた場合，再度仮説を立て直して検証するなど，効率を高めることが可能なように設計プロセスを改善する必要があると考え，ソフトウェア要件定義が終了した段階で次の設計プロセスを盛り込むことにした。

(i)効率に関わる要件における仮説の確認

　要件定義で設定した要件にある仮説を確認する。

(ii)プロトタイプ作成とプロトタイプによる実験

　実験の被験者は，想定した利用者の特性を満足し，なおかつ，システム開発者ではない利用者をA百貨店の社員から抽出する。なお，プロトタイピングについては事前にプロジェクトマネージャからの承認を得るようにした。

(iii)仮説検証

　実験における利用者からの評価に基づき仮説を検証する。仮説が間違っている場合は，仮説を見直して再度設計して，(ii)のプロセスから繰り返す。

　③ただし，仮説検証を繰り返した場合，設計プロセスを終了させる基準の再設定が課題となった。①スマートフォンに使い慣れているという利用者の特性を踏まえ，効率に関わるユーザビリティを重視したが，実験の被験者に“効率はどうですか”と聞いても答えられないため，終了条件の定量化というという難しい問題に直面した。

　そこで私は定量的な終了判定条件を，“仮説における目標値に対して70％以上改善で仮説検証を終了”とした。例えば，“贈答先の登録・修正に時間がかかる”という仮説を踏まえて，更に設定した“贈答先登録において1件3分かかっていた手入力を，名刺を写真撮影することで，1件1分に短縮できる”という仮説については，最悪のケースで1分から1.5分に短縮できれば，75％すなわち70％以上改善されたと判定して仮説検証を終了とした。なお，70％改善という設定は，要件定義の性能要件において許容範囲内の値であるため，要件の達成については問題なく，なおかつ，この設定は，既存の贈答品受注システムにおいて，UIのチューニング時に設定した目標値と実績値を参考にして設定した。

④ ー以上ー

Point ここがポイント！！！！！！！

★作業工数がかかるトピックは，プロジェクトマネージャと検討せよ

　プロトタイピングなどはコストがかかります。システムアーキテクト試験では，プロトタイピングという手法を採用することを計画する際は，「プロジェクトマネージャに提案して，承認を得る」という展開が妥当です。

Point ここがポイント！！！！！！！

★設問ウでは，問われていることをしっかりと論じましょう

公開模試では，設問文で問われているシステムアーキテクトとしての施策に関する論述を疎かにして，問われていない評価や改善点について論じている論文が散見されます。このような場合，減点要因になるので，設問で問われている内容をしっかりと論述するようにしましょう。

Point ここがポイント！！！！！！！

★論文を最後まで書いたら，2分間休んでから論文を見直す

書いた論文を見直す習慣を付けましょう。そのためには，まずは休むことから始めます。

★論文設計は重要ですが，設計内容に忠実に論文を書く必要はない

筆に任せて書くことも重要です。書いてしまったら，その内容を生かして論文を書き続けることも，時間内に論文を書き終えるためには必要なことです。

Just Do it！ 関所 No.6

"Just Do it 関所 No.5 で作成した，みなさんの実務経験や専門知識を基に作成したワークシートを使って，"【訓練 5】ワークシートを基に論述する"を実際に演習して，オリジナルの論文を書いてみましょう。

"巻末ワークシート 6"にある原稿用紙は，本試験で使用する解答用紙に合わせて作成しています。"巻末ワークシート 6"の1枚分をコピーすると2枚の400字原稿用紙（25字×16行＝400字）になります。設問アは 2 枚，設問イは4枚，設問ウは3枚，合計9枚の原稿用紙が必要になります。

論述の際は，本試験の仕様に合わせて，設問アは先頭ページから，設問イは3ページ目から，設問ウは，7ページ目から論述するようにしてください。

最初の論述は，13 時間ほどかかる人もいます。他人が書いた論文を書き写すだけで2時間以上かかることもあります。それでも，合格できるようになりますので，がんばりましょう。

論文を書き終えたら，第三者に読んでもらい，分かりやすい文章になっているかを確認してもらうとよいでしょう。自分でも，趣旨にある“～必要である”や，“～重要である”などを含む文章に着目して趣旨に沿って書いているか，工夫や専門家としての考えをアピールしているか，対象業務の特徴を踏まえて論じているか，自画自賛の評価になっていないか，改善点が問題のテーマから外れていないか，などの観点から評価して，課題を明らかにし，演習を繰り返して合格論文を目指しましょう。

Point ここが ポイント！！！！！！！

★論述テクニックを取得した後は一発合格！

自己流で論述しても，いつかは合格できます。また，自己流で論述しても一発合格できる方もいます。この仕事を始める前，筆者はシステムアーキテクト試験相当のアプリケーションエンジニア試験に，自己流の書き方で一発合格しました。でも，その後，ITサービスマネージャ試験相当のシステム運用管理エンジニア試験の合格には時間がかかりました。

筆者の受講者には，システムアーキテクト，プロジェクトマネージャ，ITストラテジスト，システム監査技術者試験に連戦連勝した方がいます。論述式試験の突破には，論述テクニックの取得が効果的かつ効率的なのです。第1部第5章1節の初めに説明したひな型を再度確認した上で，皆さんに合ったお気に入ったひな型がありましたら，是非活用して論述してみてください。

第6章

添削を受けて書き直してみる

6.1　2 時間以内で書く論文の設計をする
(1)2 時間以内で書く論文の設計をする
　第 5 章では，全ての論述テクニックを紹介したため，結果的には，規定字数を超える論述例になっています。では，規定字数内で書くようにすると，ワークシートをどのくらい埋めればよいかを確認しておきましょう。

6.2　添削を受けてみる
(1)添削を受けてみる
　次に論文の添削をします。公開模試における論文の採点の経験を基に，論文における指摘対象，すなわち，添削の対象となる箇所の発生頻度を示しながら，添削しています。
(2)採点結果を確認する
　添削された論文の点数を確認します。60 点以上が A 判定の合格レベル，50 点以上 59 点までが B 判定の不合格レベルです。

6.3　論文を書き直してみる
(1)論文を書き直す
　添削での指示を基に論文を書き直します。
(2)書き直した論文の採点結果を確認する
　添削内容を基に書き直した論文の点数を確認しましょう。

6.1 2時間以内で書く論文の設計をする

第 5 章では，全ての論述テクニックを紹介したため，結果的には，規定字数を超える論述例になっています。では，2 時間以内，規定字数内で書くようにすると，ワークシートをどのくらい埋めればよいかを確認しましょう。

（1） 2時間以内で書く論文の設計をする

論文を規定字数内に収め，2 時間以内で書ける論文の設計をするために，ワークシートにある設問イの部分のカラムを，7 割くらい埋めればよいでしょう。

“巻末ワークシート 4”では，設問イの記入欄がほとんど埋まっていました。このワークシートを基に，設問イの記入量を 7 割ほどに絞ったワークシートを作成して，“巻末ワークシート 5 2 時間で書ける字数に絞ったワークシート（記入済）”に掲載しています。

まず，“ワークシート 4”と“ワークシート 5”の記入内容を対比させてみましょう。設問アは同じ，設問ウについては，若干の違いしかありませんが，設問イについては記入量が減っていることを確認してください。

これから，“ワークシート 5”の内容を基に論述します。ただし，次の節の“6.2”に掲載している論文は，添削を受ける都合上，改善すべき点を多く含む小論文であることに留意してください。具体的には，“6.2”に掲載している論文は，“ワークシート 5”の内容を十分に反映した論文ではない，ということです。

なお，“ワークシート 5”の内容を十分に反映した論文は，“6.3 論文を書き直してみる”に掲載しています。次節の添削指示では，コメントの中に“頻度高”などと，みなさんが書いた論文における添削事項の発生頻度を示します。高いほど，あるあるということです。学習の参考にしてください。

6.2 添削を受けてみる

公開模試における論文の採点の経験を基に，高い頻度で発生する添削指示内容を盛り込んで，筆者が添削対象となる論文を作成しました。いわゆる，“あるある論文”です。類似の添削指示の発生頻度を示しながら，添削しています。50％くらいの頻度で現れる場合は“頻度高”，30％くらいの頻度の場合は“頻度中”，10％くらいの頻度の場合は“頻度低”としています。

（1）添削を受けてみる

次に，設問ア，イ，ウと分けて，添削例を示します。

（a）設問アの添削を受けてみる

設問ア

第１章　①情報システムの概要，利用者の特性及び利用シーン

①1.1　情報システムの概要

②論述の対象となる情報システムは，A百貨店において，お中元，お歳暮などの贈答品を顧客から受注し，それらを贈答先に配送する業務で使用する贈答品受注システムである。お中元やお歳暮によって贈答品が増えるため，7月上旬，12月上旬にシステムへの負荷が高まる。そのため，③性能面での配慮が必要となるという特徴を挙げることができる。

　贈答品受注システムが提供する機能としては，④贈答先登録・修正機能，贈答品検索・選択機能，贈答品割当機能がある。

1.2　想定した利用者の特性及び利用シーン

　⑤想定した利用者は20歳代から30歳代の顧客，利用者の特性としては，スマートフォンに使い慣れているという点を挙げることができる。

　従来のWebシステムでは土曜日曜の休日に家族が話し合い，贈答品を決めていたが，今回のアプリでは，異なる顧客層をターゲットとすることで売上向上を狙う。したがって，利用シーンとしては，事前に予定が組まれている可能性のある休日は除外して，空いている時間帯として，⑥通勤時の電車内を想定した。

⑦　⑧

下線①
設問文に沿って章立てをしましょう。この問題では“1.1対象業務と提供する機能の概要”としましょう。（頻度中）

下線②
対象業務の名称を挙げてから，その概要を説明しましょう。（頻度高）

下線③
対象業務について論じるときは，業務に寄せて論じましょう。（頻度低）

下線④
機能を簡潔に説明しましょう。（頻度高）

下線⑤
もっと話の脈絡を作り込んで論じましょう。（頻度高）

下線⑥
“利用シーン”という設問文にあるキーワードを使って明示的に論じましょう。（頻度高）

下線⑦
システムアーキテクトなど，あなたの立場を説明しましょう。（頻度中）

下線⑧
可能ならば700字をオーバーしましょう。（頻度高）

添削者コメント
設問文にあるキーワードを使って明示的に論じているか，書きながらチェックしましょう。特徴を簡潔に明示している点はよいですが，“対象業務の特徴”を使って特徴をシステムから業務に寄せて表現するとよいです。

（b）設問イの添削を受けてみる

設問イ

第2章　重視したユーザビリティと設計したUI

2.1　利用者の特性及び利用シーンから重視したユーザビリティ

　スマートフォンを使い慣れているという利用者の特性及び利用シーンは通勤時の電車内を想定すると，操作性がよく効率的に贈答品の発送操作が終わる必要があった。したがって，①利用者特性と利用シーンから，②ユーザビリティを重視した。

2.2　設計したUI

　20歳代から30歳代の独身者がアプリを使う際，機能別の操作時間割合について仮説を立てることにした。なぜならば，操作に時間を掛けない機能を効率化しても，全体的な効率化とはならないと考えたからである。操作時間割合は，贈答先の登録・修正機能が60%，商品の検索・選択機能が30%，商品割当機能が10%という仮説を立て，贈答先の登録・修正機能に重点的を置いてUI設計した。

　電話帳に贈答先が登録されている場合，ユーザが電話帳をどのように③アプリに移行するかが課題となった。そこで次の案を検討した。

④(i)電話帳の決まった項目を一括移行
(ii)スマートフォン機能の活用
(iii)コピーボタンの実装

　検討としては，(i)の場合，決まった，全ての情報が移行されてしまい，利用者にとって不都合が生じることがある。一方，(ii)の場合，手作業でコピー範囲を指定する方法では，開始と終わり部分を修正しなければならず，効率的ではない。⑤そこで私は(iii)を選択することにした。

　⑥以上の設計上の工夫が功を奏した結果，効率が高まりユーザからも，使いやすいUIであるという高い評価をいただいた。したがって，私のUI設計は成功したと評価する。成功要因は，想定した利用者の特性と利用シーンの設定が適切であった点を挙げることができる。今後も，このような設計をしていきたい。

下線①
趣旨に沿って論じましょう。趣旨には，ユーザビリティとして，有効性や効率などが挙がっています。そこから選ぶとよいでしょう。（頻度中）

下線②
このように考えた根拠を論じると，更によくなります。（頻度高）

下線③
定義してから使うとよいです。（頻度中）

下線④
各案を簡潔に説明するとよいです。（頻度中）

下線⑤
消去法ではなく，選択した案の長所をしっかりと採点者にアピールしましょう。（頻度中）

下線⑥
評価という設問で問われていない内容を論じることはやめましょう。（頻度中），**“いただいた”というていねい語は不要です。**（頻度高）

添削者コメント
複数の案を挙げて検討する展開を盛り込んで工夫をアピールしている点がよいです。案を選択して，“なぜならば～”と展開して専門家としての考えをアピールする際，そのように考えた根拠を含めるようにしましょう。

（c）設問ウの添削を受けてみる

設問ウ

第3章　設計プロセスにおける工夫

3.1　設計プロセスにおける課題

　要件定義工程では，重視するユーザビリティを効率と定めたが，効率をどのように高めるかが課題となった。

3.2　仮説検証を含めた設計プロセスにおける工夫

　①課題に対して，利用者をピックアップして混み合った電車内で実験を行い，目標とする効率が十分な度合いであることを確認する工程を盛り込むこととした。ただし，要件定義で立てた仮説が実験の結果，間違っていた場合，どのようなプロセスで仮説を再度検証するかという難しい問題に直面した。そこで私は，ソフトウェア要件定義が終了した段階で次の設計プロセスを盛り込むことにした。

(i) 効率に関わる要件における仮説の確認

　要件定義で設定した要件にある仮説を確認する。

(ii) ②プロトタイプ作成とプロトタイプによる実験

　実験の被験者は，想定した利用者の特性を満たし，なおかつ，システム開発者ではない利用者をA百貨店の社員から抽出する。

(iii)仮説検証

　実験における利用者からの評価に基づき仮説を検証する。

　仮説が間違っている場合は，仮説を見直して再度設計して，(ii)のプロセスから繰り返す。③ただし，仮説検証を繰り返した場合に終わらないため，仮説検証対象のプロタイプについて，④プロトタイプの操作所要時間が全体で50%改善していれば効率が達成されたと判定し仮説検証を終了するとした。

⑤

下線①
どこかで“～と考え”あるいは“なぜならば～”と展開して専門家としての考えを，採点者にアピールするとよいです。（頻度高）

下線②
プロトタイピングについては期間とコストがかかるので，プロジェクトマネージャの承認を得る旨を書いた方がよいでしょう。（頻度中）

下線③
文章を分けましょう。事例の詳細などをていねいに論じて，工夫をアピールする展開などを盛り込んでみましょう。（頻度中）

下線④
50%と設定した根拠を含めると更によくなります。（頻度中）

下線⑤
論文の終わりは，“ー以上ー”で締めくくりましょう。（頻度中）

添削者コメント

“そこで私は，ソフトウェア要件定義が終了した段階で次の設計プロセスを盛り込むことにした”について，もっと事例の詳細を盛り込んで，工夫した内容を具体的に説明するとよいです。“～と考え”あるいは“なぜならば～”と展開して専門家としての考えなどを，もっと採点者にアピールしてみましょう。

添削例には現れていない，頻度低のコメントを次に挙げておきます。参考にしてください。

①採点者が採点しやすいように設問文に沿った章立てをしましょう。

②段落の書き始めは，字下げをしましょう。

③長い段落を採点者が読みやすく分割しましょう。

④複数の文章で段落を構成するようにしましょう。

⑤長文に留意しましょう。

⑥冗長な記述に留意しましょう。

⑦禁則処理をしましょう。

⑧箇条書きを活用して整理してみましょう。

⑨誤字に留意しましょう。

⑩ひらがなではなく，漢字で書くようにしましょう。

⑪二重否定は使わないようにしましょう。

（2）採点結果を確認する

添削された論文の点数を確認します。60 点以上が A 判定の合格レベル，50 点以上 59 点までが B 判定の不合格レベルです。添削対象となる論文は 53 点ですから，B 判定となります。次に，合格条件充足度評価表を掲載します。

合格条件充足度評価表

システムアーキテクト

合格条件				評価			得点	
本文	内容的側面		システム・プロジェクトの概要・特徴	システム・プロジェクトの概要・特徴が簡潔にかつ具体的に記述されている。	10 8 ⑤ 2 0	簡潔・具体的でない。	5/10	①
本文	内容的側面		出題意図に応える論述	出題意図をくみ取り，これについて論じている。	10 8 ⑤ 2 0	出題テーマとずれている。	5/10	②
本文	内容的側面		システムアーキテクトとしての創意工夫，行動力	システムアーキテクトの業務にふさわしい工夫，行動について述べている。	10 ⑧ 5 2 0	システムアーキテクトの業務行動になっていない。	8/10	③
本文	内容的側面		工夫や対策の評価と課題の認識	結果の評価と今後の課題についての認識がしっかり表現されている。	10 8 ⑤ 2 0	しっかり評価していない。	5/10	④
本文	表現方法の側面	面白さ	論旨の一貫性	冒頭の 800 字が主題の伏線になっていて，かつ本文において全体の論旨をしっかり展開している。	10 8 ⑤ 2	論旨を一貫してしっかり展開していない。	5/10	⑤
本文	表現方法の側面	面白さ	主張性	一つ，二つに絞り込み，掘り下げて論述している。	10 8 ⑤ 2 0	掘り下げ不足である。	5/10	⑥
本文	表現方法の側面	分かりやすさ	具体性	工夫内容を具体的に説明している。	10 8 ⑤ 2 0	表面的な説明である。	5/10	⑦
本文	表現方法の側面	分かりやすさ	客観性	解決策の採用理由を事実（環境条件）に基づいて説明している。	10 8 ⑤ 2 0	理由が述べられていない。	5/10	⑧
文章	一般性			一般的な，かつ，分かりやすい表現をしている。	10 8 ⑤ 2 0	表現が分かりにくい。	5/10	⑨
文章	読みやすさ			章・節・項・段落分けは適切で，誤字脱字がなく，正しい日本語が使われている。	10 8 ⑤ 2 0	正しい日本語になっていない。	5/10	⑩
総評	点数では，合格ボーダーライン上の点数ですが，設問アで問われている“対象業務”について明示的に論じていないので，合格論文にはなり得ません。 設問イでは，“なぜならば～”と展開して専門家としての考えをアピールして合格を決めてください。設問ウでは，もっと事例の詳細を盛り込んで，工夫した内容を具体的に説明をしましょう。						合計得点（100 点満点）53 点	

6.3 論文を書き直してみる

2 時間で書く合格レベルの論文を書いてみました。本番の試験では，字数だけに限定すると，設問アは 700 字，設問イは 900 字，設問ウは 700 字ほど書けばよいです。次に挙げる論文は，どうにか 2 時間以内に論述できるレベルの文字数です。参考にしてください。なお，**2 時間で書き上げる内容にするため，及び，最終的な一貫性は論述する際に確保するため，ワークシートの内容と書き直した論文とは違う部分があります**。

書き直した論文に，コメントが入っていますが，筆者が論文を書いてコメントしています。したがって，自画自賛になっている点はご了承ください。

（1）論文を書き直す

次に，書き直した論文を，設問ごとに示します。

（a）設問アを書き直す

設問ア

第１章　対象業務，機能，利用者の特性及び利用シーン

1．1　対象業務と提供する機能の概要

①論述の対象となる業務は，A百貨店において，お中元，お歳暮などの贈答品を顧客から受注し，それらを贈答先に配送する贈答品受注・配送業務である。お中元やお歳暮により贈答品が増えるため，②対象業務の特徴としては7月上旬，12月上旬が繁忙期となる点を挙げることができる。

③対象となる贈答品受注システムが提供する機能としては，贈答先を登録し修正する機能（以下，贈答先登録・修正機能という），贈答品を検索して選択する機能（以下，贈答品検索・選択機能という），送りたい商品を選択し，それらの商品をあらかじめ登録されている贈答先に割り振る機能（以下，贈答品割当機能という）を挙げることができる。

1．2　想定した利用者の特性及び利用シーン

A百貨店では，従来のシステムでは40歳から60歳代の顧客から高評価を得ている。そこで，スマホアプリでは，顧客の対象を広げて，若者の顧客が，お中元やお歳暮を贈ることを推進する。したがって，④想定した利用者は20歳代から30歳代の顧客であり，利用者の特性としては，

（100字）（200字）（300字）（400字）（500字）

下線①　業務名を明示している点がよいです。

下線②　対象業務の特徴を明示している点がよいです。

下線③　情報システム名を明示している点がよいです。

下線④　設問で問われている内容を明示している点がよいです。

スマートフォンに使い慣れているという点を挙げることができる。

従来のWebシステムでは土曜日曜の休日に家族が話し合い，贈答品を決めていたが，今回のアプリでは，異なる顧客層をターゲットとすることで売上向上を狙う。したがって，④利用シーンとしては，事前に予定が組まれている可能性のある休日は除外して，空いている時間帯として，通勤時の電車内を想定した。600字 700字

⑤私は当該システム開発を受注したSI企業のシステムアーキテクトとしてスマートフォンのアプリケーション（以下，アプリという）のUIを次のように設計した。800字

下線④
設問で問われている内容を明示している点がよいです。

下線⑤
システムアーキテクトの立場を明示している点がよいです。

（b）設問イを書き直す

設問イ

第2章　重視したユーザビリティと設計したUI

2.1　利用者の特性及び利用シーンから重視したユーザビリティ

スマートフォンを使い慣れているという利用者の特性及び利用シーンは通勤時の電車内を想定すると，操作性がよく効率的に贈答品の発送に関わる操作が終わる必要があった。したがって，①利用者特性と利用シーンから，重視したユーザビリティは“効率”としてUIを設計する方針とした。

下線①
趣旨に沿っている点がよいです。

2.2　設計したUI

20歳代から30歳代の独身者がアプリを使う際，機能別の操作時間割合について仮説を立てることにした。②なぜならば，操作に時間を掛けない機能を効率化しても，全体的な効率化とはならないと考えたからである。操作時間割合は，贈答先の登録・修正機能が60%，商品の検索・選択機能が30%，商品割当機能が10%という仮説を立て，贈答先の登録・修正機能に重点的を置いてUI設計した。

下線②
専門家としての考えをアピールしている点がよいです。

電話帳に贈答先が登録されている場合，③ユーザが電話帳をどのようにアプリに移行するかが課題となった。そこで次の案を検討した。

下線③
課題を示してから工夫をアピールしている点がよいです。

(i) 電話帳の決まった項目を一括移行

電話帳から住所・氏名など決まった項目を一括移行する機能を実装する。

(ii)スマートフォン機能の活用

スマートフォンの機能を使い，手作業でコピー範囲を決めて移行する。

(iii)コピーボタンの実装

電話帳内の項目をリスト表示し，それぞれの項目にコピーボタンを割り当てて，移行したい項目をボタンで選択して移行するという機能を実装する。

検討としては，(i)の場合，決まった，全ての情報が移行されてしまい，利用者にとって不都合が生じることがある。一方，(ii)の場合，手作業でコピー範囲を指定する方法では，開始と終わり部分を修正しなければならず，効率的ではない。そこで私は(iii)を選択することに

下線④
専門家としての考えをアピールしている点，対象業務の特徴を踏まえている点がよいです。

した。④なぜならば，7月の上旬，12月上旬が繁忙期となるという対象業務の特徴を踏まえると，特に7月は梅雨があり雨具を持っているために手や指が十分に使えないという状況での操作となることが想定できた。そのよう 1000字
な状況において贈答先に関わる項目をリスト表示して，それぞれにコピーボタンを割り当てることによって，ボタンを押すだけで最小限に絞られた個人情報に関わる項目を，効率的に移行できると考えたからである。 1100字

（c）設問ウを書き直す

設問ウ

第３章　設計プロセスにおける工夫

3.1　設計プロセスにおける課題

　要件定義工程では，重視するユーザビリティを効率と定めたが，効率をどのように高めるかが課題となった。

3.2　仮説検証を含めた設計プロセスにおける工夫

　課題に対して，利用者をピックアップして混み合った電車内で実験を行い，達成した効率が十分な度合いであることを確認する工程を盛り込むこととした。ただし，要件定義立てた仮説が実験の結果，間違っていた場合，①どのようなプロセスで仮説を再度検証するかという難しい問題に直面した。

下線①
工夫をアピールしている展開がよいです。

　そこで私は，ソフトウェア要件定義が終了した段階で次の設計プロセスを盛り込むことにした。

(i) 効率に関わる要件における仮説の確認

　要件定義で設定した要件にある仮説を確認する。

(ii)プロトタイプ作成とプロトタイプによる実験

　実験の被験者は，想定した利用者の特性を満たし，なおかつ，システム開発者ではない利用者をＡ百貨店の社員から抽出する。なお，プロトタイピングについては事前にプロジェクトマネージャからの承認を得るようにした。

(iii)仮説検証

　実験における利用者からの評価に基づき仮説を検証する。仮説が間違っている場合は，仮説を見直して再度設計して，(ii)のプロセスから繰り返す。

　②ただし，仮説検証を繰り返した場合，設計プロセスを終了させる基準の再設定が課題となった。実験の被験者に“効率はどうですか”と聞いても答えられないため，終了条件の定量化というという難しい問題に直面した。

下線②
“ただし～”と展開して能力をアピールしている点，対応の難しさを説明して工夫をアピールしている点がよいです。

　そこで私は定量的な終了判定条件を，“仮説における目標値に対して70％以上改善で仮説検証を終了”とした。例えば，“贈答先の登録・修正に時間がかかる”という仮説を踏まえて，更に設定した“贈答先登録において１件３分かかっていた手入力を，名刺を写真撮影することで，１件１分に短縮できる”という仮説については，最悪のケースで１分から 1.5 分に短縮できれば，75％すなわち70%以上改善されたと判定して仮説検証を終了とした。なお，70%改善という設定は，要件定義の性能要件において許容範囲内の値であるため，要件の達成については問題なく，なおかつ，この設定は，既存の贈答品受 1000字
注システムにおいて，UIのチューニング時に設定した目標値と実績値を参考にして設定した。

ー以上ー

1100字

Point ここがポイント！！！！！！！

★百里の道も九十九里が半ば

論文を書いていると，設問ウで「残りは少し」と安心しませんか。論文を書いている方を隣りで見ていると，設問イを書き終えて安心してしまい，設問ウの部分で筆が止まります。ここで安心しないで，集中力を最後まで持続させましょう。

（2）書き直した論文の採点結果を確認する

添削内容を基に書き直した論文の点数を確認しましょう。次に，合格条件充足度評価表を掲載します。71 点，A 判定，合格レベルの論文です。

合格条件充足度評価表

システムアーキテクト

合格条件				評価			得点	
本文	内容的側面	システム・プロジェクトの概要・特徴		システム・プロジェクトの概要・特徴が簡潔にかつ具体的に記述されている。	10 (8) 5 2 0	簡潔・具体的でない。	8/10	①
		出題意図に応える論述		出題意図をくみ取り，これについて論じている。	10 (8) 5 2 0	出題テーマとずれている。	8/10	②
		システムアーキテクトとしての創意工夫，行動力		システムアーキテクトの業務にふさわしい工夫，行動について述べている。	10 (8) 5 2 0	システムアーキテクトの業務行動になっていない。	8/10	③
		工夫や対策の評価と課題の認識		結果の評価と今後の課題についての認識がしっかり表現されている。	10 8 (5) 2 0	しっかり評価していない。	5/10	④
	表現方法の側面	面白さ	論旨の一貫性	冒頭の 800 字が主題の伏線になっていて，かつ本文において全体の論旨をしっかり展開している。	10 (8) 5 2 0	論旨を一貫してしっかり展開していない。	8/10	⑤
			主張性	一つ，二つに絞り込み，掘り下げて論述している。	10 (8) 5 2 0	掘り下げ不足である。	8/10	⑥
		分かりやすさ	具体性	工夫内容を具体的に説明している。	10 (8) 5 2 0	表面的な説明である。	8/10	⑦
			客観性	解決策の採用理由を事実（環境条件）に基づいて説明している。	10 (8) 5 2 0	理由が述べられていない。	8/10	⑧
文章	一般性			一般的な，かつ，分かりやすい表現をしている。	10 8 (5) 2 0	表現が分かりにくい。	5/10	⑨
	読みやすさ			章・節・項・段落分けは適切で，誤字脱字がなく，正しい日本語が使われている。	10 8 (5) 2 0	正しい日本語になっていない。	5/10	⑩
総評	2 時間で書く論文としては，十分に合格レベル論文です。2 時間で書けるならば，改善すべき点はありません。本試験では，事前に設問ウに入る時刻を決めておき，時間切れにならないように，しっかりと時間管理をしましょう。						合計得点（100 点満点）71 点	

Point ここが ポイント！！！！！！！

★臨場感のある「当たり前」を論文で書く

経験は一人一人違います。したがって，本人にとって当たり前なことも採点者にとっては新鮮なことがあります。採点者は，経験した人にしか分からない，臨場感のある「当たり前」を論文で表現してほしいそうです。

Just Do it！ 関所 No.7

「Just Do it！ 関所 No.5」の成果物であるワークシートを基にして，「【訓練 5】ワークシートを基に論述する」に挑戦してみましょう。

巻末ワークシート 6 の原稿用紙は，実際の本試験で使用する論文答案用紙と同様のものを掲載しています。この 1 枚 800 字（25 字×32 行）の原稿用紙を 5 枚コピーすると答案用紙が完成します。本試験に合わせて，設問イは 2 ページ目から，設問ウは 4 ページ目から書き始めるようにしてください。

なお，例に挙がっている問題ではない演習問題を解く場合は，「Just Do it！ 関所 No.4」から演習をするようにしてください。

最初の論述は 8 時間くらいかかる人もいます。論文を書き写すだけで，制限時間の 2 時間を超過してしまう人も多いです。それでも合格できるようになります。がんばりましょう。

書き終えたら，第三者に読んでもらい，分かりやすい文章かどうかを判定してもらうとよいでしょう。自分では，問題文の趣旨に沿って書いているか，設問イの後半でシステムアーキテクトとしての考えや，そのように考えた根拠をアピールしているか，などの観点から評価して，今後の改善点を明らかにするとよいでしょう。

第7章

午後Ⅰ問題を使って論文を書いてみる

再チャレンジ受験者向けセミナを開催してほしいと依頼がありました。既にひと通りの私のセミナを受講している方が対象ということで，同じ内容ではない効果的なカリキュラムについて，悩んでいました。

論文がある試験区分の合格者と話す機会があり，その中で記述式問題を使って論文を書くことの重要性を確認し，効果的かつ効率的なカリキュラムを組むことができました。この章では，午後Ⅰ問題を使って論文を書くという私のセミナの一部を紹介することで，皆さんの合格を支援したいと考えます。

7.1 問題の出題趣旨を確認する

あるとき知人と会う機会があり，論文がある試験区分の合格者である A 君が同席しました。

A 君「岡山さん，どうしよう。合格しちゃいました。部長に『論文のある情報処理の試験なんて合格できないです』と言って，情報処理技術者試験合格の代替となる認定試験の講習会に申込みしてしまいました。講習会の費用，高いんです」

私　「会社では，情報処理技術者試験合格か，その認定試験合格か，どちらかが必須で，情報処理技術者試験合格したことで，認定試験の講習会への参加が不要になったということですね」

この後に A 君は，“記述式問題のネタを使って，論述テクニックを活用しながら論文を書いて合格できた”と言っていました。ここで注意したいことは，“A 君は論述テクニックを取得済み”ということです。論述テクニックについては，既に説明していますから，この章では，論文の書き方ではなく，A 君を合格に導いた，**記述式問題から論文ネタを収集する**方法に絞って説明します。

(1) この章の流れを確認する

まずは，この章全体の説明の流れを確認しておきましょう。

① 対象とする記述式問題と論述式問題の出題趣旨の確認

午後 I 問題を使って論文を書いてみるためには，論文ネタを収集するための記述式問題と，論述するための論述式問題を決める必要があります。決める際には，IPA が発表している出題趣旨を確認するとよいでしょう。

② 記述式問題を演習する

まずは，通常の問題演習のように，記述式問題を解いてみましょう。理由は，本試験問題の数は限られているので，まずは午後 I 試験対策として問題を有効に活用するためです。本書には，論文ネタの収集の対象となる問題だけを掲載しています。解答は，IPA で公表している解答例を参照してください。

③ 論述式問題を確認する

問題の趣旨や設問文をよく読み，趣旨や設問文において問われている内容を確認します。

④ 論文ネタの収集演習をする

論述式問題において問われている内容を基に，午後 I 記述式問題から論文ネタを収集する演習を行います。その際，論文ネタとして不足している点や，記述式問題に書かれている内容と少し違う点があるかもしれません。これらについては，**論述式問題で問われている内容に合わせて加工したり，不足している点を補足したりして，話の整合性を確保する**ようにしてください。

(2) 対象とする記述式問題と論述式問題の出題趣旨の確認

ここでは，本試験問題を吟味して，次の二つの問題を選びました。

・記述式問題　平成28年秋　午後Ⅰ問2「問合せ管理システムの導入」
・論述式問題　平成28年秋　午後Ⅱ問1「業務要件の優先順位付け」

論文のネタを収集するだけでしたら，記述式問題だけから収集できます。しかし，はじめは，論文の問題を確認しながらネタを収集する方が，分かりやすく実践的でもあると考えて，記述式と論述式の問題をセットにしてここで説明します。

では，それぞれの問題について，IPA発表の「出題趣旨」を記述式問題，論述式問題の順で確認していきましょう。

出題趣旨
情報システムの新規導入の場合には，様々な利害関係者からの要望，制約条件などを収集し，種々の要求に対して適切な解決策が求められることが多い。 本問では，グループ会社における問合せ管理システムの導入を題材として，利害関係者から収集した要望，制約条件などを分析してシステム要件へ整理すること，グループ全体のIT戦略との適合性を見極めてシステム構成を設計することなどについて，具体的な記述を求めている。利害関係者からの要求を正しく理解し，求められている情報システムを設計する能力を問う。

平成28年秋午後Ⅰ問2の出題趣旨

出題趣旨の内容から，利害関係者から収集した要望，制約条件などを分析してシステム要件へ整理することなどが書かれていることが分かります。

出題趣旨
情報システムの開発における要件定義において，システムアーキテクトは利用者などとともに，提示された業務要件を精査する。その際，業務要件のシステム化によって得られる効果とコストや開発期間などを総合的に評価し，業務要件の優先順位を付ける。 本問では，業務要件の優先順位付けをするための手順と評価の方法について，具体的に論述することを求めている。論述を通じて，システムアーキテクトに必要な，業務要件を分析して評価する能力と経験を評価する。

平成28年秋午後Ⅱ問1の出題趣旨

出題趣旨の内容から業務要件の優先順位付けについて問われていることが分かります。論述式問題で，要件定義において重要な点は，ユーザ要求，業務要件，システム要件を書き分けることです。平成28年秋午後Ⅰ問2では，システム要件という言葉を使っていますが，それを，平成28年秋午後Ⅱ問1の論文ネタにする際には，業務要件に書き換える必要があります。

（3）記述式問題を演習する

午後Ⅰ試験対策を兼ねて，次の“平成 28 年秋　午後Ⅰ問 2「問合せ管理システムの導入」”を解いてみましょう。

システムアーキテクト試験　平成 28 年秋　午後Ⅰ問 2

問2　問合せ管理システムの導入に関する次の記述を読んで，設問 1〜3 に答えよ。

D 社は，産業用機械メーカである。全国にあるグループの販売会社数社を通じて，法人顧客に対して D 社製品の販売・保守を行っている。D 社グループでは，製品に関する顧客からの不具合の連絡，クレームなどを含む問合せ（以下，問合せという）をグループ全体で一元的に管理する問合せ管理システム（以下，新システムという）の導入を行うことにした。

〔新システム導入の目的〕

顧客からの問合せは，販売会社で受け付け，対応しており，受付内容及び対応内容の情報（以下，問合せ情報という）については，各販売会社で記録，管理している。しかし，現在は問合せへの対応状況が適切に管理されておらず，一部の対応が滞ることがある。また，問合せ情報を D 社グループ内で共有できておらず，過去の対応内容を類似の問合せへの対応に生かすことができていない。製品製造元である D 社においても，問合せ情報が即時に販売会社から報告されていないので，問合せが急増している製品を早期に把握し，改善を図ることができていない。

そこで，D 社グループ内で新システムを構築し，顧客サービスの向上と製品の品質改善につなげることにした。新システムは 1 年後に稼働する計画とした。

〔現在の問合せ対応業務の概要〕

現在の，各販売会社で行う問合せ対応業務の概要は，次のとおりである。

(1) 顧客は，購入した D 社製品に問題が発生した場合，販売会社へ電話又は電子メール（以下，メールという）で連絡する。

(2) 連絡を受けた担当者は，顧客から問合せ内容の詳細を聞取りする。

(3) 担当者は，即時に解決可能な問合せの場合，聞取りと同時に解決に必要な対応を行う。即時に解決できない問合せの場合，一旦聞取りを終了し，販売会社内の製品技術者又は D 社の製品部門に連絡して，対応策を相談する。相談した対応策に基づき，再度顧客に連絡し，解決に必要な対応を行う。

(4) 対応が完了した後，担当者は各販売会社所定の報告書を作成し，上司に報告する。報告書は，各販売会社の文書管理規程にのっとって管理する。

なお，解決困難な問合せの場合は，問合せ内容の聞取り終了から報告までに数週間かかる場合がある。また，安全性に関わる重大な問題の場合は，品質問題報告書を作成し，聞取り終了した日の翌営業日までに，D 社品質保証部門に報告している。

〔D 社グループの IT 戦略〕

5 年前に策定した D 社グループの IT 戦略では，グループ全体の経営を支える情報システムの最適化を目標として定め，社内 LAN 及びグループウェアを含む社内イントラネットシステムの統合を実現した。統合の際，ディレクトリサーバを用いた ID 管理基盤を導入し，それまで情報システムごとに個別管理していた利用者 ID 及びパスワードを一元管理している。また，多様な働き方に対応するために，社員に貸与する PC を利用して，自宅，外出先などから，インターネット VPN 経由で社内システムへ安全にアクセスできる環境を構築した。当環境では，個人所有の PC など，許可されていない端末からはアクセスできない対策が取られている。

現在，新システムとは別に，D 社グループ全体で基幹業務システムの再構築プロジェクトが進行しており，1 年半後に新たな基幹業務システムの稼働を予定している。

なお，D 社では今年，IT 戦略の見直しを行った。見直し後の IT 戦略では，更なる経営効率向上を目指し，自社で構築・運用する情報システム（以下，自社運用システムという）を段階的に減らし，専門の事業者が提供するクラウドコンピューティングサービス（以下，クラウドサービスという）の活用を積極的に進めることにした。

〔販売会社からの新システムへの要望〕

販売会社からの新システムへの要望は次のとおりである。

・問合せ対応の参考にするために，他の販売会社で受け付け，対応が完了した問合せ情報についても，製品型番，製品名，問合せ分類，フリーワード，受付年月日の期間指定などで検索することで，問合せ件名などの基本情報，受付内容及び対応内容を閲覧できるようにしてほしい。一方で，その他の情報については，必要がない限り問合せ受付元の販売会社以外には閲覧させないことを原則としてほしい。
・自社で登録した問合せ情報は，登録後も自社で修正できるようにしてほしい。一方で，自社で登録した問合せ情報を，他の販売会社が修正できないようにしてほしい。
・誤って同一の問合せを重複して登録することが想定されるので，自社で登録した問合せ情報を削除できるようにしてほしい。一方で，自社で登録した問合せ情報を，D 社及び他の販売会社が削除できないようにしてほしい。
・担当者が問合せを受けた時に聞取りした相手である顧客側の担当者（以下，問合せ顧客という）の情報については，機密性が高いので，D 社及び他の販売会社へ開示しないでほしい。D 社が問合せ顧客の情報を必要とする場合は，担当者に連絡をもらえれば，問合せ顧客に了解を得た上で，情報を伝えるようにする。
・新たに，利用者 ID 及びパスワードを覚えなくても済むようにしてほしい。

〔D 社品質保証部門及び製品部門からの新システムへの要望〕

D 社品質保証部門及び製品部門からの新システムへの要望は次のとおりである。

・販売会社からの要望に加えて，D 社としては製品の品質改善のために，重大な問題に限らず，早期に問合せ情報を確認できるようにしてほしい。具体的には，どのような問題が発生しているのかを把握するために，問合せ件名，受付内容及び報告時点までの対応経緯だけでも直ちに確認できるようにしてほしい。問合せ内容，対応経緯などの修正が後から生じることは問題ない。
・受付内容の記入間違い時の訂正，D 社が支援した内容の対応経緯への加筆などが想定されるので，販売会社が登録した受付内容及び対応内容を，販売会社が対応中でも対応が完了した後でも，D 社が修正できるようにしてほしい。
・複雑な問題の場合，D 社が直接顧客から問合せの詳細を聞取りしたいことがあるので，必要な情報を見られるようにしてほしい。
・製品マスタなどのマスタ情報は，基幹業務システム上で更新が発生するので，新システム上にも最新情報を反映するようにしてほしい。

〔新システムの構成〕

IT 戦略に基づき，新システムは，クラウドサービスを活用して構築することを検討した。検討の中で，クラウドサービス上に構築する新システムを，社内 LAN 経由ではなくインターネット経由で直接利用した場合のリスクとして，外部からの不正アクセス，盗聴の他，社内システムでは認めていないシステムの利用方式で社員が新システムを利用できてしまうおそれがあるのではないかという意見が挙がった。

これらのリスクに対して，クラウドサービスと自社運用システムとの間を閉域網で接続し，インターネットから論理的に遮断して社内 LAN 経由でしか新システムを利用できない構成とすることによって，リスクを回避することにした。

検討した新システムの構成概要を図 1 に示す。

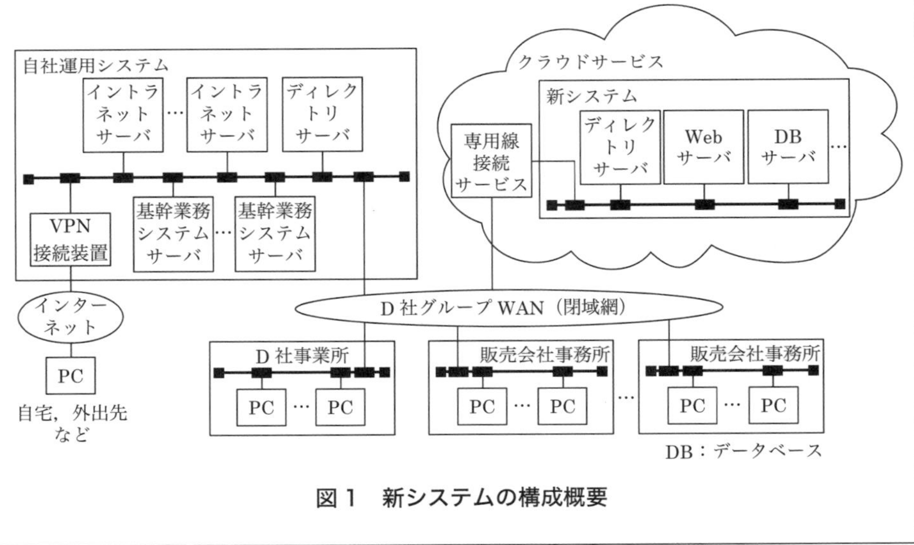

図 1　新システムの構成概要

新システムへの要望に基づき，新システムで構築するディレクトリサーバと自社運用システム上のディレクトリサーバとの連携，及び新システムで開発する業務アプリケーションプログラムと基幹業務システムの業務アプリケーションプログラムとの連携が必要になる。しかし，基幹業務システムとの連携は，基幹業務システム側での対応作業の負荷が高いことに加え，①ある理由で新システム稼働後の改修が発生する可能性が高いので，今回はディレクトリサーバの連携だけを行うことにした。基幹業務システムとの連携は新システム稼働後に改めて検討することにし，当面は人手での情報連携で運用することにした。

〔登録画面の設計〕

新システムで管理する問合せ情報は，五つに分類し，その情報の種類ごとに画面領域を分割して問合せ情報を登録する画面（以下，登録画面という）を設計した。情報の種類ごとの主な属性を，表１に示す。

表１　情報の種類ごとの主な属性

情報の種類	主な属性
基本情報	問合せ件名，対応ステータス，問合せ分類，重要度，受付方法
受付内容	受付年月日，製品名，製品型番，製品シリアル番号，問合せ内容
対応内容	対応完了年月日，対応経緯，対応結果概要
問合せ顧客	問合せ顧客所属会社名，問合せ顧客氏名，問合せ顧客所属部署，問合せ顧客役職，問合せ顧客電話番号，問合せ顧客メールアドレス
担当者	担当者所属販売会社名，担当者氏名，担当者所属部署，担当者役職，担当者電話番号，担当者メールアドレス

基本情報の対応ステータスは，問合せへの対応状況に応じて“受付内容確認中”，“受付完了・対応中”，“対応完了”の三つのステータスの中から選択し，新システムに登録，更新することによって，問合せ対応の進捗状況を可視化できるようにした。

新システムへの要望を踏まえて，対応ステータスを“受付完了・対応中”にすることによって，D社品質保証部門及び製品部門に必要な権限を与えるようにした。また，“対応完了”にすることによって，D社品質保証部門及び製品部門に加えて，問合せ受付元以外の販売会社にも必要な権限を与えるようにした。

なお，②新システムを利用した問合せ対応業務では，即時に解決できない問合せの場合であっても，遅くとも業務上のあるタイミングまでには，問合せ情報を新システムに登録するルールとした。

〔問合せ情報に対する権限〕

問合せ受付元の販売会社が登録した問合せ情報を利用するに当たっての，利用者の所属，基本情報の対応ステータス及び情報の種類に応じた，閲覧，修正及び削除の権限を，表２の決定表に整理した。

表２　登録された問合せ情報を利用するに当たっての権限の決定表

利用者の所属が問合せ受付元の販売会社か	Y	N	N	N	N	N	N	N	N	N	N	N	N	N	N	N	N	N	N
利用者の所属が問合せ受付元以外の販売会社か	−	Y	Y	Y	Y	Y	Y	Y	N	N	N	N	N	N	N	N	N	N	N
利用者の所属がD社品質保証部門又は製品部門か	−	−	−	−	−	−	−	−	Y	Y	Y	Y	Y	Y	Y	Y	Y	Y	Y
対応ステータス＝	−	1	2	3	3	3	3	3	1	2	2	2	2	2	3	3	3	3	3
情報の種類＝	−	−	−	基本情報	受付内容	対応内容	問合せ顧客	担当者	−	基本情報	受付内容	対応内容	問合せ顧客	担当者	基本情報	受付内容	対応内容	問合せ顧客	担当者
閲覧可能		−	−						−									−	X
修正可能	a	−	−	b		c	d	e	−			f				g		−	−
削除可能		−	−						−									−	−

注記１　対応ステータスのコードの意味　1：受付内容確認中，2：受付完了・対応中，3：対応完了
注記２　網掛けの部分は，表示していない。

設問１　〔新システムの構成〕について，(1)〜(3)に答えよ。

(1) リスクとして挙げられた，社内システムでは認めていないシステムの利用方式を，30 字以内で述べよ。

(2) 新システムで構築するディレクトリサーバと自社運用システム上のディレクトリサーバを連携させることによって，新システムで何が利用できるようになるか。25 字以内で述べよ。

(3) 本文中の下線①について，どのような理由で，新システム稼働後の改修が発生する可能性が高いと判断したのか。40 字以内で述べよ。

設問２　〔登録画面の設計〕について，本文中の下線②の業務上にあるタイミングとは，どのようなタイミングか。25 字以内で述べよ。また，そのときに，登録画面の対応ステータスで選択すべきステータスは何か。そのステータスを答えよ。

設問３　〔問合せ情報に対する権限〕について，(1)，(2)に答えよ。

(1) 表２中の a 〜 g に入れる適切な字句を，解答群の中から選び，記号で答えよ。

なお，a 〜 g には同じ字句が入ることもある。

解答群

ア	イ	ウ	エ	オ	カ	キ	ク
−	X	−	−	X	−	X	X
−	−	X	−	X	X	−	X
−	−	−	X	−	X	X	X

(2) D 社品質保証部門及び製品部門から，問合せ情報の担当者を閲覧可能とした理由を，40 字以内で述べよ。

7.2 論述式問題を確認する

（1）論述式問題を確認する

記述式問題の演習を終えたら，もう一度，記述式問題の全体の流れを確認しておきましょう。

この章では論述の題材とした論述式問題を確認します。どのような点が問われているのでしょうか。

システムアーキテクト試験　平成28年秋　午後II問1

問題文の趣旨

問1　業務要件の優先順位付けについて

情報システムの開発における要件定義において，システムアーキテクトは利用者などとともに，提示された業務要件を精査する。その際，提示された業務要件の全てをシステム化すると，コストが増大したり，開発期間が延びたりするおそれがある。そのため，システムアーキテクトは，業務要件のシステム化によって得られる効果と必要なコストや開発期間などから，例えば次のような手順で，提示された業務要件に優先順位を付ける。

1.　業務の特性や情報システムの開発の目的などを踏まえて，組織の整備や教育訓練などの準備の負荷，業務コスト削減の効果及び業務スピードアップの度合いといった業務面での評価項目を設定する。また，適用する技術の検証の必要性，影響する他の情報システムの修正を含む開発コスト及び開発期間といったシステム面での評価項目を設定する。
2.　業務の特性や情報システムの開発の目的などを踏まえて，評価項目ごとに重み付けをする。
3.　業務面，システム面でのそれぞれの評価項目について，業務要件ごとに定量的に評価する。このとき，定性的な評価項目についても，定量化した上で評価する。
4.　評価項目ごとに付与された重みを加味して総合的に評価し，実現すべき業務要件の優先順位を付ける。

あなたの経験と考えに基づいて，設問ア〜ウに従って論述せよ。

設問文

設問ア　あなたが要件定義に携わった情報システムについて，その概要を，情報システムの開発の目的，対象の業務の概要を含めて，800字以内で述べよ。

設問イ　設問アで述べた情報システムの要件定義で，業務要件をどのような手順で評価したか。その際，どのような評価項目を設定し，どのような考えで重み付けをしたか。800字以上1,600字以内で具体的に述べよ。

設問ウ　設問イで述べた評価手順に沿って，どのような業務要件をどのように評価したか。また，その結果それらの業務要件にどのような優先順位を付けたか。幾つかの業務要件について，600字以上1,200字以内で具体的に述べよ。

問題の趣旨を読んで，求められている論旨展開を確認してください。この問題ではあまり該当しませんが，一般に趣旨にある，「～重要である」，「～必要がある」，「有効である」，「～求められる」，「～を踏まえて」に着目して，求められている論旨展開を確認するとよいでしょう。求められている論旨展開を確認することで，これから，どのような論文ネタを収集すればよいかを把握できます。これは本試験において，“問題の趣旨を確認することでどのような論文ネタを適用すればよいか”につながりますから，効率的，効果的な論文設計の演習とも考えてください。

(2) 論述式問題の設問文で問われている内容をリストアップする

設問ア，イ，ウにおいて問われている点をリストアップすると次のようになります。

①情報システムの開発の目的
②対象業務の特性
③評価項目
④評価項目の重み付け
⑤業務要件と評価

この演習では，設問イの前半で問われている業務要件の評価手順については趣旨に書かれている内容に倣って事例の詳細を書けばよいので割愛しています。

また，設問ウについても前半の一部だけを対象とし，各自による演習に任せます。そのために，設問ア，設問イの後半に注力した演習をします。

これらの“問われている点”ごとに，論文ネタを記述式問題から収集していきます。ミニ演習という形で展開していきますので，理解を深めるために，読むだけではなく，必ず，演習をするようにしてください。

なお，ミニ演習では，解答例を示していますが，ただの例にすぎません。論述式問題に正解はありませんから，参考程度と考えてください。各自の解答と異なる場合は，二つの論文ネタを効率的に収集できたことになります。

記述式問題には，ミニ演習の対象となったトピック以外にも，多くの論文ネタが盛り込まれています。ミニ演習で終わらせずに継続して論文ネタを収集しましょう。

7.3 論文ネタの収集演習をする

では，7.2(2)でリストアップした項目に沿って，平成 28 年秋午後 I 問 2 の問題から論文ネタを収集する演習を行います。各自の専門知識や実務経験を盛り込んでアレンジしてしまって結構ですから，記述式問題の内容にあまりとらわれないようにしましょう。

（1）情報システムの開発の目的を挙げる

記述式問題から，情報システムの開発の目的を抽出してみましょう。論文ネタなので字数が短い方がまとめやすいので，短くして抽出します。

ミニ演習 1

情報システムの開発の目的を，15 字以内で二つ挙げよ。

（2）対象業務の特性を論じる

設問アでは，「対象の業務の概要」について問われています。問題文の趣旨を読むと「1.業務の特性や情報システムの開発の目的などを踏まえて」とあります。この“踏まえる展開”を論文に盛り込みたいので，記述式問題から，“対象業務の特性”を抽出します。“特性”や“特徴”は簡潔に表現することが重要です。設問イやウにおいて，「～という業務の特性を踏まえて」などと，引用するようにして論旨展開するからです。

ミニ演習 2

対象業務の特性を，50 字以内で論じよ。

ただし，語尾は「～という対象業務の特性を挙げることができる」とし，多くの業務に該当するような一般的な内容を，特性としないこと。

(3) 業務の特性を踏まえて評価項目を論じる

問題文の趣旨の「1.業務の特性や情報システムの開発の目的などを踏まえて」という記述に沿って論旨を展開するために，まずは，業務の特性を踏まえる展開を考えてみましょう。“踏まえる展開”を論文に盛り込む際には，論文において「業務の特性を踏まえて～」と記述するより，「～という業務の特性を踏まえて～」と，特性を引用して論旨展開した方が，明示的であるため説得力があります。このように展開することで論文の一貫性もアピールできます。

次のミニ演習では，記述式問題に，評価項目に関わるヒントとなる記述はありません。業務の特性を踏まえてアドリブで考えてみてください。

ミニ演習 3

「安全性に関わる問題が発生した場合は迅速に対応するという業務の特性を踏まえて」と論旨を展開して，70 字以内で，評価項目を論じよ。

(4) 情報システム開発の目的を踏まえて評価項目を論じる

対象業務の特性を踏まえる演習の次は，情報システム開発の目的を踏まえる展開です。次のミニ演習でも，記述式問題に評価項目にかかわるヒントとなる記述はありません。情報システム開発の目的を踏まえてアドリブで考えてみてください。

ミニ演習 4

「半年という短期間で顧客サービスの向上と製品の品質改善を図るという情報システム開発の目的を踏まえて」と論旨を展開して，100 字前後で，評価項目を論じよ。

(5) “考え”とともに評価項目への重み付けについて論じる

設問イでは，「どのような考えで重み付けをしたか」と問われています。まずは，「高い重み付け」について，考えるとともに論じてみましょう。

ミニ演習 5

評価項目の重み付けについて，「重み付けについては，“安全性への寄与”を最も高い重み付けとした。このように考えた理由は，～からである。具体的には～」などと話の脈絡を作り込んで論旨展開せよ。

（6）評価項目が低い業務要件を論じる

設問ウの前半に対応する演習です。「～という評価項目では，～という業務要件を低い評価とした。なぜならば，～」などと論旨展開して，「開発目的達成における緊急性」という評価項目が低い業務要件を挙げて，その理由を含めて論旨展開せよ。

ミニ演習6

業務要件への評価について，「“開発目的達成における緊急性”という評価項目については，～という業務要件が低い評価とした。なぜならば，～」などと話の脈絡を作り込んで論旨展開せよ。

7.4 論文ネタを確認する

解答例を確認してみましょう。一つの例として参考程度と考えてください。

(1) 情報システムの開発の目的を挙げる

ミニ演習 1 解答例

①顧客サービスの向上

②製品の品質改善

【解説】

記述式問題のはじめの部分にある〔新システム導入の目的〕の最後の段落に「顧客サービスの向上と製品の品質改善につなげることにした」という記述を参考にして導いています。

(2) 対象業務の特性を論じる

ミニ演習 2 解答例

安全性に関わる重大な問題が発生した場合は迅速に対応するという対象業務の特性を挙げることができる。

【解説】

対象業務の特性ですから，〔現在の問合せ対応業務の概要〕を確認してみましょう。最後の部分に重要なことが書かれている頻度が高いです。解答例は，「安全性に関わる重大な問題の場合は，品質問題報告書を作成し，聞取り終了した日の翌営業日までに，D 社品質保証部門に報告している」という記述から導いています。

(3) 業務の特性を踏まえて評価項目を論じる

ミニ演習３解答例

安全性に関わる問題が発生した場合は迅速に対応するという業務の特性を踏まえて,「安全性への寄与度」を評価項目とした。

【解説】

7.3(3)で説明したとおり，記述式問題にはヒントとなる記述はありません。業務の特性を踏まえて解答例を導いています。

(4) 情報システム開発の目的を踏まえて評価項目を論じる

ミニ演習４解答例

半年という短期間で顧客サービスの向上と製品の品質改善を図るという情報システム開発の目的を踏まえて，開発の目的を達成するために直ちに必要かという，すなわち,「開発目的達成における緊急性」という評価項目を設定した。

【別解】

半年という短期間で顧客サービスの向上と製品の品質改善を図るという情報システム開発の目的を踏まえて,"回答時間短縮への貢献度" 及び,"顧客からの不具合やクレームの問合せ減少への貢献度" という評価項目を設定した。

【解説】

"顧客サービスの向上" と "製品の品質改善" という情報システムの開発の目的を達成するためには，解答例よりも，もっと適切な例があると考えます。ここでは，後続のミニ演習につなげるために，少し無理のある論旨展開をして「開発目的達成における緊急性」という評価項目を挙げています。情報システムの開発を終えて "顧客サービスの向上" を確認するためには，顧客満足度などを測定する必要があります。そのため,「半年という短期間で」という前置きを入れました。短期間で達成するためには，緊急性で評価すると考え，解答例を導いてください。

なお,"顧客サービスの向上" という目的を踏まえると，問合せ管理システムの内容から,"回答時間短縮への貢献度" などという解答例を挙げることができます。"製品の品質改善" という目的を踏まえると,"顧客からの不具合やクレームの問合せ減少への貢献度" などいう解答例を挙げることができます。

（5）“考え”とともに評価項目への重み付けについて論じる

ミニ演習５解答例

重み付けについては，「安全性への寄与」を最も高い重み付けとした。このように考えた理由は，「製品の品質改善」というシステム開発の目的に合致しているからである。具体的には，万一，安全性に関わる問題が放置され事故が発生した場合，顧客からの信頼を失い，D社製品の需要が激減することになるからである。

【解説】

品質に関わる要件に関する重み付けについて考えているので，品質保証部門からの要望を確認してみます。〔D 社品質保証部門及び製品部門からの新システムへの要望〕の箇条書きに「D 社としては製品の品質改善のために，重大な問題に限らず，早期に問合せ情報を確認できるようにしてほしい」という記述から，「製品の品質改善」がキーワードであり，これが情報システム開発の目的であることを確認して，安全性と絡めて解答例としてみました。なお，「具体的には〜」については，アドリブを入れて表現しています。

（6）評価項目が低い業務要件を論じる

ミニ演習６解答例

「開発目的達成における緊急性」という評価項目については，現在，「基幹システムとシステム間連携」という業務要件が低い評価とした。なぜならば，現在，基幹システムは再構築中で１年半後にリリース予定であり，基幹システム側の仕様が固まっていないからである。そのため，仕様が固まった後に，システム間連携を実現すればよいと考え，緊急性が低いと判断した。

【解説】

「開発目的達成における緊急性」という評価項目は，このミニ演習で使いたいため，少々無理して解答例に入れています。解答例は，〔D 社グループの IT 戦略〕の二つ目の段落に「現在，新システムとは別に，D 社グループ全体で基幹業務システムの再構築プロジェクトが進行しており，1 年半後に新たな基幹業務システムの稼働を予定している」という記述から導いています。

(1)〜(6)のようにすることで，**記述式問題から論文ネタを収集する糸口はつかめたと考えます。この章に書かれている内容に倣って，記述式問題を解いたら，論文ネタを収集するようにすると，効率的に論述式問題の得点力をアップさせることができます。**

第 7 章は，「午後Ⅰ問題を使って論文を書いてみる」という趣旨で書かれています。第 1 部の各章で説明した論述テクニックと，この章で収集した論文ネタを活用して，平成 28 年午後Ⅱ問 1 の論述式問題の論文を書いてみましょう。

論文ネタとして不足していますが，不足している部分は補ってください。本試験においても，不足している論文ネタは，その場で補う必要があるので，本番の試験への準備と考えればよいでしょう。

また，第 2 部第 1 章（平成 28 年問 2）に掲載している論文事例も参考にしてください。

コーヒーブレーク

「踊る論文指導」

解答例を確認すると，“記述式問題を丸写し”になっている。

読者の皆さんは，そう思うでしょう。筆者は，皆さんが論文のネタとするときは各自の事例に合わせて表現が違ってくるのが自然，と考えています。したがって，この章を読んだ皆さんの本試験の解答が同じになるとは思っていません。丸写しの方が，記述式問題のどこを参考にしたか，分かりやすいと筆者は考えています。

論文のネタの収集については，もし余裕があれば，(1)本試験当日の記述式問題も収集対象になると考えて，記述式問題を解く，(2)記述式試験が終了して次の論述式試験の開始までに記述式問題を見直して論文ネタを収集する，ということもやってみてください。

コーヒーブレーク
「踊る論文指導」

某企業では，教育の一貫として社内の対象者に，システムアーキテクト，システム監査技術者，IT ストラテジスト，プロジェクトマネージャ試験を合否に関係なく，順番に試験対策セミナを受講して受験してもらう，ということをやっています。

ある年度の受講者と，B 判定の添削済み論文を相互レビューしているとき，「私は，論文課題は，本気で書いていませんから」と私に言うのです。私は本気で論文添削をしているつもりなので，「次回から君の論文は，手抜きで添削するよ」と言い返しました。正直，手抜きで添削するというのは，難しいです。全力で添削した方が楽です。したがって，「冗談だよ。本気で添削するよ。それに，全力を出さないやつって，嫌いじゃないよ」と話を終えました。その後，彼は IT ストラテジスト試験に合格したので，めでたし，めでたし，です。

彼の同期で，もう一人，試験終了直後に「岡山先生のおかげで，合格できました」と私に言うのです。初めて IT ストラテジスト試験を受けたのに，無謀なことを言うな，と思っていました。しかも，いつも彼は論文添削では B 判定です。推測ですが，彼も課題論文は手抜きで書いていたのでしょう。結果は一発合格でした。

IT ストラテジスト試験を一発合格した受講者の話のオチは，というと，一番目の彼は，実はそのとき，「本試験では，先生の指導を思い出して，本気で書きます」と言っていたのです。二番目の彼も，本試験のときは本気で指導内容を思い出して書いたのでしょう。そうです，「思い出す」これです。午後II論述式試験が始まる前には，本書で学んだ内容，通信教育などで添削を受けた場合は添削の指示内容，これらをしっかりと思い出し，合格に向けた論文設計のイメージトレーニングすることが重要なのです。

第8章

本試験に備える

ここでは，試験の前までにしておくべき準備についてお話しします。

論述式試験対策を十分に行っていても，いざ試験となると実力を発揮できない受験者もいることでしょう。この章に書かれたヒントを活用して，ゆとりをもって試験に臨んでください。

8.1 2時間で論述を終了させるために決めておくこと

（1）論述のマイルストーンと時間配分を決める

筆者自身の受験やセミナ経験に基づいて，次のようなマイルストーンを設定しています。

試験中は解答を書くことに精一杯の状態ですから，最小限のマイルストーンにすべきですし，所要時間には個人差があるからです。この例を参考にして，自分用のマイルストーンを設定してみてください。

時刻	作業	説明
14：30	試験開始 ①問題選択 論文設計 設問アの論述	**①　試験開始～35分で設問アの論述を終了する** 問題選択から，論文設計，設問アの論述終了までを35分で終了させます。慣れてくると30分くらいでできるようになるでしょう。
15：05	②設問イの論述 （設問イ，ウで 75 分）	**②　40分前に設問イの論述を終了して10分前に設問ウを完了する** 論文の中核となる，設問イとウを75分で書きます。設問イが45分，設問ウが30分ほどの配分になるでしょう。 ここまでは，集中して問題に取り組んでください。決して，設問イを書き終えただけでは安心しないでください。
15：50	②設問ウの論述 （設問イ，ウで 75 分）	
16：20	③2 分間の休憩	**③　2分間の休憩** あせって見直しをすると，消しゴムを使う際に，必要な箇所を消してしまったり，きちんと消されていないところに字を書いたりしてしまいます。そのようなことがないように，見直しをする前に2分間かけて気持ちを落ち着かせましょう。
16：22	④5 分間の見直し	**④　5分間で論文の見直し** 誤字，脱字，主語と述語の係り受けをチェックします。ここでは，しっかりと消しゴムで消して修正します。大幅な修正の場合は，残り時間を確認してから，修正を開始するようにしてください。残り時間がない場合は，修正をしないか，少ない修正で済むように工夫しましょう。 最後に，受験番号の記入，問題番号の選択など，合格に必須な要件をチェックします。答案用紙の間に挟まった消しゴムのカスをきちんと取り除いておきます。
16：27 16：30	⑤3 分間の予備時間 試験終了	**⑤　3分間の予備時間** 不測事態の発生に備えて，予備時間を3分間，確保しておきましょう。

Point ここが ポイント！！！！！！！

★答案用紙のカーボンコピー状態に気を付ける！！

答案用紙は400字の両面です。鉛筆で文字を書いた面を合わせて，裏から書くと，鉛筆で書いた文字が接触している反対側の答案用紙に相互に写ってしまい，読みにくい論文になります。答案用紙は，問題冊子を下敷きにして書くか，重ねて書かずに1枚ずつ書くようにしてください。

（2）問題の選択優先順位を決めておく

問題の選択は，合否に大きく関わります。別の問題を選択しておけばよかったと後悔しても，どうにもなりません。また，論述式問題では，難易度が高い問題と低い問題間で点数の調整は行われません。

では，問題の選択について考えてみましょう。

試験問題に直面すると，問題は次のパターンに分類できます。

①　準備した論文で対応可能な類似問題

添削済みの論文があり，既に合格レベルの論文を書いた経験がある問題が出題されたケースです。この時点で，かなり合格に近い状況ですが，決して喜ばないことです。私は，安心して論文を書いていて，最後に時間不足になって不合格になった受験者の方を知っています。

②　実務経験に関連した問題

既に経験したことのあるオフショアに関する問題などが出題されたケースが，これに該当します。

③　工夫した点や能力がアピールできる問題

専門知識や実務経験が豊富で，問題文を読んで，すぐに工夫した点やアピールすべき能力が思いつく問題です。

④　問題文と専門知識を基に，論述内容をその場で考える問題

特に実務経験もなく，専門知識がない場合，問題文を参考にして，解答を考えなければなりません。できるだけ，問題文にトピックが書かれている問題を選ぶとよいでしょう。

各自の実務経験や専門知識のレベルに応じて，優先順位を事前に決定しましょう。③や④を重視することを決定した上で学習をすると「予想した問題が出題されなかったために不合格だった」という状況を事前に回避できると筆者は考えています。事前に優先順位を決めて学習することで学習効果も高まり，試験当日に迷ったり慌てたりしないで，落ち着いて問題の選択ができます。

問題を選択したら，直ちに答案用紙の表紙の問題番号を選択してください。このとき，受験番号や生年月日も記入済みであること確認するようにしてください。平成 22 年春の午後II試験において筆者は時間ぎりぎりまで，受験番号を記入し忘れていました。終了時刻の 5 分前に行った論文の見直しで気づきました。

（3）論文の共通部分を事前に用意しておく

「論文の最初の部分，すなわち，設問アの前半の問いに対する答えについては事前に用意しておく」ことが鉄則です。「いざ，試験」という場面で最初からつまずいていたのでは，最後まで論文を書き終えることは難しいからです。

（4）題材の選び方を事前に決めておく

試験の最中に迷いながら論述したり，題材選びを間違って後悔したりしないように，論述する題材の選び方を事前に決めておきます。次の方法があります。

①　問題に対応して複数の題材から臨機応変に選ぶ

あらかじめ三つくらいの題材に絞り込んでおき，そのうちから最適な題材を一つ選んで論述します。これには，工夫した点や能力を最大限にアピールできるというメリットがあります。反面，題材を選ぶのに時間がかかるというデメリットがあります。

②　事前に一つの題材に決めておく

どのような問題が出題されても，題材は一つと決めておきます。ある一つのプロジェクトを，題材として固定していかなる問題にも対応させます。これには，迷って時間を浪費しないというメリットがあります。反面，問題によっては，工夫した点や能力を最大限にアピールできない場合があるというデメリットがあります。

このように，一長一短ありますから，どちらの方法に決めても結構です。ただし，①の方法に決めた場合は，複数の題材について設問アの前半部分などを事前に用意しておく必要があります。

なお，どちらの方法を選んでも，基本的には，論文設計をしてから設問アを書くようにしてください。ほかの受験者がカチカチと書く音を出して論述している中で論文設計をするとあせってしまい，設計が不完全になるからです。

（5）消しゴムと筆を選ぶ

この段階で，筆，いや，鉛筆，シャープペンシルを選んでいては遅いですから，既に２時間書いても疲れない自分に合ったものを選ばれていると思います。ここでいいたいことは，皆さんの論文の中には，きちんと消していないもの，必要な部分も消してしまっているもの，黒くこすれているだけのもの，などがあるということです。

消しゴムを使って文字を消すときは，きれいに消して，必要なところを消さないように気を付けましょう。そのためには，急いでいてもきれいに消せる消しゴムを選ぶようにしてください。

Point ここが ポイント！！！！！！！

★消しゴムを使うときは，黒い部分をこすりとってから使う

前回使ったときに付着した黒い部分が消しゴムに残っていると，答案用紙を汚します。これをこすって取り除いてから，消しゴムを使うようにしましょう。

8.2 試験前日にすること

基本的に試験の前日は，勉強を適度に抑えて，早い時間に就寝しましょう。でも，その前に軽く論文を1本仕上げてください。これで自信が付きます。

（1）実戦的な論文設計方法を確認する

本書の第1章の図表1-3の「受験中に書く論文設計の例」をチェックして，試験本番で，この作業を確実に実施できることを確認しましょう。本番でも，このようにして論文を設計することで，問題の趣旨に沿った論文を完成させることができます。

（2）論文を1本書く

論述式試験を嫌いにならないでください。いろいろな方から話を伺うと，残念ながら「さんざん論文を書かされたので，試験ではもう論文など書きたくない人」がいることが分かります。論述に慣れていないと最初は8時間くらいかかります。これを繰り返していると自分の時間がなくなるため，はじめは動機付けができたとしても次第に嫌になってきます。この状態でどんなに論文練習をしても，合格は危ういです。なぜなら，最も重要な試験の日には，論文を書くことが嫌いになっているからです。

初めの動機付けを維持できるように自分をきちんとコントロールすることによって，このような状況に陥ることを回避することができます。**コントロール目標は，少なくとも試験前日に論文を1本書く**ことです。論文練習が嫌になったら，論文を書かないことも大切です。休みましょう。一度きっちりと訓練した人は，試験前日に1本書いただけで合格できたという例もあります。

ある組織では，試験対策として論文を多数書かされたので，誰も試験前日に論文を書く気が起きなかったそうです。結果は，全員不合格でした。このような状態に陥らないように，皆さんには論述することを好きになってもらいたいと思っています。多くの組織では，昇進試験において論文を書くことになります。筆者も昇進試験において論文を書きました。その経験から，ここで訓練した内容は皆さんの昇進試験でも役立つと思います。

Point ここがポイント！！！！！！！

★前日に論文を書いた人は合格率が違う

ある組織で，前日に論文を書いた人の合格率を調査しました。その結果，50%前後の合格率であったとのことです。

（3）受験環境を整えるアイテムをそろえる

試験会場は，椅子や机が固定の場合は問題ありませんが，中には固定ではない場合があります。この場合に備えて机がカタカタしないように，机の足と床の間に挟んで安定させるための紙を用意しておきましょう。また，長時間の着席でお尻が痛くならないように座布団も用意しておくとよいでしょう。

受験中の姿勢についてですが，長時間，頭を下にしておくと首が疲れます。長時間たっても大丈夫なように，頭の置き方を工夫するとよいでしょう。筆者は，あまり頭を下げないようにしています。

8.3 本試験中に困ったらすること

1 年に一度しかない試験です。準備のし過ぎということはありません。用意周到で臨む必要があります。

(1) 時間が足りない事態を予防する

時間が足りない事態に陥らないように，論述中は，適宜，経過時間をチェックするようにしてください。万一，時間が足りない事態に陥ったら，すなわち，設問ウを書けずに試験時間が終了したら，ほぼ不合格です。

時間が足りない事態を予防するには，最悪でも，設問ウに移る時間を決めておいてください。設問アと設問イをいくら立派に書いても合格できません。事前に決めた時間が経過したら，うまく論旨を展開し，設問イを切り上げて，必ず設問ウも論述してください。

(2) 文字数が足りない事態に対処する

同じことを何回も書いてある冗長的な論文は合格できませんが，論文の主張を二度書いても，重要なポイントを強調していると判断されて，大幅な減点対象とならない可能性があります。したがって，文字数が足りない場合は，設問イや設問ウにおいて，論文の主張を書いて，合格の可能性を残しましょう。

論文の主張は問題文に書いてあります。“重要である”というキーセンテンスで探すことができます。

(3) 時間が余ったら，これを実行して合格を確実にする

最後にきちんと論文を読み直して，誤字脱字，主語と述語の係り受けをチェックしてください。

基本的には，消しゴムで修正してください。しかし，段落の途中で修正箇所の文字数が多くなったり少なくなったりした場合は，修正に時間がかかる場合があります。この場合は，多少の減点覚悟で，吹出しを使って加筆，あるいは消しゴムで消して二重線を引いておいてください。第 4 章の 4.2 を参照してください。

（4）合格のための20か条

合格のために特に重要なポイントを20か条だけ選んで，次に示します。

合格のための20か条

項番	確認項目	チェック
①	合格のための20か条を思い出しているか	
②	「である」調で統一しているか	
③	字を濃く，大きく書いているか	
④	設問文に沿って正確に「章立て」をしているか	
⑤	設問文の問いに全て答えた章立てをしているか	
⑥	問題文の趣旨にある「～が必要である」，「～が重要である」，「～しなければならない」，「～を踏まえて」などを確認し，問題の趣旨に沿って論文を設計しているか	
⑦	課題に対して，対応の難しさなどを採点者に説明して，工夫した点をアピールするように設計しているか	
⑧	対策中に発生すると予測できる課題やリスクに対処するという展開を設計して，専門家としての能力をアピールしているか	
⑨	組織内でしか通じない用語を使わずに，一般的な専門用語を活用して簡潔に表現しているか	
⑩	設問アの文字数を700字～800字にしているか	
⑪	設問イとウの論述開始箇所は，答案用紙に指定されたとおりか	
⑫	箇条書きを上手に活用しているか	
⑬	概要を述べてから「具体的には～」などと詳細を論じる展開にして，読みやすい文章にしているか	
⑭	「～と考えて～した」など専門家の考えを基に活動をアピールしているか	
⑮	“なぜならば”と書いて，専門家としての考えをアピールしているか	
⑯	対象業務の特徴などを踏まえた論旨展開にしているか	
⑰	設問イの字数は800字，設問ウの字数は600字を確実に超えているか	
⑱	最後を“一以上一”で締めくくることを忘れていないか	
⑲	論文を見直して，略字，当て字，誤字脱字をチェックしているか	
⑳	答案用紙の間に挟まった消しカスの除去，受験番号や問題の選択の○印など記入を確認しているか	

Point ここが ポイント！！！！！！！

★採点者に誠実さを示す

答案用紙に空白マスや文字の挿入があった場合，減点の対象とされても仕方がありません。ただし，脱字や意味が通らない文章を書くよりは，結果的に得点が高くなります。アイテックが実施している公開模試を採点する場合ですが，筆者はこのように修正してある論文について，“きちんと見直しをしている”と判断して好印象を受けます。

Point ここが ポイント！！！！！！！

★採点者はルール違反しない限り，しっかり読んでくれる

情報処理技術者試験ガイドラインのトピックに書かれている内容を紹介します。それによると，採点者が，ある答案用紙を開いてびっくりしたそうです。なんと，論文を縦書きで書いてあったそうです。論述式試験の問題冊子には「横書き」を指示していないので，採点者は時間をかけてしっかり読んだそうです。受験者がルール違反をしない限り，採点者はしっかり解答を読んでくれると考えてください。

★試験開始時刻までの待ち時間に，本書の内容を思い出す

合格のための20か条の最初の項目は，冗談ではありません。本気です。私はいつも試験開始までの待ち時間に，自分がレクチャーした内容を思い出してから試験に臨みます。自分が期待した以上にスラスラと筆が進みます。皆さんも，必ず本書の内容を思い出して，合格を獲得してください。

第9章 受験者の問題を解消する

最後に，筆者が受験者から受けた質問とその回答を紹介します。

質問者には，セミナの受講生，アイテックが行っている通信教育の受講生などがいます。読者の皆さんと共通する質問があるかもしれません。学習の参考はもちろん，困難な状況に陥った際の回復の手助けになると思い，紹介させていただきます。

なお，いろいろな方からの生々しい質問とその回答を集めたＱ＆Ａ集であるために，一部に冗長な内容がある点をご了承ください。

9.1 学習を始めるに当たっての不明な点を解消する

筆者は応用情報技術者試験の対策セミナの講師も務めていますが，その際，応用情報技術者試験に合格したら，次は何を受験するかという質問を受講者にすると，ネットワークやデータベースのスペシャリスト系を目指す方が圧倒的に多いことが分かります。スペシャリスト系以外のシステムアーキテクト，ストラテジ系やマネジメント系などの試験区別を受験しない理由を聞いてみると，実務経験がないから，論文があるから，などの回答をもらいます。しかし，マネジメント系やストラテジ系などの試験を目指さない本当の理由は，論文の書き方や合格レベルなど，論述式試験の実態がよく分からないからだと思っています。

それについては，本書によってかなり理解が進んだと思います。しかし，学習の開始時点，中盤，仕上げ，それぞれの局面において不明な点があると思います。それらを，適宜，解消するために，この章を書いてみました。まずは，学習を始めるに当たっての不明な点を解消していきましょう。

（1）学習を開始するに当たって不明な点を解消する

合格する人の論文って，どのような論文ですか。

オリジナリティが盛り込まれている論文です。

受験する試験区分と，皆さんの実務の分野が合っている場合は，実務経験を基本にして，本書の第1部で紹介している論述テクニックを活用して，第2部の事例にあるトピックを盛り込むなどして論述するとよいでしょう。

受験する試験区分と，皆さんの実務の分野が完全には合っていない場合について考えてみます。システムアーキテクトの実務に携わっている方がプロジェクトマネージャ試験を受験するときは，プロジェクトマネージャとも仕事をしているはずですから，そのプロジェクトマネージャの立場になって，論述すればよいでしょう。また，コンピュータシステムの基盤関連，サーバやネットワーク環境の構築の実務に携わっている方は，システムアーキテクトとも仕事をしているはずです。このようなことは，システムアーキテクト，IT サービスマネージャ，IT ストラテジストなどの試験を受ける多くの方に当てはまると考えます。

受験する試験区分と皆さんの実務の分野が完全に合っていなくとも，立場を変えることで実務経験を論文の題材にして論述できます。したがって，事例の詳細を書けば，論文にオリジナリティを盛り込むことは難しくないと考えます。問題は，実務経験と関係のない試験区分を受験する場合です。例えば，実務経験のない新入社員が受験する場合です。

実務経験のない場合であっても，オリジナリティを盛り込んでいる論文を書ける方は合格できる可能性が高いです。実務経験のない場合，サンプル論文などの事例を参考に題材を考えると思います。その際，サンプル論文をそのまま流用する論文を書いている人よりも，サンプル論文の事例を，自分が考えたオリジナルの題材に適用して論述する人の方が合格の可能性が高いと，経験的に推察します。整理すると次のようになります。

実務経験がない場合，サンプル論文の切り貼りをして論文を書くよりも，サンプル論文の事例を自分のものにするために，一時的に完全消化して，その消化したものを，図書館の書籍貸出システムなど，自分の考えた題材に適用するスタイルで論述演習をした方が合格の可能性が高まるということです。**本書の第1章図表1-2や1-3の作業をしているということですね**。サンプル論文の事例を，自分の考えた題材に適用しているので，完成した論文にはオリジナリティがあります。

学習以外に合格に必要な要素は何でしょうか？

動機付けと時間の有効活用です。

ある受講者が「先生，早く論文を書かせてください。去年，同期が合格して，私は不合格，同期には絶対に負けたくはない」と筆者に詰め寄ってきました。すごい気迫です。最終的に，この方は合格しました。でも，自己採点の午前試験がぎりぎりでした。私は，この「同期には絶対に負けたくない」という動機付けが，合格を引き寄せたと思っています。本番では，朝から試験を始めて，午後Ⅱの終盤は，もう夕方になってきます。この時点での踏ん張りを支えるのが，この動機付けです。学習を開始する前に，何を糧に合格を引き込むのかを決めるようにしましょう。

講師をしていて，「あなたは合格できるから大丈夫です」と言ってしまうことがあります。余計なプレッシャーを受講者に与えるので，本来は控えるべきです。それにもかかわらず，時間の有効活用をしている受講者を見てしまったとき，筆者はそう言ってしまいます。忙しくて学習時間を確保できない理由は，たくさんあります。例えば，講義開始を待つ時間が1分でもあれば，それを学習時間に回すべきです。

余計なことを言うと，時間の有効活用を突き進めて考えると，“何かを失わないと，新しいものを得ることができない”ともいえます。例えば，同僚との昼食後の会話を少しの期間だけやめて，学習時間を確保するなどを検討する必要があるかもしれません。

（2）論文を設計するに当たって不明な点を解消する

論文は何本も書く必要があるのでしょうか。

少ない人で2〜3本書いて合格しています。

合格までに書く論文の数ですが，個人差があるので何とも言えません。本をよく読む人は少ない数で合格できる可能性が高くなると考えています。

本書によって習得してもらいたいことは次の二つであり，重要なことは，これらを分けて考えて欲しいということです。

①論文を設計できるようになること

②設計に基づいて論述できるようになること

論述することは時間のかかる作業です。したがって，①よりも②の作業に時間がかかると考えるのが一般的でしょう。そこで次のように考えてください。②ができるようになり，いろいろな問題について①を繰り返して演習すれば，時間のかかる②の作業をしなくとも，本番の試験における問題に対応でき，効率的に合格の可能性が高められるということです。言い換えれば，設計に基づいて論述できるようになれば，"いろいろな問題の論文を設計することで，その問題を解答できることと同じ効果を見込める"ということです。論文設計は論述より時間がかからないので，効率的ですよね。

問題文には，よく「あなたの経験に基づいて」とありますが，問題文のトピックを論文に引用することを優先すると，経験がない論文の題材について論述することになります。このような場合，次の点について，どちらを優先すべきであり，また採点上有利なのでしょうか？

① 「あなたの経験に基づいて」を重視して，問題文のトピックは無視し，設問に沿った論述をすべきである

② 専門家として，専門知識を基に，問題文のトピックを活用して，設問に沿った論述をすべきである

②を優先すべきであり，②が有利です。

最初に，問題文の趣旨に沿って書くことは必須であることを確認しておきましょう。問題冊子に書いてあるからです。次に問題文に書かれているトピックの活用について検討します。

質問に答える前に，経験に基づいて論文を書ける，書けない，について話をしてみます。

あなたの経験に基づいて書けるなら，①を選択すべきです。ただし，設問に全て解答するとともに，本試験の問題冊子に書かれているとおり，問題文の趣旨にも沿って書くことが求められていると考えてください。経験をそのまま，設問に沿って書いただけでは，合格できないケースがあるということです。合格するためには，問題文の例には従わなくともよいですが，設問のみならず，問題文の趣旨に沿って書かなければならないということです。

経験に基づいて書くことができないなら，②を選択すべきです。すなわち，問題文に挙がっているトピックをなぞる程度に書くのではなく，それらのトピックを基に，更なる論旨展開をする方法です。このようにして問題文のトピックを活用すると，問題文の趣旨に沿って書くことになりますから，論文が B 判定になる最大の要因を回避できることにもなります。

どちらを優先すべきであるかという点について，経験に基づいた論述の観点から書きましたが，少し分かりにくい点があると思います。経験がないとはいえ，実際には，専門知識と経験の両方を論文に書くからです。この点を踏まえると，最終的に質問に対しては②を優先すべきと回答します。なぜならば，経験がないとはいえ，論述には専門知識と経験の両方を書いてしまうことから，**経験も専門知識として論述のために再利用可能なように整理しておけばよい**からです。自分の経験を基に設問文に答える論文を書けたとしても，本試験では問題文の趣旨に沿って書くことも求められています。筆者の講師経験から①を優先すると，事実に沿って書くために，問題文の趣旨に沿って書くことを軽視する傾向になるようです。これでは，問題文の趣旨に沿っていないことを理由に B 判定になります。

どちらが採点上有利なのかという点については，IPA が発表する午後Ⅱ講評をホームページでチェックしてみると分かります。不合格の論文には問題文の趣旨に沿っていない論文が多いです。したがって，2 時間という短い時間内で，問題文の趣旨に沿って書ける②が有利と判断します。

Q 設問アの内容を踏まえて設問イを論述する，あるいは，設問アや設問イの内容を踏まえて設問ウを論述することは，必須なのでしょうか？

A 設問文や問題文に踏まえることを明示している場合は踏まえる展開をしてください。

設問文において，設問イやウで，踏まえることを明示している場合は，必ず踏まえる展開をしてください。設問文に明示していなくとも，問題文の趣旨に書いてある場合も，踏まえる展開が求められていると考えてください。それ以外の場合，合格論文を書くためには，必須，というわけでありません。論文の一貫性がより向上し，説得力が増すと考えてください。踏まえる展開を盛り込むことで，一般的な対応ではなく，状況に応じた対応ができることを採点者にアピールすることができます。これによって，一般論を論じる受験者よりは，アドバンテージがあると考えることができます。

9.2 学習中の問題を解消する

本書を読んだ直後に合格レベルの論文が書けるわけではありません。論述テクニックを，①説明できる，②使うことができる，③使って合格ができる，この三つのプロセスを経る必要があります。ここでは学習中の質問について答えてみます。

（1）論文を設計できる

本書の第1部を2回熟読しました。実際，何から始めたらよいのでしょうか？

Just Do it！ 関所No. 1～7をやりましょう。

それが終わったら，新たに解きたい問題について，Just Do it！ 関所 No.4～7をやってください。

本書に，ワークシートを活用した論文の書き方が紹介されています。しかし，実際の試験においてはワークシートを書いている時間などないはずです。更に，このワークシートによる論文の書き方がどのような場面で役に立つのか，分かりませんでした。

ワークシートは論文設計方法を習得するためのツールです。

ワークシートについてですが，論文を書いたことのない，論文の書き方の分からない人のために，“ワークシートに基づいた論文の書き方”を紹介しています。本書では，“工夫のアピール”や“能力のアピール”などの論旨展開を利用して，問題文の趣旨に沿った論文を書けるようになるという意図で説明しています。

論文の書き方が役に立つ場面ですが，本番の試験で問題を見た場面で役立ちます。ワークシートにある，工夫のアピール，能力のアピールなどの論旨展開ができるようになれば，ワークシートを使わなくとも，問題文の趣旨にあるトピックや，自分で追加したトピックを活用して論旨展開ができると考えています。

Q 質問書で“分からない”としか，答えられない質問項目がありま す。どうしたらよいでしょうか？

“分からない”を選択してください。ただし，分からない理由を簡潔に書くとよいです。

理由を“分からない”の下に書いておくとよいです。質問書はコンピュータ採点ではありませんので，分からない箇所については，採点者に“受験者の誠意”が伝わればよい，と考えてください。“答えようと努力していない”，“記入漏れのミスがある”と採点者に判断されなければ問題ありません。

本書で書いてある内容を全て反映しないと，合格論文にならないのでしょうか？

いいえ。ただし，反映できるようになると合格の可能性は高まります。

本試験の時間は限られています。短い時間内に合格を引き込むためには，いろいろな論述テクニックを取得しておく必要があります。取得した論述テクニックを時間内に，適宜，引き出して活用すればよいでしょう。多肢選択式問題や記述式問題では，本試験の採点で 60 点以上が合格です。それと同様に，本書の内容の 6 割ほどを本試験で実現できれば，合格レベルに達すると考えています。ただし，専門家としての“考え”をアピールすることは必須と考えてください。

(2) 論述できる

Q 問題文の前の質問書の内容で答えられない項目があり未記入にしておきましたが，減点対象になるのでしょうか？

A 未記入は，本試験の採点では減点対象になります。

“ハイレベルなエンジニアとしてふさわしくない”と採点者に判断されないように，未記入だけはやめましょう。

Q 論文を書く上で，高いレベルの守秘義務についてはいかがでしょうか。

A あなたが判断すべきです。

結論を先にいうと，これは，あなたとあなたの会社との契約，あなたの会社と顧客との契約に関係する話なので，私には契約の内容は分かりませんからあなたが判断すべきです。回答者はあらゆる責任を負うことはできません。以上を前提に，これからは一般的な話をさせていただきます。

高いレベルの守秘義務の場合，試験関係者から万一漏えいした場合，重大な社会不安を引き起こす可能性があります。例えば，国防など国家機密に関する題材などは書くべきではないでしょう。

また，宝くじシステムのように，システム名で顧客が一意に決まるシステム名の場合も守秘義務の問題が生じます。そこで私は，例えば，金融商品管理システムという表現で対処するように指導しました。参考にしてみてください。

２部の事例集にある論文のように書かなければ，合格できないのでしょうか？

そのようなことはありません。２部の事例集の主目的は，本書の読者による論文内のトピックの再利用です。

2 部の事例集の論文は，字数も多く，書かれているトピックも多いために，実戦的な合格論文ではないものがあります。本書の読者が，①論文を書く際の体裁を確認するため，②論文を書くためのトピックを集めるため，に事例集の論文を掲載していると考えてください。基本的には，事例集の論文は，事例集の論文に書かれているトピックを問題文の趣旨に合うように再構成することで，論文が書けるようになっています。

では，実戦レベルの合格論文はどのように確認すればよいでしょうか。

本書をしっかりと学習して，規定時間内に自分で論文を書いてみてください。本書を学習すれば，自分の欠点は自分で分かるはずです。その欠点を改善した論文があなたの実戦レベルの合格論文と考えてください。

「なぜならば，～」の後の記述について，重要なことは分かりましたが，やはり書けません。

おまけ付きのお菓子法で考えてみては，どうでしょうか。

論文設計する際に重要なことは，“採点者に何をアピールして合格を決めるかを明確化する”ことです。これをキラーメッセージと呼んでいます。キラーメッセージを自分で説明できないと論文を設計した意味がありませんし，合格も難しいでしょう。

キラーメッセージの一つが，“なぜならば，～”の後の文章です。ここで一つの発想法としておまけ付きのお菓子法を考えてみました。通常，見込まれる効果に加えて，副次的な効果をアピールする方法です。次のような例を挙げることができます。

私はおまけ付きのお菓子を買うことにした。なぜならば，お菓子も美味しいし，楽しいオモチャも付いているからである。

どうでしょうか。読んでいて納得しませんか。「なぜならば，～」の後の文章は難しいです。しかし，その難しさを分かったということは，合格に近づいている証拠です。「私はAを先に行った。なぜならば，AよりもBの方が順番が先だからである」などと書いていては，採点者を納得させることは難しいですからね。

（3）評価を上げることができる

Q 会社の先輩に論文を添削してもらっていますが，試験ではB評価から上がりません。どのような対策を講じればよいでしょうか？

A 第三者による添削が効果的です。

いろいろな原因が考えられますが，会社の先輩に論文を添削してもらっていることを踏まえると，原因としては，**社内で内輪受けする内容を書いるために第三者が理解できず合格できない**，ということを挙げることができます。ある会社で，社内で相互に論文をレビューしていましたが，論文を5本以上書いても誰も合格できない状況でした。あるとき，本書を基にセミナを実施したところ，合格率が6割に達しました。内輪で優秀な論文は，第三者が読むと，内容が分かりにくい論文になっているようです。以上の点を踏まえると，先輩ではなく，会社以外の人にも読んでもらうことを考えてはいかがでしょうか。

B評価は何が足りないのでしょうか？

基本以外の全てが足りない可能性があると考えるべきです。

論文の内容によって，いろいろと考えられますので，一般的な点から回答させてください。まず，午後Ⅱの評価の分布ですが，不合格のほとんどはB評価です。したがって，**B評価は，もう少しで合格ではない**と考えてください。B評価であっても，もしかしたら，いろいろと改善すべき点があるということです。B評価となる原因と対策について，次に説明します。

① 問題文の趣旨に沿っていない

設問文に答えるだけでは，問題冊子に明記してある，問題文の趣旨に沿って書く，という条件を満たしていないということです。問題文を基にしっかりと論旨展開を設計する必要があります。これは，書ける内容を論述するのではない，ということでもあります。**合格するためには，問題文の趣旨に沿うように，論述内容をそ**

の場で考えることも重要です。

② 論文としての体裁に欠けている

論文に“思う”は禁物と，20 年以上前に教わりました。それを平成 21 年春のプロジェクトマネージャ試験で試してみました。設問ウで“思う”を連発です。やはり，B 評価となりました。内容はともかく，**“論文としての体裁に欠けている”など，採点者に不合格になる明白な口実を与えてはならない**，と考えるとよいでしょう。

③ 専門家としての“考え”のアピールが不足している

設問イやウでは施策などを問いますが，採点者は施策を導いた根拠や考えを探していると考えてください。なぜならば，施策などはテキストなどに書かれている一般論で書けるからです。専門家としての“考え”は，論文の題材ごとに異なるために，受験者の能力を評価しやすいと考えるとよいでしょう。

④ 専門家としての能力のアピールが不足している

例えば，施策を講じたら成功した，という論旨展開では，採点者は受験者の能力の程度が分かりません。したがって，施策を講じると新たに生じるリスクなどを説明し，事前にリスク対策を講じておくという展開の方が，採点者に能力をよりアピールできるでしょう。このような能力アピールの論旨展開をしっかりと設計することが大切です。

⑤ 問題文の記述をなぞっている

論文の“結論”と問題文のトピックを同じにしているケースです。問題のトピックから論旨を展開させることが重要です。

以上，主なポイントを説明しましたが，詳細については論文の設計方法や論述方法が書かれている章で確認してください。

(4) 2時間以内に論文を書き終えることができる

論文を2時間で書き終える方法を教えてください。

まずは3時間で書き終えるように訓練してください。

時間内に書き終えるために重要なことは，字数を多く書き過ぎないということです。余裕をもたせて規定字数を 3 行ほど超過すればよいです。その上で，まずは 3 時間ほどで書き上げることができればよいと考えてください。

自宅において 3 時間で書ければ，本試験で 2 時間以内に書けるという根拠は，ただの経験則です。筆者も自宅では，なかなか 2 時間で書き終えることができません。しかし，本試験では 2 時間以内で書いています。

（5）通信教育の課題を書ける

通信教育の論文の課題に取りかかっているのですが，提示されている課題に関して経験がなく，全く書くことができずにお手上げの状態です。

知識を基に論述してください。

本書では，問題文を膨らませて論文を書く方法を推奨しています。さて，この膨らませるための知識を，具体的にはどこからもってくるかが，問題になります。基本的には，専門知識，実務経験からもってきます。ポイントは，経験も知識の一部として，再利用可能な状態に整理することです。質問では，実務経験がない，ということですね。したがって，専門知識からもってくるしか方法はありません。このような場合，私はセミナなどで，次の方法を指導しています。

① 専門知識の学習

② 事例集のトピックの専門知識化，すなわち，論文へのトピックの流用

③ 問題文を基にした実務経験者へのインタビュー

最近のセミナでは，特に③を推奨しています。インタビュー技法を確認した上で，いろいろな経験者にインタビューしてみてください。インタビュー技法に関する専門知識も，論述に必要になるかもしれません。

なお，論述に最も重要なことは，筆者がいただいた合格者からのメッセージから分かります。それは，問題文の趣旨に沿って書くために**最も重要なことは一生懸命考えること**です。論文設計は，そのための訓練と考えてください。

（6）論文添削の結果を有効に活用できる

通信教育の論文添削を受けました。論文を書き直したいのですが，効果的な方法を教えてください。

添削内容を漏れなく反映するために，書き直す前に，添削内容に基づいて青色のペンで添削後の論文を修正しましょう。

添削しても添削内容が書き直した論文に反映されていないケースが多いです。これでは効果的な学習とはいえません。添削結果を基に，どのように書き直したいの

かを，赤の添削内容の近くに青色のペンで書いてみましょう。そのようにすることで，添削内容を有効に論文に反映できます。その上で，論文を別の用紙に書いてみるとよいでしょう。

Q 論文課題の実施は，時間はあまり気にせずに，完成度を優先した方が効果的でしょうか。それとも，制限時間内で書くようにした方が効果的でしょうか。

A 合格レベルの論文を書くことを優先してください。

合格レベルの論文を書くことが重要です。時間短縮は，その後に訓練してください。

自宅で，3 時間で書けるようになると，経験的に，本試験でも 2 時間で書くことができる可能性が高いと考えています。

Q 合格レベルの論文を書こうと，設問アでは800字，設問イでは1,600字，設問ウでは，1,200字を書いて添削を依頼しました。添削結果は60点未満のB判定でした。合格レベルの論文を書こうと努力した結果が，B判定では，これから先どのようにすればよいか，分かりません。合格に向けての指導をお願いします。

A 次に説明する合格レベルの論文の最低字数を基にして，自分の合格パターンの字数を決めましょう。次にその字数内で合格レベルの論文を書くようにしてもよいでしょう。

合格レベルの論文の字数ですが，少ない方の字数を考えると，設問アは 700 字，設問イは 900 字，設問ウは 700 字ほどです。設問イでは，設問イの前半の問いに答える字数が 400 字，設問イの後半の問いに答える字数が 500 字ほどです。設問イで合格を決めるポイントは後半にあると考えてください。後半を厚く書いて合格を決めます。

合格論文は，字数ではありません。本試験において，設問イを 1,500 字書いて不合格になった受験者の方もいます。字数を多く書いてもなかなか点数が伸びない例を次に示しておきます。参考にしてください。

(1) 冗長である

同じ内容を繰り返しても点数は伸びません。

(2) “前述のとおり”で始まる文がある

書くべき箇所を間違えて，前の章で書いてしまったので，“前述のとおり”と書く場合があります。試験では，適切に使用しましょう。

(3)　“また，〜した”を繰り返している

設問イの終盤で，“また，〜した”を繰り返して，1,600 字にしている論文がありました。1 点の演技を 100 回繰り返しても 100 点にはなりません。専門家としての考えをアピールしてから施策を論じることが重要です。

(4)　状況説明を十分に論じた結果，オーソドックスな施策を一つだけ強調して論じている

500 字ほどで状況を説明して，最後に“専門家をプロジェクトに参画させた”という施策をアピールする論文があります。この施策は状況によっては効果的な策ですが，この策を論じただけでは，合格は難しいと考えてください。

冗長ですが，繰り返して書きます。合格論文は字数ではありません。内容です。

「なぜならば，〜」という展開を複数箇所に盛り込んでいるのですが，点数が伸びません。どのようにしたら，よいでしょうか。

「なぜならば，〜」という展開は，設問イやウにおいて，それぞれ多くとも，二つに抑えて活用しましょう。

「なぜならば，〜」を連発している論文については，「〜と考え，〜した」という表現に変えるとよいでしょう。専門家としての考えを基に施策を論じる展開を重要です。

「なぜならば，〜が重要と考えたからである」という文章を読んで，“なぜ重要と考えたの？”と質問したくなるときがあります。「なぜならば，〜が重要と考えたからである」と書くときは，重要であると考えた根拠も含めるとよいでしょう。

9.3 試験前の問題を解消する

ひと通り学習が終わると，新たな疑問が出てくると思います。次は，学習後の質問に答えてみます。

(1) 問題の選び方を説明できる

Q どのように問題を選択したらよいでしょうか？

A 一つの方法としては，問題文にトピックがより多く挙がっている問題を選ぶという方法があります。

どのような問題が出題されても合格論文を書けるように，問題文を活用して論述する方法を取得してください。これができれば，最短で合格できる可能性が高くなります。

(2) 問題の趣旨に沿って書ける

Q 実務経験がないために，問題文の趣旨に沿って書けません。対処方法を教えてください。

A トピックを収集して再利用可能なように整理しましょう。

実務経験があっても，問題文の趣旨に沿って書くことは難しいです。実務経験がない場合，論述に必要なトピックは，前述のとおり，次のようにして，収集する方法があります。

① 専門知識の学習
② 事例集のトピックの専門知識化，すなわち，論文へのトピックの流用
③ 問題文を基にした実務経験者へのインタビュー

トピックを収集したら，論文で再利用できるように，自分の言葉で整理することが大切です。問題文の趣旨に沿って，トピックを組み合わせて，足りない分についてはその場で考えて論述しましょう。合格者からのメールによると，経験の少ない若手の受験者は，この方法で合格しているようです。

Q 事例集を基に，トピックの整理が終わりました。論文を書く回数が多いほどよいのでしょうか？

A 論述に慣れたのならば，論文設計だけでもよいでしょう。

既にトピックをもっているので，イメージトレーニングをするとよいです。問題文を読みながら，手持ちのトピックを頭の中でまとめて，論文を設計するイメージトレーニングをしてください。その際に，簡単な論文設計書を書いてもよいでしょう。最終的に，これが本試験における論文設計方法になります。

（3）論文添削の結果が60点未満の場合の対処方法を説明できる

Q 通信教育の第2回目の添削結果が60点未満で合格レベルに達することができませんでした。効果的な対処方法を教えてください。

A “急がば回れ”で，本書を，再度，学習してみることを薦めます。

筆者のケースですが，ある顧客の本試験合格者の添削時の点数は，50 点以上であったことが分かりました。添削時点で 50 点以上ではないと合格の可能性が極端に低くなることを意味しています。そこで 50 点を境にして，それぞれについて対処方法を書いてみます。

第 2 回目の添削結果が 50 点未満の方は，“急がば回れ”で，本書を，再度，学習してみることを薦めます。改善点が見つかると思います。

50 点以上の方は，添削結果を基にして，60 点に達しなかった原因を，本書を参考に分析してみてください。原因が分かったら，どのように書き直したらよいかを検討して，再度，論文を書き直すようにしましょう。

9.4 不合格への対策を講じる

残念ながら合格できなかった方からの相談や質問をまとめてみました。次の試験で合格するために，改善すべき点だけは早めに整理するようにしましょう。

（1）想定した問題が出題されなくとも合格できる

Q 想定した問題が出題されなかったのですが，来年度も同じように，想定した問題が出題されなかった場合，不合格になってしまいます。どのような対策を講じたらよいでしょうか？

A どのような問題が出題されても論述ができるように，問題文の論旨展開やトピックを活用して論述する方法の取得を薦めます。

“本番では想定した問題が出ない”と私は指導しています。これを受け入れて論文練習しましょう。問題冊子に書いてあるとおり，問題の趣旨に沿って書くことが重要です。設問文の全てに答えるようにして，問題文の趣旨に，経験や専門知識を盛り込んで，論文を完成させる訓練をしてください。第 1 章 1.1 にある図表 1-2 が示している論文の書き方を実践するとよいでしょう。

仮に想定した問題が出題されたとしましょう。私は，ウキウキ状態になって論文を書き，最終的に時間不足になり，字が荒れて不合格になった人の話を聞いたことがあります。この話から分かることは二つあります。

一つ目は，後半になって字が荒れると，その焦りが採点者に移ってしまうということです。**段々と字の荒れてくる論文を読んでいると，採点者も読み方がおざなりになります**。採点者をこのような状況にしてしまっては，合格できません。これを回避するためには，一定の品質を保った字を書くことが重要です。

二つ目は，本当に不合格になった理由は時間不足か，ということです。類似問題ということで，過去問題の内容をそのまま書いた結果，問題文の趣旨に沿っていない論文になったのではないでしょうか。**類似問題であっても，問題文の趣旨に沿って再構成する**必要があると考えてください。

（2）論文全体の字数のバランスを考慮して論述できる

本試験で規定字数には達しましたが，最後まで書き終えることができませんでした。何が悪いのでしょうか？なお，二度の論文添削を受けましたが，1回目は44点，2回目は57点でした。

時間不足の原因の一つには，字数不足を早めに回避するために設問イの前半でがんばり過ぎることを挙げることができます。

2回目で60点に達していない点が気になります。60点に達していない理由が添削内容に書いてあれば，それを基に改善してください。

時間不足の状況としては，設問イの前半に注力し過ぎていることがよくあります。字数不足が不安となるため，前半から風呂敷を広げ過ぎてしまうパターンです。具体的には，課題の挙げ過ぎです。これでは後半で収拾がつかなくなります。課題が一つでも，合格した方は多いです。工夫と能力のアピールなどを十分に行い，設問イは特に後半に注力するようにしてください。

想定したボリュームが多過ぎ，書き終えることができませんでした。字数については，どのくらい超過すればよいのでしょうか？

規定字数を3行超過すればよいです。

論文のボリュームですが，字数は設問文にある規定字数を，余裕をもたせて3行超過すれば問題はありません。筆者が受験した平成22年秋の試験では，設問イは3行超過しただけですが，A評価でした。

なお，第2部の事例集の論文は字数が多いものもあります。できるだけトピックを盛り込むことで，トピックを本書の読者に再利用してもらいたいからです。

（3）問題文をなぞった記述から脱却する

Q IPAの講評には，“問題文をなぞっただけの記述”とありますが，これを回避する方法を教えてください。

A 問題文の記述を基にして，そこから論旨を展開してください。

問題文の内容と論文の“結論”が同じ場合，問題文の記述をなぞっただけの記述と評価されます。それを回避するためには，問題文の記述を基に論旨を展開して，話を先に進めるようにしましょう。

（4）来年も受験する

Q 情報処理技術者試験で，以下の結果のとおり，不合格でした。

平成XX年度 X期　XX試験　成績照会

受験番号　XXXX-XXXX の方は，　不合格　です

午前Ⅰ得点 ***.**点

午前Ⅱ得点 72.00点

午後Ⅰ得点 75点

午後Ⅱ評価ランクB

初めての高度試験で，ここまでの結果を残せたのは，アイテックの合格ゼミに参加したお陰だと思っております。ありがとうございます。来年も参加しますのでよろしく，お願いします。

悔しいです。

午後Ⅱ評価ランク B ということで，私の力も今一歩足りなかったのでは，と思っています。来年は必ず合格を決めたいと思います。つきましては，ランク B の論文を再現して，今年度の添削論文とともに次年度のセミナに持参していただけると，より効果的，効率的に弱点を克服できると思います。

午後Ⅰ得点 75 点については立派だと思います。次回のセミナのときに，選択した問題をぜひ教えてください。なお，論述について 1 年間のブランクという状態を

回避するため，次回は，別の試験区分を受験してはどうでしょうか。論述力の維持・向上のためです。では，次回も，一緒にがんばりましょう。

第2部

論文事例

表　年度別 問題掲載リスト

<table>
<tr><th>年度</th><th>問番号</th><th>問題タイトル</th><th>著者</th><th>章</th><th>カテゴリ</th><th>ページ</th></tr>
<tr><td rowspan="5">R4</td><td rowspan="2">1</td><td rowspan="2">概念実証（PoC）を活用した情報システム開発について</td><td>岡山　昌二</td><td rowspan="2">1</td><td rowspan="2">企画</td><td>187</td></tr>
<tr><td>北條　武</td><td>192</td></tr>
<tr><td rowspan="2">2</td><td rowspan="2">業務のデジタル化について</td><td>岡山　昌二</td><td rowspan="2">3</td><td rowspan="2">開発（機能の設計）</td><td>263</td></tr>
<tr><td>満川　一彦</td><td>268</td></tr>
<tr><td>3</td><td>IoT,AIなどの技術進展に伴う組込みシステムの自動化について</td><td>北條　武</td><td>6</td><td>組込みシステム・IoTを利用したシステム</td><td>371</td></tr>
<tr><td rowspan="5">R3</td><td rowspan="2">1</td><td rowspan="2">アジャイル開発における要件定義の進め方について</td><td>岡山　昌二</td><td rowspan="2">2</td><td rowspan="2">要件定義</td><td>201</td></tr>
<tr><td>鈴木　久</td><td>206</td></tr>
<tr><td rowspan="2">2</td><td rowspan="2">情報システムの機能追加における業務要件の分析と設計について</td><td>岡山　昌二</td><td rowspan="2">3</td><td rowspan="2">開発（機能の設計）</td><td>275</td></tr>
<tr><td>長嶋　仁</td><td>280</td></tr>
<tr><td>3</td><td>IoTの普及に伴う組込みシステムのネットワーク化について</td><td>長嶋　仁</td><td>6</td><td>組込みシステム・IoTを利用したシステム</td><td>377</td></tr>
<tr><td rowspan="5">R1</td><td rowspan="2">1</td><td rowspan="2">ユーザビリティを重視したユーザインタフェースの設計について</td><td>岡山　昌二</td><td rowspan="2">3</td><td rowspan="2">開発（機能の設計）</td><td>287</td></tr>
<tr><td>鈴木　久</td><td>292</td></tr>
<tr><td rowspan="2">2</td><td rowspan="2">システム適格性確認テストの計画について</td><td>岡山　昌二</td><td rowspan="2">5</td><td rowspan="2">システムテスト・システム移行</td><td>345</td></tr>
<tr><td>北條　武</td><td>350</td></tr>
<tr><td>3</td><td>組込みシステムのデバッグモニタ機能について</td><td>満川　一彦</td><td>6</td><td>組込みシステム・IoTを利用したシステム</td><td>383</td></tr>
<tr><td rowspan="5">H30</td><td rowspan="2">1</td><td rowspan="2">業務からのニーズに応えるためのデータを活用した情報の提供について</td><td>岡山　昌二</td><td rowspan="2">2</td><td rowspan="2">要件定義</td><td>213</td></tr>
<tr><td>北條　武</td><td>218</td></tr>
<tr><td rowspan="2">2</td><td rowspan="2">業務ソフトウェアパッケージの導入について</td><td>岡山　昌二</td><td rowspan="2">3</td><td rowspan="2">開発（機能の設計）</td><td>299</td></tr>
<tr><td>鈴木　久</td><td>304</td></tr>
<tr><td>3</td><td>組込みシステムのAI利用，IoT化などに伴うデータ量増加への対応について</td><td>満川　一彦</td><td>6</td><td>組込みシステム・IoTを利用したシステム</td><td>389</td></tr>
<tr><td rowspan="4">H29</td><td rowspan="2">1</td><td rowspan="2">非機能要件を定義するプロセスについて</td><td>岡山　昌二</td><td rowspan="2">2</td><td rowspan="2">要件定義</td><td>225</td></tr>
<tr><td>北條　武</td><td>230</td></tr>
<tr><td>2</td><td>柔軟性をもたせた機能の設計について</td><td>満川　一彦</td><td>3</td><td>開発（機能の設計）</td><td>311</td></tr>
<tr><td>3</td><td>IoTの進展と組込みシステムのセキュリティ対応について</td><td>長嶋　仁</td><td>6</td><td>組込みシステム・IoTを利用したシステム</td><td>395</td></tr>
<tr><td rowspan="5">H28</td><td rowspan="2">1</td><td rowspan="2">業務要件の優先順位付けについて</td><td>岡山　昌二</td><td rowspan="2">2</td><td rowspan="2">要件定義</td><td>237</td></tr>
<tr><td>長嶋　仁</td><td>242</td></tr>
<tr><td rowspan="2">2</td><td rowspan="2">情報システムの移行方法について</td><td>岡山　昌二</td><td rowspan="2">5</td><td rowspan="2">システムテスト・システム移行</td><td>357</td></tr>
<tr><td>鈴木　久</td><td>362</td></tr>
<tr><td>3</td><td>組込みシステムにおけるオープンソースソフトウェアの導入について</td><td>満川　一彦</td><td>6</td><td>組込みシステム・IoTを利用したシステム</td><td>401</td></tr>
<tr><td rowspan="3">H27</td><td>1</td><td>システム方式設計について</td><td>岡山　昌二</td><td>3</td><td>開発（機能の設計）</td><td>317</td></tr>
<tr><td>2</td><td>業務の課題に対応するための業務機能の変更又は追加について</td><td>岡山　昌二</td><td>3</td><td>開発（機能の設計）</td><td>323</td></tr>
<tr><td>3</td><td>組込みシステム製品を構築する際のモジュール間インタフェースの仕様決定について</td><td>満川　一彦</td><td>6</td><td>組込みシステム・IoTを利用したシステム</td><td>407</td></tr>
<tr><td rowspan="3">H25</td><td rowspan="2">1</td><td rowspan="2">要求を実現する上での問題を解消するための業務部門への提案について</td><td>岡山　昌二</td><td rowspan="2">2</td><td rowspan="2">要件定義</td><td>249</td></tr>
<tr><td>長嶋　仁</td><td>254</td></tr>
<tr><td>2</td><td>設計内容の説明責任について</td><td>岡山　昌二</td><td>3</td><td>開発（機能の設計）</td><td>329</td></tr>
<tr><td>H24</td><td>1</td><td>業務の変化を見込んだソフトウェア構造の設計について</td><td>長嶋　仁</td><td>4</td><td>開発（ソフトウェアの設計）</td><td>337</td></tr>
</table>

企画

令和４年度 ▼ 問１
概念実証（PoC）を活用した情報システム開発について

近年，IoT，ビッグデータ，AI などに代表される新技術が登場しており，業務の効率化や品質向上を目的として，今まで使用したことがない技術を適用することが多くなっている。その際，その新技術を業務に適用する前に概念実証（PoC）を実施し，実現可能性や効果などを確認することが重要となる。システムアーキテクトは，仮説を立て，その仮説を検証するための情報システムを構築し，この情報システムを用いた仮説の検証方法を立案し，検証を行う。

例えば，製造業の製品外観検査業務で，外観検査員と同等の精度の検査を AI によって実現できるという仮説を立てた場合，実際に検査工程で用いる検査画像データ収集システムの画像データを利用して，次のような作業を行い効果を検証する。

・傷や付着物などの外観上の欠陥が存在する画像データと欠陥が存在しない画像データを収集し，外観検査員が行った合否判定結果を付与し，AI に学習させる。
・製品の外観検査を AI に実施させ，外観検査員の検査結果と照合して，AI の検査精度を測定する。
・AI が判定を誤ったデータに関して再度 AI に学習させ，検査精度を高めていく。

このとき，高い精度で判断できる経験豊富な外観検査員を参加させる，画像データの撮影条件を変更する，などの工夫をする。

検証結果を踏まえて，その技術の業務への適用可否を，効果やリスクなどから総合的に判断する。

あなたの経験と考えに基づいて，設問ア～ウに従って論述せよ。

設問ア　あなたが PoC を実施した情報システム開発において，どのような業務に，どのような目的で，どのような技術を適用しようとしたか。業務の概要，情報システムの概要とともに，800 字以内で述べよ。

設問イ　設問アで述べた情報システム開発で，どのような PoC を実施したか。設定した仮説，検証方法及び工夫とともに，800 字以上 1,600 字以内で具体的に述べよ。

設問ウ　設問イで述べた PoC からどのような検証結果を得たか。その結果から，業務への適用可否をどのように判断したか。判断した理由とともに，600 字以上 1,200 字以内で具体的に述べよ。

論文事例1

令和4年度　問1

岡山　昌二

設問ア

memo

第1章　業務及び情報システムの概要

1．1　業務の概要

　A社はビューティケア製品の製造・販売を行う化学品メーカである。A社は，アジア市場で売上げを伸ばしていることから，論述の対象となる輸出入業務における業務量は増加傾向にある。したがって，対象業務の特徴としては，輸出入システムへのデータ入力の正確性と書類が停滞しない効率性が求められているという点を挙げることができる。A社では，この正確性と効率性を実現するために，輸出入業務のデジタルトランスフォーメーション（以下，DXという）を推進することになった。

1．2　情報システムの概要

　論述の対象となる情報システムは輸出入システムである。輸出入システムのデータ入力担当者（以下，担当者という）の業務量を測定した結果，メールで受信した契約書のイメージファイルや船積書類から，引渡条件や保険に関する情報を輸出入システムに手入力している作業負荷が最も大きく，ボトルネックになっていることが分かった。

1．3　対象業務，目的及び適用した技術

　業務におけるボトルネックを解消するために，対象とした業務は，輸出入業務における輸出入システムへのデータ入力業務である。目的は，輸出入業務における効率性と正確性を向上させることである。適用した技術は，人がPC上で行う作業を記憶できるソフトウェア型の仮想ロボット（以下，ロボットという）とOCR技術である。

　私は，A社の情報システム部に所属するシステムアーキテクトの立場で，以下に述べるPoCを実施し設定した仮説を検証した。

memo

ここに注目！
難しい状況や対応の難しさを採点者に説明してから施策を論じることで，工夫をアピールしています。

設問イ

第2章　PoCの実施内容

2．1　PoCの概要

PoCは，情報システム部門と輸出入部門とが協力して実施した。私は，ロボットの動作を確認しながら修正開発とテスト検証繰り返すアジャイル型開発を採用することにした。

2．2　設定した仮説

PoCで確認する仮説は，“ロボットを活用することで人間と同等もしくはそれ以上の効率性と正確性が得られる”を設定した。最悪の場合は同等でも可とした。なぜならば，人に比べて，ロボットはPCの稼働台数を増やすだけで，並列稼働が容易に実現可能と考えたからである。なお，並行稼働台数の上限はあるが，それについては後述する。

2．3　検証方法及び工夫

ロボットは人が行う作業と同じように，ロボットが作業するように，ロボットを作成してデータ入力の効率性と正確性を検証する方法を採用した。

ただし，契約書をOCRで識別する識字率が低い場合，ロボットの作業に加えて，人手による修正作業が必要となり，効率性が人手よりも低下してしまうことが判明した。そこで私は，文字を識別できなかった場合の作業を洗い出してロボットで検証することにした。具体的には識別できない文字を，輸出入システムのマスタを検索したり，過去の契約書を照合したりして確認する方法をロボットの作業に加えることを，追加で検証するという工夫をした。

ロボットはPCの台数を増やせば，並列稼働により効率性が向上する。しかし，その場合，輸出入システムの応答性が低下して，ロボットの作業のみならず，従来型の人手で行う作業についても作業効率が低下する恐れがあった。そこで私は，テスト環境においてロボットを並行稼働させて，応答性に影響を与えない並列稼働台数の上限を検証した。その検証結果を基にして，テストと本番環境の処理能力差から，本番環境における並行稼働台数の上限を求めることにした。

memo

900字
1000字
1100字
1200字
1300字
1400字
1500字
1600字

設問ウ

memo

第3章　検証結果及び業務への適用可否判断と判断した理由

3．1　検証結果

PoCでは，輸出入システムへのデータ入力の正確性と書類が停滞しない効率性が求められているという対象業務の特徴を踏まえて，正確性と効率性という二つの観点から，検証結果を導いた。

正確性の観点については，誤動作や異常停止もなく，作業の自動化が実現できることが判明した。識字率については，OCR単体では期待値よりも低い状況であった。ただし，過去の契約書を参照するなど，ロボットとの連携によって識字率は上がり，入力作業の正確性は人手よりも向上したという検証結果を得た。

効率性の観点については，ロボットの並行稼働台数を上げることで，即時性が向上できるという検証結果であった。ただし，検証では，並行稼働台数の上限を設定するという制約条件が必要となることが判明した。

上限台数については十分に多く，問題となる値ではないと判断した。その結果，効率性についても，人手よりも向上したという検証結果を得た。

3．2　業務への適用可否判断と判断した理由

PoCを実施した結果，ロボットを活用することで人手と同等もしくはそれ以上の効率性と正確性が得られるという仮説は検証され，ロボットによる入力作業の自動化を業務に適用する案は採用される結果となった。このように判断した理由は，人手よりも正確性と効率性が向上する検証結果であった点を挙げることができる。

ただし，PoCを実施した結果，複数のロボットが連携して作業を行っている場合，一つのロボットの修正が他のロボットに影響を与え，輸出入業務が中断してしまうというリスクが判明した。そこで私は，①ロボットのソフトウェア作成ルールの文書化とその遵守，②情報シス

ここに注目！

設問で理由を問うているにもかかわらず，理由が明瞭な論文が多いです。この論文のように，設問で使われている“判断した理由”を使って明示的に論じるとよいです。

テム部門によるロボットのソフトウェアのレビュー，③輸出入システムの改修におけるロボットのソフトウェアへの影響調査の標準化，などを，要件定義を開始するための企画書に盛り込むようにした。

－以上－

memo

900字

1000字

1100字

1200字

論文事例２

令和４年度　問１

北條　武

設問ア

memo

第１章　私がPoCを実施した業務の概要，目的，情報システムの概要

１．１　PoCを実施した業務の概要と目的

X県Y市は，駅や空港からのアクセスが良く，人気の観光地が多くあるため，外国人を含めた観光客数が年々増加しており，観光の収益による地域活性化が図られてきている。そして，Y市としてはより効果的に収益を上げるため，各観光地への観光客数や滞在時間，移動ルートを詳細に把握し，多様化してきている観光客のニーズや嗜好を踏まえた，事業計画の立案が課題となっていた。

システム開発会社のA社は，この課題を解決するため，Y市観光協会，Y市に関連する企業と共同で，観光客の流れを可視化して分析するPoCを行うこととなり，A社に所属する私はシステムアーキテクトとしてこのプロジェクトに参画することとなった。

１．２　情報システムの概要

PoCを行うための情報システムの概要であるが，Y市内の観光施設や土産物販売店街，駅，バスターミナル，空港の交通拠点など，観光客が滞在するポイントにWi-Fiパケットセンサー（以下，センサー）と呼ばれるWi-Fiパケットを収集するセンサーを合計で50台設置して，各ポイントを訪れる観光客が所有するスマートフォン（以下，スマホ）から発信されるWi-Fiパケットに含まれているMACアドレスをリアルタイムに収集して，個人を特定できないよう変換して固有IDとして保存し，その保存したデータを分析する情報システムを構築することとなった。データの保存先はA社が管理するクラウド上の分析サーバーとし，このサーバー上で各種分析を行う。また，Wi-Fiパケットを収集するためには観光客が所有しているスマホのWi-Fi接続が有効である必要があるため，フリーWi-Fiステーションをセンサーの設置単位で配備することとした。

設問イ

memo

第2章　PoCの実施内容

2．1　仮説

センサーで収集したデータの分析結果に基づいて，各観光地への観光客数や滞在時間，移動ルートを把握できることとした。その根拠となるのが観光客のスマホの所有率となるが，調査結果を年代別に確認したところ，10・20代で約98%，30～50代で90%前後，高齢者の70代で80%弱，全体として約90%であり，仮設立案に向けては適切であると判断した。

2．2　検証方法と工夫点

(1)検証方法

データ分析についてであるが，センサーごとに収集したデータを固有IDに基づいて集計を行い，各ポイントの各時間帯における観光客数をグラフにより可視化することとした。滞在時間に関しては，固有ID別にセンサーが受信した最初と最後の時間から計測することとしている。また，移動ルートに関しては固有IDと取得時間を基にして，地図上に描画することとした。

検証方法についてであるが，Y市観光協会と打ち合わせを行い，過去の経験から想定できる観光客数，滞在時間，移動ルートを確認し，また各ポイントの平日，週末における観光客の状況も実際に確認して仮説を立てて，グラフ化と移動ルートの作成を行い，データ分析結果と比較することで検証することとした。

(2)工夫点

Y市観光協会と分析結果について週次で打ち合わせを行い，データ分析に関する不適切な点を確認して見直しを行い，精度を上げていくこととした。改善したおもな内容は以下のとおりであるが，3か月間繰り返した結果概ね仮説どおりの結果が得られるようになった。

①交通拠点のみで収集したデータの排除

駅，バスターミナル，空港の交通拠点のみで収集され

ここに注目！

どこかで，“～と考え”などと，専門家としての考えを基に施策を論じる展開を盛り込むと，更によくなります。

memo

900字
1000字
1100字
1200字
1300字
1400字
1500字
1600字

観光地では収集されていない固有IDを確認できたが，これは観光客でなく通過している人と判断し，排除することとした。

②重複データの排除

　仮説のデータ量に比べて，センサーが収集したデータの量は数倍であり異常に多かった。これは同じ固有IDを複数回カウントしていることが原因であった。グラフ化は15分単位としているため，15分単位で同一の固有IDは１回としてカウントすることとした。

設問ウ

第３章　PoCの検証結果と業務への適用可否の判断

３．１　PoCの検証結果

　最終結果についてY市観光協会とレビューを行ったが，仮説と９割程度の一致を確認でき，今後に向けてこのセンサーを利用した観光客の状況の把握は有効であると結論できた。把握できたこととしては，観光客数や滞在時間，移動ルートだけでなく，駅，バスターミナル，空港の交通拠点でもデータを取得していたため，観光客がどの交通手段を利用して訪れているのか，旅行会社のツアーによるルートや観光客数も算出可能であることも確認でき，事業計画の立案に大きく寄与できるものと判断した。

３．２　業務への適用可否の判断

　3.1の検証結果を踏まえ，またセンサーから分析サーバーへのデータ送信についてはPoCの期間中は送信エラーがなかったため，システム全体として技術的には業務への適用は可能であると判断した。

　また，今後はX県Y市だけでなく，各自治体への導入を積極的に進めていきたいと考えている。自治体における費用対効果についてであるが，自治体の負担として，センサーの導入やフリーWi-Fiステーションの配備には費用が掛かるが，観光客の流動量が把握できるため，土産物販売店舗での仕入数や観光施設における人の配備を効率的に行うことができることとなり，日々の作業の効率化が図られると共にデータの変化に基づいた事業計画の立案も可能であるため，自治体全体としては効果があると判断している。

　リスクについては，センサーからの個人情報の漏えいであるが，導入する自治体には個人を特定できないようデータの変換を行っていることを丁寧に説明し，システムアーキテクトとして自治体への導入を進めていくことで，A社のビジネス拡大を図っていきたいと考えている。

memo

ここに注目！

次節の業務への適用可否判断でも使っている“9割程度の一致”について，採点者は，その根拠などが気になると考えます。“9割程度の一致”と導いた過程の詳細を論じると，更によくなります。

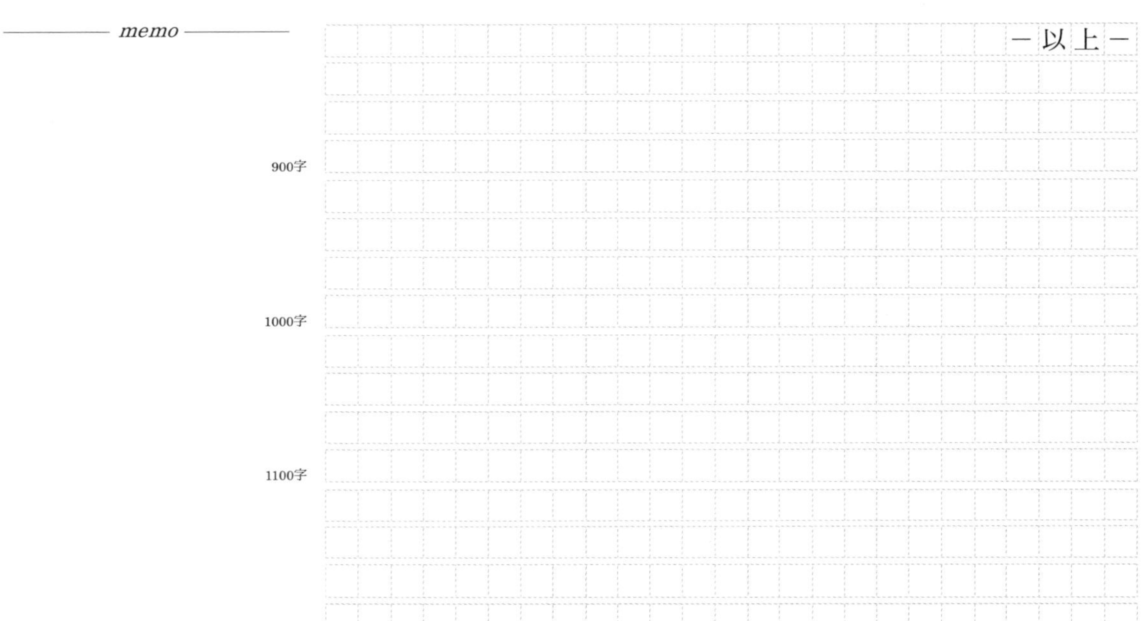

IPA発表採点講評

多くの論述で，検証の方法，工夫した内容について具体的に論述しており，実際に検証に携わった経験がうかがえた。一方で，仮説やPoCの内容を明確に述べていない論述も見受けられた。また，PoCの結果そのものの評価はおおむね論述できていたが，業務への適用可否の判断理由が曖昧な論述が散見された。システムアーキテクトは，情報システムに新技術を適用する際の仮説を明確に設定し，その仮説の検証方法を立案して検証作業を行い，業務への適用可否を判断することが求められる。設定した仮説を検証するための検証方法を事前に確立した上で検証作業を行い，適切に業務への適用可否を判断できるよう心掛けてほしい。

Memo

第2章

要件定義

令和３年度 ▼ 問１
アジャイル開発における要件定義の進め方について

情報システムの開発をアジャイル開発で進めることが増えてきている。代表的な手法のスクラムでは，スクラムマスタがアジャイル開発を主導する。システムアーキテクトはスクラムマスタの役割を担うことが多い。

スクラムでは，要件の“誰が・何のために・何をするか”をユーザストーリ（以下，US という）として定め，必要に応じてスプリントごとに見直す。例えば，スマートフォンアプリケーションによるポイントカードシステムでは，主な US として，“利用者が，商品を得るために，ためたポイントを商品と交換する”，“利用者が，ポイントの失効を防ぐために，ポイントの有効期限を確認する”などがある。

スクラムマスタはプロダクトオーナとともに，まず US をスプリントの期間内で完了できる規模や難易度に調整する必要がある。そのためには US を人・場所・時間・操作頻度などで分類して，規模や難易度を明らかにする。US に抜け漏れが判明した場合は不足の US を追加する。US の規模が大き過ぎる場合や難易度が高過ぎる場合は，操作の切れ目，操作結果などで分割する。US の規模が小さ過ぎる場合は統合することもある。

次に，US に優先順位を付け，プロダクトオーナと合意の上でプロダクトバックログにし，今回のスプリント内で実現すべき US を決定する。スクラムでは，US に表現される“誰が”にとって価値の高い US を優先することが一般的である。例えば先の例で，利用者のメリットの度合いに着目して優先順位を付ける場合，“利用者が，商品を得るために，ためたポイントを商品と交換する”の US を優先する。

あなたの経験と考えに基づいて，設問ア～ウに従って論述せよ。

設問ア　あなたが携わったアジャイル開発について，対象の業務と情報システムの概要，アジャイル開発を選択した理由を，800 字以内で述べよ。

設問イ　設問アで述べた開発において，あなたは，どのような US をどのように分類し，規模や難易度をどのように調整したか。分類方法を選択した理由を含めて，800 字以上 1,600 字以内で具体的に述べよ。

設問ウ　設問イで述べた US に関して，あなたは，どのような価値に着目して，US の優先順位を付けたか。具体的な US の例を交えて，600 字以上 1,200 字以内で述べよ。

論文事例1

令和3年度　問1

岡山　昌二

設問ア

第1章　対象の業務と情報システムの概要

1．1　対象の業務と情報システムの概要

　対象の業務は，ランニングウォッチなどの健康機器の製造・販売しているA社における，顧客健康増進業務である。当該業務では，健康増進機器を購入した顧客が使用する，スマートフォン内のアプリケーションソフトウェア（以下，スマホアプリ）を通じて，オンラインコミュニティを提供している。このコミュニティの活動方針は，顧客の健康増進の支援である。個人の体重などを扱うため，対象業務の特徴としては，プライバシーに留意する点を挙げることができる。

　対象となる情報システムは，スマホアプリを含むコミュニティシステムである。コミュニティシステムでは，掲示板機能や，顧客への健康指導機能などをもつ。今回，ランニングウォッチの新製品の発売に伴い，コミュニティシステムについても，アジャイル開発を採用して，新規に開発することが決定された。

1．2　アジャイル開発を選択した理由

　旧スマホアプリは，機能の実用性など，提供する“モノ”としての品質を重視した開発を行っていた。一方，新システムでは利用者の体験価値に着目し，新システムを通じて利用者の健康作りを重視する方針とした。

　したがって，アジャイル開発を選択した理由は，この開発手法を採用することで，新システムは一度にすべての機能を開発するのではなく，利用者からのフィードバック内容を分析し，改善を繰り返すことで，段階的に新サービスを充実させることができるからである。

　私はA社の情報システム部に所属するシステムアーキテクトの立場でスクラムマスタの役割を担当し，コミュニティシステムの要件定義を次のように実施した。

memo

100字 200字 300字 400字 500字 600字 700字 800字

ここに注目！

システムアーキテクトの立場，アジャイル開発における役割を明示している点がよいです。

設問イ

memo

ここに注目！

“以上が理由である”などと書いても何が理由なのか採点者に伝わらないことがあります。そこで箇条書きを活用して，理由を明示しています。

第2章　USの分類と規模や難易度の調整方法

2．1　USの分類及び分類方法を選択した理由

　要件定義では，業務要件をUSとして抽出して，付箋紙に書き出し，時間で分類することにした。この分類方法を選択した理由は次のとおりである。

　アジャイル開発では，段階的に機能を追加することが前提であるため，システムの全体像が見えなくなる傾向がある。そこで，USを付箋紙に書き出し，①横軸に時間軸をとりUSを並べることで，時間軸に沿って物語を作り込むことでUSに抜け漏れがあることが発見しやすくなる。②時間軸上に並べたUS群にシステムの全体像の役割をもたせることで，そのシステムにどのような機能が存在し，次のリリースにどのような機能が実装されるのか分かりやすくなる，というメリットが生まれる。以上の2点が分類方法を採用した理由である。

2．2　規模や難易度の調整方法

　時間でUSを分類して，顧客がログインした後の位置に，“有料の健康指導員は，顧客の健康増進のために，顧客に健康指導を行う”というUSが分類された。これについて，プロダクトオーナとともに，開発規模や難易度を評価した。その結果，オンラインコミュニティの基本料金徴収機能に加えて，追加の指導料金を顧客から徴収する機能が必要であることが判明し，開発規模がスプリント内で収まらないことが判明した。

　そこで，有料サービスは健康指導に加えて今後増えると考え，汎用的に使用できるチケットを使って有料サービスの代金を支払う形態を採用することにした。その結果，当該USを分割し，“有料の健康指導員は，顧客の健康増進のために，顧客に健康指導を行う”，“営業担当者は，顧客が有料サービスを受けるために，チケットを販売する”，“顧客は，有料の健康指導員から健康指導を受けるために，チケットを使用する”という三つに分

割し，各USがスプリント内に収まるようにした。
　USを時間軸で並べた結果，コミュニティの掲示板への書き込みを推進する仕組みが必要であることが判明した。仕組みとしては健康ポイントという，いわゆるポイントカードを採用することが効果的と考えた。そこで私は，“管理者は，掲示板への書き込みを奨励するために，掲示板に書き込んだ顧客に健康ポイントを付与する”，“顧客は，有料サービスを受けるために，健康ポイントをチケットに交換する”というUSを追加した。

memo

900字
1000字
1100字
1200字
1300字
1400字
1500字
1600字

設問ウ

memo

第３章　着目した価値及びUSの優先順位

３．１　着目した価値

　時間で分類してUSを横に並べ，縦にはUSの優先順位順に並べることとした。優先順に着目した価値を次に説明する。

①利用者のプライバシー

　プライバシーに留意するという対象業務の特徴を踏まえて，利用者のプライバシーにとって価値の高いUSを優先することにした。

②利用者の健康増進

　次に，利用者の健康作りを重視するというシステム化の方針を踏まえ，利用者の健康増進にとって価値の高いUSを優先することにした。

　以上の着目した価値を踏まえ，次のように優先順位を設定した。

３．２　USの優先順位

　最優先したUSとしては，“利用者は，プライバシーを保護するためにコミュニティの掲示板にアップロードする健康データを任意に選択できる”がある。これについては，最優先する“利用者のプライバシー”にかかわることを根拠に，初回リリース時に必須機能として実装することにした。

　次に優先したUSとしては“利用者はチケットと交換できるかを確認するために健康ポイントを管理する”というUSである。これについは，初回リリース直後に実装する優先順位とした。ただし，健康ポイントの機能については利用者にアナウンスしておく必要があると考え，掲示板などを通して利用者に周知するように計画した。

　優先順位の低いUSとしては，“有料の健康指導員は，顧客の健康増進のために，顧客に健康指導を行う”を設定した。理由は，利用者の健康増進にかかわるUSについては，利用者からの有料サービスへの関心を測った上で

ここに注目！

設問ウの前半で述べた着目した価値に沿ってUSの優先順位付けを行っている点に着目してください。

リリースする必要があると考えたからである。具体的には，先にリリースする無人チャットボットによる健康指導の活用状況を踏まえてリリースのタイミングを決定する必要があると判断した。

900字

－以上－

1000字

1100字

1200字

memo

論文事例2

令和３年度　問１

鈴木　　久

設問ア

1．携わったアジャイル開発

1．1　対象業務と情報システムの概要

　私は，食品製造業のＰ社の情報システム部に勤務するシステムアーキテクトである。今回取り組んだアジャイル開発事例は，受注管理システムの刷新である。対象業務は，顧客からの受注を受け取り，受注内容を記録管理するというものである。

　従来のシステムは，業務課の部門サーバでのシステムで，限られた部門内の端末でのみ入力や管理が行えるものであった。営業マンが，出先から即時に直接受注できることで，販売機会を逃さず対応の迅速化を目指せるように，また，繁忙期に他の部署が円滑に業務課の応援作業が行えるように，今回，全社サーバに移管するとともにタッチ入力を取り入れた入力の体裁を刷新し社内のどのパソコンでも，社外でモバイルからでも操作できるようにすることを目指した。停滞している全社売上向上につながるものと経営陣からの期待は大きく，早急に開発する必要があった。

1．2　アジャイル開発の選択理由

　今回の改修では，システムのユーザが多様な社員となる。様々な利用シーン，当該業務が専門でない社員がシステム操作を行うということ，しかも比較的高齢の社員が使用する可能性があることから，ユーザ要求は多種多様で追加開発や改善要求も頻発すると考えられた。そこで，ユーザの要望をとらえ，迅速に対応でき早期に完成させるアジャイル開発を選択した。

　Ｐ社情報システム部ではアジャイル開発は未経験であったが，今後の必要性も鑑み，取り組むことにした。

設問イ

2．ユーザーストーリーと規模や難易度の調整

2．1　ユーザーストーリーの分類

　今回の案件では，ユーザ要求が多岐にわたり，ステークホルダ間で利害が対立する，全く異なる側面で要求がなされることが考えられた。よって，ユーザーストーリーを明確にして，分類し，優先順位を確定して，関係者間で合意することが大切であると考えた。

　例えば，「担当者が，顧客の発注内容の不備を発見したい」「応援担当者が受注内容を誤りなく処理したい」「受注担当者が迅速に生産性高く処理件数を多くしたい」「営業担当者が外出先で簡単に入力したい」「高齢の担当者が入力内容を分かりやすく拡大して確認を確実に行いたい」などといったユーザーストーリーが，一部のユーザの関心事だったり，利害が相反したりする。この優先順位を相互理解し，開発を進めることが肝要であった。そのためには分類し，優先順位をつけることが求められた。そのベースにあるのが適切な分類をして規模，難易度を把握することである。

2．2　規模や難易度の調整

　多様なユーザーストーリーは作りこむ内容により，規模も難易度も異なってくる。設計要素として「システムの入力操作を快適に行うこと」「システムの出力結果を分かりやすくすること」「分析や集計の方法などまとめ方の仕様」が主要なものとしてあげられ，各ユーザーストーリーはそれぞれ何らかのかかわりがある。これらのかかわり方が複雑か単純かで難易度が変わってくる。

　規模についてはソフトウエアの見積もりの方法論があるが，難易度の判定は難しいといえる。単純な行数の多さでなく，ロジックを抽出するのに時間がかかったり，先例がないので，同類の二番手以降では負荷が軽くなったりといったことも考えられる。

2．3　分類方法の選択理由

memo

ここに注目！

設問にある“どのように調整”という問いに答えるように，調整に寄せて論じると，更によくなります。

memo

　そんな中，設計内容の複雑さを考慮してユーザーストーリーを分類した。３つの設計要素をどれだけ含有するかで複雑さを評価しグループ化した。根本的な難しさを端的に判断できるからである。優先度を考える際に，難易度を別の要素なしで単純に考慮することで合理的に判断できると期待できた。

設問ウ

3．ユーザーストーリーの優先順位付け

3．1　着目した価値

　優先度の高いユーザーストーリーからスプリントにかけてゆく。そこで，規模や難易度が小さいものを最優先とした。つまり難易度が低い，比較的簡易なユーザーストーリーを先に作りこむことで早く出来高が増え，すぐに評価が行えて開発が進捗し，関係者を含め開発者の意気もモチベーションも高めることができると判断できたからである。

　実際，開発効率の観点で非常に順調に開発を進める形となったが，営業部門から優先順位を変えてほしいという要望を受けた。それは，顧客や事業の状況から早期に対応して早期にリリースしてほしいというものである。このような要望を受けて対応すべきと考えた私は，結局，優先順位付けに加味すべき価値と判断し，優先度の決定に考慮することとし対応した。

3．2　具体的な事例

　具体的には，「大きな受注に対して，担当者は，顧客と交渉し代替案を検討し，双方納得した受注を受ける」というユーザーストーリーに対してのものである。設計要素が3つとも深く含まれ複雑さが高く優先度を下げていたが，最近顧客ともめることが事業で多くあり，対応を早く行ってほしいという要望が高まっていたのである。従来，開発の段階で何らかの機能仕様の凍結があり，フィックスされたものを作りこむというやり方をしていたので，この対応については，開発側の中ではインパクトが強かった。

　こうしたビジネス要求で開発スケジュールに影響して対応するのは，アジャイルの一つの意味ではないかと考えている。そういう信念のもとで，関係者を説得し開発を行うように尽力した。臨機応変の対応により，利用側からは非常に支持され，事業に貢献できたと考えている

memo

ここに注目！

例えば，“着目した価値は利用者のメリットである”，“着目した価値は，開発者のモチベーションである”などと，設問で問うている内容に明示的に論じると，更によくなります。

memo

今後は，その他，事例の状況に応じて適宜優先順位を見直して柔軟に対応していくことを踏まえて，アジャイル開発を行うべきと思っている。

－以上－

900字

1000字

1100字

1200字

IPA発表採点講評

アジャイル開発におけるユーザストーリ（以下，USという）の規模や難易度の調整と価値に基づく優先順位の決定について，具体的に論述することを期待した。適切な論述では，USの分類，規模や難易度の調整，価値に基づく優先順位付けについて具体的に述べていた。一方で，具体的なUSやその価値について言及しておらず，一般的な仕様や機能の要件定義について述べている論述や，USの規模や難易度は論述されていても，その調整について具体的に述べられていない論述など，求められている趣旨に沿って適切に論述できていないものも散見された。システムアーキテクトは，USの抽出・調整・優先順位付けなどのアジャイル開発の手法を利用し，アジャイル開発を主導することを心掛けてほしい。

Memo

平成 30 年度 ▼ 問 1

業務からのニーズに応えるためのデータを活用した情報の提供について

近年，顧客の行動記録に基づき受注可能性が高い顧客像を絞り込む，宣伝方法と効果の関係を可視化するなどの業務からのニーズに応えるために，データを活用して情報を提供する動きが加速している。

このような場合，システムアーキテクトは，業務からのニーズを分析した上で，どのような情報を提供するかを検討する必要がある。

例えば，スーパマーケットのチェーンで，"宣伝効果を最大にしたい"というニーズから，宣伝媒体をより効果的なものに絞り込むための情報の提供が必要であると分析した場合に，次のような検討をする。

・対象にしている顧客層に宣伝が届いている度合いを測定するための情報はどのようなものか

・宣伝の効果が表れるタイミングと期間を測定するための情報はどのようなものか

検討の結果から，"男女別／年齢層別の，来店者数のうち購入者数の占める割合が，特定の宣伝を実施した後の時間の経過に伴い，どのように推移したか"を情報として提供することにする。

また，このような情報の提供では，来店者数のデータがない，年齢層の入力がされていないケースがあるなどの課題があることも多い。そのため，発行したレシート数に一定の数値を乗じた値を来店者数とみなす，年齢層が未入力のデータは年齢層不明として分類するなど，課題に対応するための工夫をすることも重要である。

あなたの経験と考えに基づいて，設問ア～ウに従って論述せよ。

設問ア　あなたが携わった，業務からのニーズに応えるためのデータを活用した情報の提供は，どのようなものであったか。ニーズのあった業務の概要及びニーズの内容，関連する情報システムの概要とともに，800 字以内で述べよ。

設問イ　設問アで述べた情報の提供では，ニーズをどのように分析し，どのような情報の提供を検討したか。800 字以上 1,600 字以内で具体的に述べよ。

設問ウ　設問イで述べた検討で，情報の提供においてどのような課題があったか。また，その課題に対応するためにどのような工夫をしたか。600 字以上 1,200 字以内で具体的に述べよ。

論文事例1

平成30年度　問1

岡山　昌二

設問ア

memo

第１章　業務概要とニーズの内容及び情報システム概要

１．１　ニーズのあった業務の概要とニーズの内容

　A社は，全国に90店舗をもつ子供服チェーン店であり，今後，新たな業態の展開を行うために，利益管理の強化に行うことになった。ニーズの対象となった業務は，費用配賦業務（以下，当該業務という）である。 100字

　A社は店舗ビル内に，子供服部門，マタニティ用品部門，ベビー用品部門など複数の部門の売場をもっている。 200字 当該業務では，例えば，A社の関連会社から店舗ビルの賃貸を受けており，関連会社にビル全体の家賃の金額を，店舗ビルを使用している部門に，部門の売場面積の割合，すなわち部門別売場面積の割合で各部門に配賦している。 300字 このような部門別売場面積の割合など配賦基準は，部門別売上高の割合などに，変更可能である。したがって，対象業務の特徴としては，配賦基準が適時変更されるという点を挙げることができる。 400字

　今回，子供服部門などの各部門のシニアマネージャから，"広告宣伝費を，宣伝効果を基に配賦したい"というニーズが出された。

１．２　関連する情報システムの概要 500字

　関連する情報システムは費用配賦システムである。現在，広告宣伝費は，各店舗の部門で発行したレシート数を来店者数とみなして，その来店者数を基に，広告宣伝費を各店舗の部門に配賦している。 600字

　実際に売場に立つと，追加で購入する，すなわち，一人で複数のレシートを受け取る来店者も多い。そのため，レシート数を基に，来場者を推定して，その来場者数を基に，広告宣伝費を各店舗の部門に配賦してしまうと， 700字 配賦金額の正確性の観点から問題があると指摘されていた。

　私はA社の情報システム部門に所属するシステムアーキテクトの立場で，次のようにしてニーズに対応した。 800字

設問イ

memo

ここに注目！

設問の「どのように分析し」という問いに答えるために，趣旨にある「宣伝の効果が表れるタイミング」に沿って論旨を展開しています。

第2章　ニーズの分析方法及び提供した情報

2.1　ニーズの分析方法

“広告宣伝費を，宣伝効果を基に配賦したい”というニーズから，分析方法として，まず，宣伝効果についての定義を行うこととした。

そこで，宣伝効果が表れる期間を分析することにした。実際の来場者にヒアリングを行った結果，宣伝効果が表れるタイミングは宣伝直後からであることが判明した。同様に，宣伝効果が薄れるタイミングが宣伝終了から3日後であることが判明した。したがって，宣伝効果が表れるタイミングは，宣伝開始直後から宣伝終了3日後までとした。

次に宣伝効果を測定する指標となるものを分析した。実際に子供が買物をすることは可能であるが，実際には親が支払う。更に両親以外にも祖父母が支払うケースもある。したがって，宣伝効果を測定する指標として，20歳から75歳までの男女の来場者数とした。

2.2　提供した情報

以上の分析を踏まえ，まず，次の①と②を算出することにした。

①宣伝開始直後から宣伝終了3日後までの間の20歳から75歳までの男女の来場者数

②宣伝前の20歳から75歳までの男女の来場者数（ただし，カウントする日数は①に合わせる）

“①－②”の値が，宣伝効果によって増えた部門の来場者数である。ただし，ゴールデンウィークと平日など，時期的な問題もある。期間にゴールデンウィークが含まれると，人数に大きな変動がある。これについては各店舗の部門にとっては平等な条件と考え，費用配賦の面では問題ないとした。

“①－②”の値が各店舗の部門ごとの宣伝効果として考えることができるため，広告宣伝費を“①－②”の割

memo

合で各店舗の部門に配賦すればよいと考えた。したがって，提供すべきと考えた情報は，“各店舗の部門ごとの宣伝効果によって増加した20歳から75歳までの男女の来場者数”である。

900字
1000字
1100字
1200字
1300字
1400字
1500字
1600字

設問ウ

memo

ここに注目！

対応の難しさを採点者に説明してから施策を論じることで，工夫を強調しています。

第3章　情報提供における課題と工夫

3．1　情報提供における課題

“各店舗の部門ごとの宣伝効果によって増加した20歳から75歳までの男女の来場者数”を情報提供する方法が課題となった。

POS端末において，顧客の年齢などを入力してもらう方法もあるが，現実的ではない。更に，POS端末では，購入者であり，来場者数をカウントできないという問題があった。

3．2　課題に対応するための工夫

調査員を各店舗の部門に配置して，実際に調査員によってカウントしてもらう方法を検討した。①宣伝効果を測定するだけなので，何日もかけて調査する必要がない，②配賦に必要な情報なので厳密な精度は必要としない，以上二つの理由により，特定の店舗に絞り込んで測定して，それを全国の店舗に適用する方法も現実的である。

一方，調査員を各店舗に配備する方法は，来場者に不安感を生じさせてしまう，という問題がある。SNSなどで拡散されると，社会問題になりかねない。

そこで私は，顔認証技術を活用した，来場者カウントサービスを利用することにした。顔認証技術によって，来場者を二重カウントせずに，性別，年齢などを分類しながら，カウントできるからである。

昨今，万引き発見の観点から，売場に監視カメラが設置されていることは一般的に知られた事実である。監視カメラに来場者カウントサービスを連動させることで，追加投資も抑えられると考えた。

“各店舗の部門ごとの宣伝効果によって増加した20歳から75歳までの男女の来場者数の割合”を提供するコンポーネントを費用配賦システムに追加することで，ユーザのニーズを満たした。

なお，顔認証による来場者カウントは，全店舗で実施

せず，店舗をランダムに選択してカウントすることでランニングコストを抑えることが今後の課題である。

－以上－

memo

900字

1000字

1100字

1200字

論文事例２

業務からのニーズに応えるためのデータを活用した情報の提供について（1/5）

平成30年度　問1

北條　武

設問ア

memo

第１章　私が携わった業務の概要，業務からのニーズ，関連する情報システムの概要

１．１　業務の概要

　Ａ社はスポーツクラブを経営している大手の会社であり，日本全国に店舗を展開している。各店舗では会員向けにジムやプールを整備し，レッスンカリキュラムや会員個々のトレーニングプランを作成して日々運営している。また，各店舗では，新規会員の獲得や既存会員の維持に向けた活動も日々の作業として取り組んでいるが，実施方針や具体的なやり方については，本社にある会員促進部で検討しており，各店舗では会員促進部の決定事項に基づいて実施しなければならない。

１．２　業務からのニーズ

　会員促進部の喫緊の課題は，競合他社に負けないよう新規入会者数を増加させることであり，具体的なニーズは“効率的に新規会員数を増やしていきたい”であった。新規会員を増加させていくには，各種媒体での宣伝や体験チケットの販売などのやり方を検討する必要があるが，それを効果的に実施しないと稼働や費用がかさむ割には効果が出ず，経営目標を達成できないこととなる。

１．３　関連する情報システムの概要

　Ａ社の情報システムは，情報システム部で全て構築しており，会員管理システム，入退管理システム，スタッフ勤怠管理システム，宣伝管理システムなどで構成されている。今回の業務のニーズに関連するシステムは，入会理由を含めた会員情報を管理している会員管理システムと宣伝やキャンペーン情報を管理している，宣伝管理システムである。私はＡ社情報システム部のシステムアーキテクトであり，会員促進部と連携して会員数促進部の課題に取り組むこととなり，情報システムを活用した情報の提供を検討することとなった。

設問イ

第２章　業務からのニーズの分析と情報の提供

　業務である会員促進部のニーズは，“効率的に新規会員数を増やしていきたい”ということであるが，私がシステムアーキテストとして取り組んだ業務からのニーズの分析と情報提供の検討は次のとおりである。

２．１　業務からのニーズの分析

　会員促進部に会員が入会するプロセスを確認すると，各種広告媒体からスポーツクラブに関する情報を知り得た興味のある方から問い合わせがまずあり，その後にスポーツクラブの見学を行い，費用面を含めて納得された方が入会するという流れであった。

　次に広告媒体について具体的に確認したところ，新聞への折り込みチラシやポスティングチラシ，駅内や電車内の中吊りポスター，Web広告，SNSなどであり，入会キャンペーンや期間限定のプロモーションを行っている。

　情報収集として活用している広告媒体の種類は年齢層では異なり，また興味があるキャンペーン情報としては男女でも異なるため，広告媒体それぞれにおいてターゲットとしている方が興味を持っていただく情報を掲載しないと，スポーツクラブの見学までに至らないということとなる。したがって，掘り下げ後の課題としては“どのような媒体にどのようなプロモーション情報を掲載すれば効果があるのか”とし，情報の提供について検討することとした。

２．２　情報提供の検討

　掘り下げ後の課題である“どのような媒体にどのようなプロモーション情報を掲載すれば効果があるのか”の課題解決に向けて把握をできる情報の提供を検討することとなるが，それと同時に改善のアプローチに繋がる情報も提供する必要がある。業務からのニーズの分析を基に，以下の情報の提供が必要であると考えた。

・年齢別，男女別にどのような広告媒体，キャンペーン

memo

ここに注目！

このような情報の提供が必要と考えた根拠を採点者にアピールするように論じると，更によくなります。

memo

情報を基にして足を運んでくれているのかの情報
・改善の効果を時系列で把握できる情報
・足を運んだ人の入会率

“足を運んだ人の入会率”に関しては，課題の解決と直接的には関係しないが，参考情報として必要であると判断した。

これらの情報について，会員管理システム，宣伝管理システムのデータベースから抽出することを検討することとした。また，表示方法としては，状況を把握し易いようにグラフにより可視化の検討を行い，男女別に広告媒体とキャンペーン情報についてのグラフ化を行い，横軸は年齢と実施時期の切り替え表示，そして縦軸は左に足を運んでくれた人数，右に入会率として，棒グラフと折れ線グラフで識別することで，必要な情報を網羅しつつ，分かり易く表示できると考えた。

設問ウ

第3章　情報提供における課題と対応

3．1　情報提供における課題

グラフ化して表示する情報については，会員管理システム，宣伝管理システムのデータベースから抽出することで検討を進めてきたが，来店はしたが会員とはならなかった人の情報については，紙類での記録としては残されているがデータ化はされていないため，データ抽出に向けてそのデータ化の実現が課題であると判明した。また，その情報のデータ化やグラフ表示の際に，同じ人の情報が重複しないよう工夫する必要があると認識した。

3．2　課題への対応

(1)会員とはならなかった人の情報のデータ化

来店はしたが会員とはならなかった人の情報のデータ化に向けて，データベーススペシャリストと検討を進めたところ，データベースに関しては新たにテーブルを設ける必要はなく，会員テーブルに候補者フラグを追加することで対応することとし，入力については見込み会員来店記録画面を新たに設けて，入力できるようにすることとした。

なお，運用としては対応した担当者が，来店のきっかけとなった広告媒体，キャンペーン情報をヒアリングして入力し，年齢などヒアリングをしても確認できない項目については担当者の判断で入力することとした。

(2)重複データの排除

見込み会員来店記録画面から，同じ人の情報を重複して入力しないよう検討を進めたが，同じ人が複数回来店し，対応した担当者が違う場合は防止することが難しいと判明した。したがって，グラフ表示する際は同姓同名の人は同じ人であると機械的に判断し，初回訪問時の情報を利用することとして，重複データを排除することとした。また，見込み会員が会員となった際は，その見込み顧客として登録したデータの精度を向上させていくこ

memo

ここに注目！

「一般的には氏名と電話番号を使って個人を識別する方法を採用する。なぜ，電話番号も使わなかったのか」と採点者は考えるかもしれません。そのような考えが生じないように表現を工夫すると，更によくなります。

memo

とこととし，会員管理のデータと見込み会員のデータでも重複とならないよう，会員登録時の処理を見直すことで対応することとした。

－以上－

900字
1000字
1100字
1200字

IPA発表採点講評

営業マーケティングなどの一般的な分野からAIによる業務判断など，幅広いテーマで論述されていた。本問では，どのようなデータ活用のニーズをどのように分析し，どのような情報を提供したか，提供に際しての課題にどのような工夫をして対応したかについての具体的な論述を期待した。多くの論述は具体性があり，実際にデータを活用した情報提供に携わった経験がうかがえた。一方で，情報提供のニーズではなく機能追加に関する論述，業務からのニーズではなくシステム開発の一環としての情報提供に関する論述，分析を伴わず求められた情報をそのまま提供しただけという論述も見受けられた。システムアーキテクトは，業務からの漠然としたニーズを分析し，それを具体化する能力が求められる。業務とシステムの両面からの視点が重要なことを理解してほしい。

Memo

平成 29 年度 ▼ 問 1
非機能要件を定義するプロセスについて

情報システムは，非機能要件の考慮漏れによって重大な障害を引き起こすことがある。非機能要件とは，信頼性を含む品質要件，運用・操作要件など，機能要件以外の要件のことである。利用者は非機能要件を明確に認識していないことが多いので，システムアーキテクトは，利用者を含む関連部門へのヒアリングによって必要な情報を収集する。収集した情報を基に，業務及び情報システム両方の視点から非機能要件を検討し，検討結果を意思決定者に提示し，判断してもらう。

例えば，信頼性要件の場合，次のようなプロセスで検討する。

・リスクを洗い出し，想定される損失並びに事業及び業務への影響を分析する。
・分析結果に基づき，目標とすべき復旧時間を設定する。
・設定した復旧時間を達成するための情報システムの実現方式を具体化する。

その際，前提となるシステム構成，開発標準，システム運用形態など，非機能要件を定義するに当たって制約となる事項を示した上で，例えば次のように，意思決定者に判断してもらうための工夫をすることも必要である。

・複数のシステム構成方式について，想定される損失と，対策に必要なコストの比較を示す。
・信頼性を向上させるためにデュアルシステム方式にすると効率性の指標の一つであるスループットが下がる，といった非機能要件間でのトレードオフが生じる場合，各非機能要件の関係性を示す。

あなたの経験と考えに基づいて，設問ア～ウに従って論述せよ。

設問ア　あなたが要件定義に携わった情報システムについて，対象業務の概要と情報システムの概要を，800 字以内で述べよ。

設問イ　設問アで述べた情報システムについて，どのような非機能要件を，業務及び情報システム両方のどのような視点から，どのようなプロセスで検討したか。検討した結果とともに，800 字以上 1,600 字以内で具体的に述べよ。

設問ウ　設問イで述べた非機能要件の検討の際，意思決定者に判断してもらうためにどのような工夫をしたか。600 字以上 1,200 字以内で具体的に述べよ。

非機能要件を定義するプロセスについて（1/5）

論文事例1

平成29年度　問1

岡山　昌二

設問ア

memo

第１章　対象業務及び情報システムの概要

１．１　対象業務の概要

　対象となる業務は，ゴルフ練習場を経営するＡ社における施設使用料金の精算業務である。Ａ社では，練習場の使用料金，各種施設の料金が発生する都度，伝票を作成して，帰りに利用者が現金で支払うようにしていた。顧客が帰る際に伝票の収集が滞ると料金請求漏れが発生していた。そのような請求漏れを防ぐことをシステム化の目的に挙げ，開発が決定した。

　当該システムの稼働後，Ａ社の練習場では，入場時にリストバンドを渡される。リストバンドのICタグにはIDが埋め込まれている。練習場には，食堂，各種マッサージ，売店などの施設があり，施設のサービスを受けた際に，ICタグに料金が積算されることになる。積算された料金は練習場から帰る際，リストバンドの返却時に精算となる。

　対象業務の特性としては，当該システムの稼働後はキャッシュレスサービスシステムに依存するため，システム停止に備え，業務達成のための代替手段を事前に計画・訓練する必要があるという点を挙げることができる。

１．２　情報システムの概要

　このキャッシュレスサービスシステムの主な機能としては，練習場の基本料金を徴収する基本料金徴収機能，食堂などの各種施設の利用料金をリストバンドのICタグに書かれたIDに積算する施設利用料金積算機能，リストバンドのICタグのIDを読み取り，積算された料金を精算する精算機能がある。このシステムが稼働しないと利用者から料金を徴収できないことから，情報システムの特性として，高い可用性が求められるという点を挙げることができる。

　私は当該システムの開発を請け負ったシステム開発会社Ｂ社に勤務するシステムアーキテクトである。

設問イ

memo

第2章　非機能要件の検討

2.1　検討した非機能要件

　情報システムの停止時の代替手段を事前に計画・訓練する必要があるという対象業務の特性を踏まえ，システム停止時の「運用性」を検討すべき非機能要件とした。加えて，高い可用性が求められるという情報システムの特徴を踏まえ，「信頼性」を検討すべき非機能要件とした。

2.2　業務及び情報システムの視点からの検討プロセス

　検討プロセスでは，まず，業務の視点から信頼性について検討し，目標稼働率が決まった段階で，情報システムの視点から情報システムのシステム方式を検討した。業務及び情報システムの視点からの検討プロセスを次に示す。

⑴ビジネスインパクト分析

　業務の視点から，広域災害などを想定して，業務に与える影響を分析した。その結果，広域災害については，システムの稼働の緊急性は低いことが判明した。なぜならば，広域災害発生時は，練習場の安全性が確保できないために営業自体ができず，システムの稼働は不要と判断したからである。

ここに注目！

業務の視点からは業務に与える影響の分析，情報システムの視点からはクラウドサービスの利用を検討していることを明示的に論じています。

⑵目標稼働率の設定

　ビジネスインパクト分析に基づいて，当該システムの目標稼働率を検討した。目標稼働率とコストとはトレードオフになる点に留意する必要がある。詳細は第3章で論じる。

⑶システム方式の設定

　次に，情報システムの視点から，目標稼働率や，非機能要件である本稼働後の運用性を踏まえて，オンプレミスか，クラウドサービスの利用かを検討した。クラウドサービスの運用性は，障害発生時の対応など運用部門に

memo

おける要員教育の必要があるため，運用性は高いと言えない部分がある。そこで，クラウドサービスの利用を視野に入れたオンプレミス環境でシステムを運用することとした。 900字

　オンプレミスにおけるシステム構成は目標稼働率などを踏まえて検討する必要がある。その結果，仮想サーバを実装できる物理サーバを2台構成にし，障害発生時には，物理サーバ単位でフェールオーバさせ，目標稼働率 1000字 を達成できるシステム構成とした。

(4)システム停止時の代替手段の概要策定

　システムへの依存度が高いという対象業務の特徴を踏まえ，この点について検討した結果，システム停止にお 1100字 ける代替手段は手作業で行うように策定した。

２．３　検討した結果

　以上の業務及び情報システムの視点からの検討プロセスを経て次の結果を得た。 1200字

(1)目標稼働率は99%～99.9%として，オンプレミスでサービスを開始。クラウドサービスへの移行も視野に入れる。

(2)システム構成は物理サーバの2台構成としてクラスタ 1300字 リングを行うことで目標稼働率を達成する。

(3)システム停止時は手作業でサービスを代替する。

　ただし，(3)において，当該システムが停止するまでにシステムに蓄積した施設利用料金の扱いが問題となった。 1400字 なぜならば，システムが停止しているため，既に発生した料金データをシステムから取り出すことが難しいからである。そこで私は，損害金額と発生確率から期待損害額を算出した。更に費用対効果を計算した結果を基に， 1500字 既に発生してシステムから取り出すことが難しいデータに起因するリスクは，無視することを要件に盛り込むことにした。

1600字

memo

設問ウ

第３章　意思決定者に判断してもらうための工夫

３．１　コスト制約に基づいた非機能要件の検討

　ビジネスインパクト分析に基づいて，当該システムの目標稼働率を検討した結果，目標稼働率を99%～99.9%に設定する必要があった。意思決定を行うA社の経営側にしてみれば，目標稼働率は高いほどよい。しかし，この目標稼働率を経営者に納得してもらうことは難しいことが想定できた。

　なぜならば，目標稼働率とトレードオフの関係にあるのは，コストである。そこでコスト制約を踏まえて，目標稼働率について，意思決定者に判断してもらうことが課題となった。

３．２　意思決定者に判断してもらうための工夫

　システム構成などにコストを掛ければ，システムの稼働率は高くなる。ただし，費用対効果という面では適切とは言えない。そこで私は次の工夫を行い，経営者に判断してもらうことにした。

(1)初期コストと運用コストを目標稼働率ごとに提示

　具体的には，目標稼働率を達成できるシステム構成別に，初期コストと運用コストの対比表を作成して経営者に判断してもらうことにした。具体的には，稼働率99%，99.9%，99.99%のケースを提示して意思決定を支援した。ただし，この表だけでは，設定した目標稼働率の妥当性を示すための客観性が不足しているという課題があった。

(2)非機能要求グレードに基づく目標稼働率の妥当性の提示

　設定した目標稼働率の客観性については，IPAが公開している非機能要求グレードにある稼働率の設定指針に基づいて，設定された目標稼働率の妥当性を示すことにした。当該システムは企業の基幹システムであるため，99%～99.99%であれば妥当であることを意思決定者に

ここに注目！

困難な状況からのブレークスルーを盛り込むことで“工夫”をアピールしています。

示し，その妥当性を説明した。
　このような工夫を行うことで，意思決定者に目標稼働率99.9％を選択してもらい，この稼働率に見合ったシステム構成，コストで，システム開発をスケジュールどおりに進捗することができたと判断する。 900字

－以上－

1000字

1100字

1200字

memo

論文事例2

平成29年度　問1

北條　武

設問ア

memo

第１章　私が要件定義に携わった情報システムの対象業務の概要と情報システムの概要

１．１　対象業務の概要

Ｈ社は，テレビ，カメラ，パソコン，冷蔵庫などの家電製品の安売り販売を行う家電量販店を，首都圏を中心に全国規模で展開しており，業界上位を常に争っている。

Ｈ社の業務は家電製品をメーカから安く仕入れ，ネット販売を含めて販売し，その売行きに基づいて店舗では発注，仕入を行い，定期的に商品の棚卸を行う。また，本社では売上情報を基に経営戦略を立案している。情報システムの対象業務はネット販売を含めた売上業務，各店舗での商品の発注業務，仕入業務，棚卸業務，本社での経営管理業務である。

１．２　情報システムの概要

Ｈ社はこれまで基幹システムを構築し，先に述べた業務の効率化を図ってきたが，ハードウェアの老朽化に伴い，システムを更改することとなった。更改システムが具備する機能は，これまでの既存業務を支援する機能に加えて，競合他社に負けないよう，本社で行うビッグデータ分析業務を支援する機能である。

要件定義工程で日々の処理概要が概ね固まりつつある。各店舗の各フロアに整備されたPOSレジで売上処理を行い，売上データは各店舗内に整備されたPOSサーバに一時蓄えられ，毎日の締め時に基幹サーバにまとめて送信される。また，各店舗ではPCから基幹サーバに接続して，発注処理，仕入処理，棚卸処理を行う。ネットでの販売はWebサーバとAPサーバによって実現され，販売データはAPサーバを経由して基幹サーバにリアルタイムに送信される。経営分析に関しては，負荷を考慮して経営分析サーバを基幹サーバと別に設けることとし，本社ではPCからこの経営分析サーバに接続して，ビッグデータ分析を含めた経営分析処理を行う。

設問イ

第２章　非機能要件の検討プロセス

　私はこの更改案件を受注したSI事業会社X社のシステムアーキテクトであり，非機能要件を担当することとなった。本論文では「信頼性」の検討プロセスについて述べる。

２．１　業務の視点からの検討

　システムの信頼性設計を検討するに当たり，対象業務の影響度を把握して決定していく必要がある。なぜならば，システムが停止した際の業務の影響度に基づいて，適切で費用対効果の高い信頼性方式を採用するためである。対象業務は先に述べたとおり，ネット販売を含めた売上業務，各店舗での商品の発注業務，仕入業務，棚卸業務，本社での経営管理業務である。業務別にリスク評価を行うこととし，それぞれの業務が停止した際の被害額，社会への影響，業務の実行頻度を考慮して影響度を把握し，逆算して業務停止許容期間を算出することとした。

　被害額としては，システムが停止した際の直接的な対応工数と間接的な売上機会損失の二つが考えられるが，信頼性設計を進めるに当たっては，事業への影響を把握したいため，売上機会損失に限定することとし，風評被害に基づく長期間の売上損失も加味することとした。

　H社へのヒアリング内容を含めてリスク評価を実施し，影響度を５段階評価（大きいほど高い）で示すこととした。ネット売上業務は影響度が最大の「５」で業務停止許容期間は０（なし），店舗売上業務は影響度が「４」で業務停止許容期間は０（なし），発注業務と仕入業務は影響度が「３」で業務停止許容期間は１日，棚卸業務と経営管理業務は影響度が「２」で業務停止許容期間は７日となった。

２．２　情報システムの視点からの検討

　次に情報システムの視点からの検討となるが，システ

memo

ここに注目！

なぜ“信頼性”なのかを，設問アで述べた内容を受けて論じると更によくなります。

memo

ム構成と対象業務を関連付け，業務停止許容期間を基にシステム停止許容時間を算出し，適切な信頼性設計を進めていくこととした。その結果，各サーバの信頼性設計の考え方は次のとおりとなった。

①Webサーバ，APサーバ

　ネット売上業務は業務停止許容期間が0であり，風評被害による長期売上損失の可能性があるため，ミッションクリティカルな構成である必要がある。両サーバは通信機器を含めてそれぞれ複数台整備することとし，負荷を考慮した負荷分散クラスタ構成とすることとした。また，基幹サーバが停止した際はAPサーバから売上データをリアルタイムに送信できないが，蓄積送信機能をアプリケーションで実現する方式を検討していくこととした。

②基幹サーバ

　基幹サーバに関係する業務は売上業務，発注業務，仕入業務，棚卸業務である。売上データの送信は，各店舗のPOSサーバから1日1回であり，APサーバには蓄積送信機能を設ける予定である。また，発注業務，仕入業務，棚卸業務の業務停止許容期間を併せて考慮すると，基幹サーバのシステム停止許容時間は最大で1日となるが，過去の実績からシステム停止許容時間が1日であればコールドスタンバイでも十分に対応できると判断した。

③POSサーバ

　店舗での売上データをリアルタイムに蓄積するが，POSレジには売上蓄積機能が単体でもあるため，仮にPOSサーバが停止しても店舗での売上業務は停止しないため，信頼性設計の対象外とした。

④経営分析サーバ

　本社での経営管理業務は7日間停止できる。したがって，更改の目玉の機能ではあるが，信頼性設計としては対象外とした。

設問ウ

第3章　非機能要件の検討における意思決定者の判断に向けた工夫点

　要件定義工程の終盤に信頼性設計のレビューをH社と行い，意思決定者に判断を仰ぐこととなった。

　そのレビューに向けて工夫した点は，業務別のリスク評価とそこから導かれる情報システムの信頼性設計をマッピングする資料を作成することである。なぜならば，この手順を踏んで設計を着実に進めてきたことを明確に主張したかったこと，そして何より対象業務を出発点としていることから，事業継続計画的なアプローチであるため，説得力があると考えたからである。そこで，分かりやすいように，システム構成図をベースにした資料を作成することとし，そのシステム構成図上に関連する対象業務をマッピングさせ，信頼性設計の結果が各業務の業務停止許容期間をカバーできていることを，図を用いて視覚で訴えることとした。

　業務停止許容期間から導かれたシステム停止許容時間に対して検討した信頼性設計の妥当性については，X社の過去の実績や専門雑誌等に掲載されている一般事例を用いて妥当であることを説明した。特にシステム停止許容時間が1日である基幹サーバに対して，コールドスタンバイ方式を提案した。X社でサービスを既に開始している，同規模でコールドスタンバイ方式を採用しているシステムの障害時の対応手順とタイムチャートを示し，実績があることを訴えて理解していただいた。

　次に，費用対効果についてである。負荷分散クラスタ構成，ホットスタンバイ構成，ウォームスタンバイ構成，コールドスタンバイの各構成について，機器を含めた構築費用とシステム運用フェーズでの運用保守費用を合計したトータル費用を算出し，併せてシステム停止から復旧までの平均時間，一般的な選択事例を記載した表を用いて，今回の更改における各サーバの信頼性設計が，費

memo

ここに注目！

専門家としての“考え”を基に，施策をアピールしています。

memo

用対効果としても高いということを示し，納得していただいた。
　システム更改後，情報システムに起因したインシデントからH社のビジネスに影響のある事象は発生していない。費用対効果を含めて高い評価を得ているため，今回の信頼性設計は適切であったと確信している。

－以上－

900字
1000字
1100字
1200字

IPA発表採点講評

どのような非機能要件を，業務及び情報システム両方の視点からどのようなプロセスで検討したか，それを第三者に説明する際にどのような工夫をしたかについての具体的な論述を期待した。多くの論述は，具体性があり，実際に要件定義に携わった経験がうかがえた。一方で，業務との関連性が乏しい論述や，非機能要件の検討ではなく実現方法の検討に終始した論述も見受けられた。また，意思決定者への説明に関する工夫を問うたにもかかわらず，説明した内容だけを述べており，工夫に触れていない論述も見受けられた。システムアーキテクトには，業務及び情報システムの両方の視点から非機能要件を含む要件定義を行い，それを分かりやすく第三者に説明することが求められる。要件の検討に加えて，検討結果を分かりやすく説明することも心掛けてほしい。

Memo

平成 28 年度 ▼ 問 1
業務要件の優先順位付けについて

情報システムの開発における要件定義において，システムアーキテクトは利用者などとともに，提示された業務要件を精査する。その際，提示された業務要件の全てをシステム化すると，コストが増大したり，開発期間が延びたりするおそれがある。そのため，システムアーキテクトは，業務要件のシステム化によって得られる効果と必要なコストや開発期間などから，例えば次のような手順で，提示された業務要件に優先順位を付ける。

1. 業務の特性や情報システムの開発の目的などを踏まえて，組織の整備や教育訓練などの準備の負荷，業務コスト削減の効果及び業務スピードアップの度合いといった業務面での評価項目を設定する。また，適用する技術の検証の必要性，影響する他の情報システムの修正を含む開発コスト及び開発期間といったシステム面での評価項目を設定する。
2. 業務の特性や情報システムの開発の目的などを踏まえて，評価項目ごとに重み付けをする。
3. 業務面，システム面でのそれぞれの評価項目について，業務要件ごとに定量的に評価する。このとき，定性的な評価項目についても，定量化した上で評価する。
4. 評価項目ごとに付与された重みを加味して総合的に評価し，実現すべき業務要件の優先順位を付ける。

あなたの経験と考えに基づいて，設問ア〜ウに従って論述せよ。

設問ア　あなたが要件定義に携わった情報システムについて，その概要を，情報システムの開発の目的，対象の業務の概要を含めて，800 字以内で述べよ。

設問イ　設問アで述べた情報システムの要件定義で，業務要件をどのような手順で評価したか。その際，どのような評価項目を設定し，どのような考えで重み付けをしたか。800 字以上 1,600 字以内で具体的に述べよ。

設問ウ　設問イで述べた評価手順に沿って，どのような業務要件をどのように評価したか。また，その結果それらの業務要件にどのような優先順位を付けたか。幾つかの業務要件について，600 字以上 1,200 字以内で具体的に述べよ。

論文事例1

平成28年度　問1

岡山　昌二

設問ア

第1章　情報システムの概要

1．1　情報システムの開発の目的

　A社は，ロボットなどの産業用機械メーカであり，全国に点在するA社グループの販売代理店を通じ，法人顧客に対して，A社製品の販売・保守を行っている。A社グループでは，製品に関する顧客からの不具合の連絡，クレームなどを含む問合せ（以下，問合せという）をグループ全体で一元的に管理する問合せ管理システムの開発が決まった。

　現在，問合せの内容はA社グループ内で共有できておらず，①過去の対応内容を類似の問合せへの対応に生かすことができていない，②問合せが急増している製品を早期に把握して改善を図ることができていない，などの問題があった。それらを受け，情報システムの開発の目的としては，“顧客サービスの向上と製品の品質改善”が設定された。

1．2　対象業務の概要

　顧客は，A社製品に問題が発生した場合，代理店へメールや電話等で連絡する。連絡を受けた代理店の担当者は，顧客からの問合せ内容を詳細に確認する。即座に解決できる問合せは，その場で解決し，解決できない場合は，A社の製品部門に連絡する。製品部門の担当者は，決定した対応策を代理店と顧客に通知する。なお，安全性にかかわる重大な問題の場合は，代理店側で品質問題報告書を作成して，直ちに製品部門に報告している。対象業務の特性としては，安全性にかかわる問題が発生した場合は迅速に対応する点，及びステークホルダが多いという点，である。

　私はA社情報システム部のシステムアーキテクトの立場で，業務要件の膨張に留意して，問合せ管理システムの要件定義を次のように実施した。

memo

100字
200字
300字
400字
500字
600字
700字
800字

memo

ここに注目！
設問アで述べた“対象業務の特性”を踏まえることで，一貫性をアピールしています。

設問イ

第2章　業務要件の評価手順及び評価項目と重み付け

2.1　業務要件の評価手順

業務要件の肥大化を予防するために，要件定義の最初の計画において，私は，①評価項目の設定，②評価項目の重み付け，③定量的な評価，④優先順位付け，という手順で業務要件を評価することを計画した。

ただし，ステークホルダが多いという対象業務の特性を踏まえると，要件定義書へのユーザ承認が難航することが想定できた。そこで私は，これらの手順をあらかじめユーザ側に説明して承認を得ることにした。特に②評価項目の重み付けについては，ステークホルダの所属部署によっては不満が出ると考えた。なぜならば，自分の部署からの要求の重要度が下がることを嫌うと考えたからである。そこで私は，「システム開発の目的を達成する」という観点から，評価項目の重み付けしたこと，このような重み付けをすることが，目的の達成には不可欠であること，をステークホルダに説明することで，ユーザからの同意を得ることに成功した。

2.2　設定した評価項目と重み付け

評価項目としては，A社システム開発標準をひな形とし，業務面とシステム面から設定した。そのうち，特に重視した業務面からの評価項目の設定について，次に述べる。

設定した評価項目のうち業務面については，安全性にかかわる問題が発生した場合は迅速に対応するという特性を踏まえて，「安全性への寄与」を評価項目とした。加えて，顧客サービスの向上と製品の品質改善という開発の目的を踏まえて，開発の目的を達成するために直ちに必要となるか，という評価項目として「開発目的達成における緊急性」を設定した。

設定した評価項目のうちシステム面については，A社システム開発標準のひな形にある「システム開発規模」

memo

を評価項目とした。ただし，この項目については，精度を確保することが困難である。そこで，既存システムの開発時の開発規模を参考にして，開発規模の精度を高めることとした。

重み付けについては，「安全性への寄与」を最も高くした。このように考えた理由は，「製品の品質改善」というシステム開発の目的に合致しているからである。具体的には，万一，安全性にかかわる問題が放置され事故が発生した場合，顧客からの信頼を失い，A社製品の需要が激減することになる。

次に，「開発目的達成における緊急性」を高く重み付けした。このように考えた理由は，例えば，重要な要求であっても，必要となる要件の時期が1年後であるような“行政機関に提出するための年次報告書に関する要求”のような書類については，緊急性の低い要求にすべき，と考えたからである。

設問ウ

memo

第3章　業務要件の優先順位及び優先順位

3．1　業務要件

　要件定義では，特に次に挙げる業務要件を論議の対象とした。

①問合せ情報のアクセスコントロール

　システムに登録した問合せを，問合せを受け付けた代理店，その他の代理店，A社製品部門間で，適切にアクセスコントロールしたい。

②利用者認証の共通化

　基幹システムで使用している利用者IDとパスワードを，問合せ管理システムでも使えるようにしたい。

③基幹システムとシステム間連携

　基幹システムで使用している製品マスタが頻繁に更新されるので，問合せ管理システムでも最新の情報を反映してほしい。

　これらの要件を次のように評価した。

3．2　業務要件の評価方法と優先順位

　評価項目については，要件定義のメンバによって5段階に評価して重み付けを行い，合計を求めて優先順位付けを行った。

　業務面からの評価項目である「安全性への寄与」については，「①問合せ情報のアクセスコントロール」を最も高い評価とした。適切なアクセスコントロールによって，必要な部署への迅速な情報の開示が重要と考えたからである。

　業務面からの評価項目である「開発目的達成における緊急性」については，「③基幹システムとシステム間連携」を低い評価とした。基幹システムは，現在，再構築中で半年後にリリース予定であり，基幹システム側の仕様が固まっていないからである。そのため，仕様が固まった後に，システム間連携を実現すればよいと考え，緊急性が低いと判断した。

ここに注目！

優先順位付けについて“考え”や“根拠”を示しています。

memo

　システム面からの「システム開発規模」という評価項目については，業務要件ごとに5段階に定量化した結果，各業務要件について，ほぼ同程度の評価となった。

　優先順位付けの結果としては，順位が高い順に，①問合せ情報のアクセスコントロール，②利用者認証の共通化，③基幹システムとシステム間連携，となった。

－以上－

900字
1000字
1100字
1200字

論文事例2

平成28年度　問1

長嶋　仁

設問ア

memo

1－1　情報システムの概要

私が要件定義に携わった情報システムは，病床数220のT病院の病院情報システムである。本システムは，大きく分けて電子カルテ，医事会計，オーダリング，事務支援の四つから構成されており，私が所属するK社が2年前に開発・納入したものである。

T病院では，他に検査，画像管理，放射線管理などの様々なシステムが稼働しており，本システムとの間において必要なデータ連携を実現している。

1－2　情報システムの開発の目的

本論文では，本システムの保守開発における要件定義について述べる。2年前の新規導入は，老朽化した旧システムのリプレースを目的としていた。T病院の移転に合わせての短期導入が求められ，標準システムを活用し，カスタマイズを最小限に抑えた。

そして，本システムの導入から2年が経過し，当初の企画段階で合意されていた保守開発に着手することになった。保守開発の目的は，「良質な医療を患者様に提供する」というT病院の経営理念を実現するための，情報システムや院内の業務プロセスの改善である。

1－3　対象の業務の概要

改善の対象となる業務は，本システムが支援する広範囲の院内業務であるが，提示された業務要件にかかわるものとしては，次のような業務がある。

- 検診業務：健康管理室の業務で，一般検診や人間ドックなどの予約管理，当日の検査等の実施，後日の結果通知や健康管理指導などを行う。
- 受付会計業務：医事課の業務で，外来受付や外来及び入院に関する会計事務を行う。
- 医療計画業務：医局及び看護部の業務で，入院患者の在院日数の短縮を重視して，患者ごとの医療計画を作成する。

設問イ

2－1　業務要件の評価手順

　本システムの保守開発の要件定義においては，T病院の各部門から多くの業務要件が提示されていた。そこで，私は業務要件に優先順位を付けるために，次の手順で評価を行った。

(1)業務面及びシステム面での評価項目を設定する。
(2)評価項目に重み付けする。
(3)業務要件ごとに評価項目を定量的に評価する。
(4)評価結果に基づいて業務要件に優先順位を付ける。

2－2　評価項目の設定

　業務面での評価項目は，担当窓口の医事課との協議を踏まえて，次の三つとすることを提案して承認された。

・患者満足度（業務品質）の向上の度合い
・職員満足度（業務支援度）の向上の度合い
・業務コストの削減の効果

　T病院では，検診利用者を含む患者満足度を定期的に調査している。患者満足度は，診察の待ち時間，医師による十分な説明，院内環境などの様々な要素に関連する。そして，それらの要素を業務品質と捉えた。また，職員満足度は，業務負荷の低減度合いや要求実現などの要素に関連し，これを業務支援度と捉えた。さらに，病院経営を継続させるためには適正な利益確保が必要で，事務作業のコスト削減や人員不足への対応などに関する効果も重要な評価項目になる。

　システム面の評価指標は，次の二つとした。

・開発コスト
・技術的な実現可能性

　開発コストは，T病院の予算内に収めることが求められる。また，前述のように，本システムは他のシステムや装置との連携や接続があるので，技術的に実現が容易であることも重要だと考えた。

2－3　評価項目の重み付け

memo

100字
200字
300字
400字
500字
600字
700字
800字

ここに注目！

趣旨にある“業務面での評価項目”と“システム面での評価項目”について，明示的に論じています。

memo

評価項目の重み付けでは，保守開発の目的であるT病院の経営理念の実現を第一にすることを提案した。業務要件は，各部門から提示されており，その部門にとっては重要なものである。そこで，病院全体としての改善効果を考慮して重み付けをすることによって，関係者の合意を得ることを目指した。

業務面の評価指標については，良質な医療を提供するという観点から，患者満足度の向上の度合いに最も重みを付けた。T病院では，職員満足度の向上も重視しており，続いて，職員満足度の向上の度合いの重み付けを高くした。業務コストの削減の効果は，主に事務作業が対象になるため，重み付けは最も小さくした。

システム面の評価指標については，実際にはシステム要件定義において，より明確になることを考慮した。そのため，業務要件の優先順位付けにおいては，開発コストが極端にかかる場合や，技術的な実現可能性に大きな課題がある場合に，優先順位を下げる評価指標として適用することにした。

設問ウ

memo

3－1　業務要件の評価

医事課から提示された業務要件のうち，次の三つの業務要件について述べる。

①検診業務について，当日の検査実施の順番管理を自動化して，待ち時間を短縮する。

②外来会計業務について，自動精算機を導入して会計待ち時間を短縮する。

③医療計画業務について，電子カルテや検査システムのデータを分析活用できる仕組みを実現する。

これらの業務要件ごとに，設問イで述べた評価項目について，私が経験のある５段階スコアリング法によって定量的な評価を行った。スコアは，－２ポイントから＋２ポイントまでの５段階で，要件定義のメンバが自分のスコアを発表し，意見交換しながらスコアを合意する。

具体例として，②の外来会計への自動精算機導入を説明する。患者満足度の評価では，待ち時間という要素について＋１，職員満足度の評価では，業務負荷の低減について＋２，金額間違いの防止よる業務品質の向上について＋１となった。業務コストの削減の評価では，手作業を機械に置き換えるので＋２と評価した。また，システム面の評価では，他の病院システムでも実績があることから，大きな課題はなく±０とした。

ここに注目！
スコアの合意について具体的に論じている点がよいです。

3－2　業務要件の優先順位付け

３－１で評価した結果は次のようになった。

①検診業務の要件：レビューにおいて，IT化の前に受診者案内などの手順の見直しによる改善が有効という意見が出た。そのため，患者満足度が－１，職員満足度が－２，業務コストが－２となった。

②外来会計の要件：前述のように患者満足度が＋１，職員満足度が平均＋1.5，業務コストが＋２となった。

③医療計画の要件：在院日数の短縮という効果は未知数として，患者満足度は±０，医局スタッフの強い要望

memo

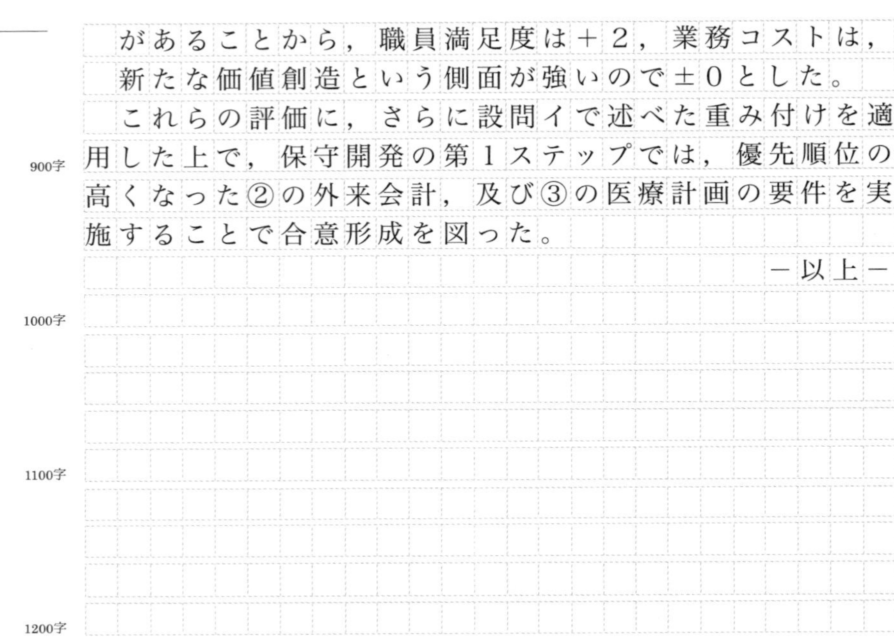

があることから，職員満足度は＋2，業務コストは，新たな価値創造という側面が強いので±0とした。

これらの評価に，さらに設問イで述べた重み付けを適用した上で，保守開発の第1ステップでは，優先順位の高くなった②の外来会計，及び③の医療計画の要件を実施することで合意形成を図った。

－以上－

IPA発表採点講評

どのような評価のプロセスと評価項目で業務要件の優先度を評価したか，また情報システム開発の目的に沿った重み付けをしたか，を具体的に論述することを期待した。評価のプロセスと評価項目については，多くの受験者が論述できていた。一方で，情報システムの開発の目的と評価項目・重み付けの間の関連が分からない論述や，業務要件ではなくシステム要件を評価している論述も多かった。システムアーキテクトには，情報システムの開発目的を理解した上で，業務要件と情報システムの両面から分析することが求められる。情報システムだけでなく，業務要件と情報システムの両面からの分析能力を高めてほしい。

Memo

平成 25 年度 ▼ 問 1
要求を実現する上での問題を解消するための業務部門への提案について

情報システムの開発における要件定義では，業務を担当する部門（以下，業務部門という）からの要求を，どのように情報システムを活用して実現するかを検討する。しかしその過程で，次のような，要求を実現する上での問題が発生する場合がある。

・処理時間が長くなり，求められる時間内に終了しないことが明白である。
・データを必要なタイミングで取得できない。
・コストに見合った効果が得られない。

システムアーキテクトは，このような問題を解消又は軽減するために，コストや納期と，業務上の効果とを総合的に検討した上で，業務部門に，例えば次のような提案をする。

・処理時間が長くなる場合，業務に影響の少ない範囲で月次処理の一部を事前に行うなど，業務処理の単位を見直して，情報システムで対応する。
・経費関連の数値が月次でしか取得できない場合，日次決算では実績から算出したみなしの数値を利用するという業務ルールを提示し，情報システムもこれに対応する。
・コストに見合った効果が得られない場合，一部の業務機能をシステム化の対象から除外し，情報システムによらない対応策を提示する。

また，提案の際，業務部門が提案の採否を判断しやすいように，コストや納期に加えて，業務の特性及びシステム化の目的を踏まえた評価項目などを提示し，業務上の効果について，提案を採用する場合としない場合とを対比することも重要である。

あなたの経験と考えに基づいて，設問ア～ウに従って論述せよ。

設問ア　あなたが携わった情報システムの要件定義について，その概要を，開発の背景，対象の業務，業務部門からの要求を含めて，800 字以内で述べよ。

設問イ　設問アで述べた要件定義で，要求を実現する上でどのような問題が発生したか。また，その問題を解消又は軽減するために，業務部門にどのような提案をしたか。業務や情報システムでの対応を中心に，800 字以上 1,600 字以内で具体的に述べよ。

設問ウ　設問イで述べた提案の中で，業務部門が提案の採否を判断しやすいように提示した評価項目などと，提案を採用する場合としない場合とを対比して評価した業務上の効果，及びその評価結果について，600 字以上 1,200 字以内で具体的に述べよ。

論文事例 1

平成 25 年度　問 1

岡山　昌二

設問ア

memo

第 1 章　要件定義の概要

1．1　開発の背景

A 社は「自家用車によるアクセスが便利」を特徴とした大都市郊外中心に店舗をもつスーパー銭湯チェーンであり，全国40箇所にスーパー銭湯を展開している。顧客の大半はリフレッシュ目的であり，常連客が多いという特性がある。

顧客から利用時に収集しているアンケート，A 社のホームページ，SNS から収集したデータを顧客満足度ポートフォリオ分析などにかけた結果，銭湯やマッサージの設備や備品は高い評価を得ているが，接客についての評価は低いことが判明した。そのような状況で，来年，スポーツクラブを手掛けているB 社がスーパー銭湯を順次オープンさせる予定になっており，顧客離れが懸念されている。以上が接客業務支援システムの開発の背景であった。

1．2　対象の業務

対象の業務は接客業務である。接客サービスを行う店舗のフロント係や店舗の電話対応係で構成される。対象の業務の特性としては，各種銭湯設備の次に，顧客満足度に影響力のある業務という点を挙げることができる。

1．3　業務部門からの要求

A 社では，①競争激化による顧客離れを防ぐために接客業務を改善して顧客満足度を向上させリピート率を上げる，②新規顧客の獲得人数を増やして売上増をねらう，③接客業務の負荷を軽減して人件費を削減する，などをシステム化の目的とした。そのうち，接客業務を改善して顧客満足度を向上させるという業務部門からの要求を実現するために，私はシステムアーキテクトとして，次のように考え，要求を実現する上で障害となる問題の解消策を業務部門へ提案した。

100字　200字　300字　400字　500字　600字　700字　800字

設問イ

memo

第2章　要求を実現する上で発生した問題を解決するための業務部門への提案

2．1　要求を実現する上で発生した問題

　業務部門からの要求を踏まえ私は，接客サービスを行うフロント係や電話対応係に対するヒアリングや，現状業務の調査をし，業務の改善すべき点を洗い出す作業を行った。具体的には，①ヒアリングから挙がった業務の改善すべき点を分類して，②業務の改善すべき点を原因と結果の因果関係で整理し構造化して，③真の業務の改善すべき点を抽出する作業を行った。その結果，店舗の退場時の料金精算に顧客を待たせるという，真の業務の改善すべき点が明らかになった。

　対応策を検討したが，今までの料金精算手順では，料金の精算や支払に時間がかかり，従来の情報システムの対応だけでは，どうしても料金精算時に顧客を待たせる時間（所要時間）を目標値の2分以内に短縮できないという問題が発生した。

2．2　業務部門への提案内容

　今までの料金精算手順では料金精算時に顧客を待たせる時間を短縮できないという問題に対して私は，次の解決案を検討した。

①ハードウェアの強化などによる“更なる短縮案”

　自動釣銭機や，領収書の印刷のための高速プリンタなどハードウェアの導入による所要時間短縮を案として挙げた。更に業務での対応として，サインレスのカード払いの導入による，更なる料金精算の所要時間の短縮を策定した。

②業務での対応として料金の前払制案

　料金精算で待たされる状況の背景には，夕方の繁忙時間帯に料金精算が集中することが挙げられる。そこで私は，スーパー銭湯では入浴料金だけを支払う顧客が多い点を踏まえ，入浴料金の前払制を提案することとした。

なぜならば，前払制によって業務量が平準化され，夕方の繁忙時間帯に料金精算にかかわる業務量が集中することを回避できると考えたからである。

これらの2案をコスト面，納期面，業務上の効果の面から，次のように検討した。

①コスト面

ハードウェアの増強などによる“更なる短縮案”は，ハードウェアの費用が必要となるためコスト面での優位性は少ない。一方，料金の前払制案も，従来の仕事の手順が大幅に変更となるので，その分，システムの開発規模が増えると考え，コスト面では同等と判断した。

②納期面

ハードウェアの増強などによる“更なる短縮案”は，納期面での影響は少なく優位性は高い。一方，料金の前払制案は，業務手順の大幅な変更によってシステムの開発規模が増え，納期面で優位性は低いと考えた。ただし，両者の差は小さいと判断した。

③業務上の効果

料金の前払案は，料金精算時間の短縮には効果があり，待ち行列理論を使ったシミュレーションの結果，所要時間が2分以内になることが確認できた。一方，“更なる短縮案”は，目標値である2分以内をどうにか達成できる程度であった。

以上の検討の結果，“接客業務を改善して顧客満足度を向上させ既存顧客のリピート率を上げる”という要求の実現のためには業務上の効果を特に重視する必要があると私は考え，料金の前払制を業務部門に提案することを決めた。

memo

ここに注目！

「～と考え」という表現を使うと採点者が読みやすくなります。

設問ウ

memo

第3章　評価項目と評価結果

3．1　業務部門が提案の採否を判断しやすいように提示した評価項目と評価結果

　料金の前払制を業務部門に提案するに当たり，私は提案の採否を業務部門が判断しやすいように，“更なる短縮案”と対比して評価するようにした。その際，コストや納期面で評価項目に加えて，私は次の評価項目を加え評価した。

①顧客満足度への影響力

　顧客満足度に影響力のある業務という対象の業務の特性を踏まえて，顧客満足度への影響力という評価項目を加えた。

　評価結果としては，過去の顧客満足度の分析結果を活用すると，前払制案は，平均で10段階評価の5から7に上がることがシミュレーションできた。一方，“更なる短縮案”は5から6に上がるシミュレーション結果となった。

②人件費の削減効果

　私は，接客業務の負荷を軽減して人件費を削減するというシステム化の目的を踏まえて，評価項目として，人件費の削減効果を加えることとした。評価結果として，前払制案は料金精算時の係員を店舗当たり1名減らせることが判明した。“更なる短縮案”については店舗当たり1名の削減効果は期待できない評価結果となった。

　このようにして評価項目と評価結果を業務部門に提示して，私は業務部門が提案の採否を判断しやすいようにした。

ここに注目！

対象業務の特徴などを踏まえて論旨展開することも重要です。その際，「～という」と書いて簡潔に引用することがポイントです。

3．2　業務上の効果と評価結果

　評価項目に加えて私は，前払制案という提案を採用する場合と，前払制案を採用せずに“更なる短縮案”を採用した場合を対比して業務上の効果を業務部門に示すことにした。

memo

具体的には，業務上の効果を，それぞれのケースにおけるリスクの例とその大きさを挙げることで，業務部門に提供するようにした。例えば，評価結果として，前払制案を採用せずに“更なる短縮案”を採用した場合は，システムに障害が発生した場合や高速プリンタに障害が発生した場合において，料金精算時間帯に業務が集中して，手作業による業務の継続ができないというリスクが大きいことを業務部門に示した。

一方，評価結果として，前払制案を採用した場合では，システム障害やプリンタ障害時において，手作業による業務の継続面や代替プリンタ手配の容易さなどの面で有利となり，リスクを抑えることが可能であることを業務部門に示した。

以上のようにして私は，業務部門に提案の採否の判断をしやすいように評価項目と評価結果を示した。

－以上－

論文事例2

平成25年度　問1

長嶋　　仁

設問ア

memo

1－1　情報システムの要件定義の概要

　携わった情報システムは，ホームセンターを運営するA社の販売管理システムである。業務部門からの要求は，A社の経営企画部によってまとめられた。

　システムを開発する背景は，POSレジの老朽化と商品回転率の低下であった。既存のPOSレジは8年間使用されており，故障の発生が多くなっていた。また，A社では，商品の単品管理が不十分で，商品数の増加に伴って，滞留して死に筋となる商品が増え，商品回転率が低下していることを問題と考えていた。そこで，POSレジの更新とともに，商品管理にかかわる業務を見直し，品揃えを改善して利益率の向上を図ることにした。

　対象の業務は，店舗の現場業務，仕入部の商品発注業務，営業部の販促業務である。店舗の現場業務としては，棚出しや棚割り，倉庫移動，棚卸といった作業を見直しの対象とした。商品発注業務は，従来，店舗ごとの担当者が販売や在庫の状況を見て経験に基づいて行っていた。販促業務では，チラシや店頭のPOPによるマスプロモーションを行っていた。

　業務部門からの要求には，POSレジの更新に加えて，本論文で述べる要件定義に関連して，次のような項目があった。

- 全ての商品を単品管理する。入荷及び販売に加えて移動も管理して，商品の所在を把握する。
- 商品単位に加えて，顧客単位で販売実績を管理する。
- ポイントカードを用いた特典サービスを開始する。
- 顧客の個人情報を保護し，プライバシに配慮する。

　私は，要件定義から開発プロジェクトに参加し，はじめに業務部門からの要求の内容と期待効果を確認して，続いて要件仕様としてまとめる作業を行った。

設問イ

2－1　要件定義において発生した問題

要求を実現する上で発生した問題は，コストとセキュリティの観点における要求の衝突である。

(1)コストの問題

営業部の要求には，既存の販売管理システムでは一切行われていなかった，顧客の管理が挙げられていた。顧客情報の登録参照といった業務で使う機能に加えて，個人情報として安全に保護するためのセキュリティ機能の実装や運用を含めたトータルコストは，当初の予算を超えることが想定され，私は調整が必要だと考えた。

(2)セキュリティの問題

経営企画部からは顧客の個人情報を保護し，更にプライバシにも十分に配慮したいという要求が出ていた。一方，営業部の要求には，顧客ごとの購入履歴情報を利用して，クーポンを発行したりダイレクトメールを送付したりするパーソナルプロモーションの実現が挙げられていた。私は，安全管理のための措置を実装してもリスクは残留し，また，購入履歴情報に基づくダイレクトメールなどをプライバシの侵害と感じる顧客が出ることが想定されるので，調整が必要だと考えた。

2－2　問題を解消するための業務部門への提案

衝突する要求の二つの観点には関連があり，いずれも顧客の個人情報の管理に起因することがポイントと言える。私は，要求に対する追加のヒアリングや業務部門のメンバを招集して協議を行った。そして，最終的に，次に述べるような顧客の特性に着目した層別の管理や業務の見直しを提案した。

まず，顧客の個人情報はこれまでと同様に保持しないこととした。その代わり，業務としては，これまでの商品ごとの管理を強化した全商品の単品管理に加えて，個人を特定することはできないが，IDで識別する顧客ごとの分析を行う。要求内容と変わる業務は営業部の販促業

memo

100字 200字 300字 400字 500字 600字 700字 800字

ここに注目！

ステークホルダ間の対立を解消するために提案するという展開は趣旨にはないですが，問題ありません。

memo

務で，個人を対象とするパーソナルプロモーションではなく，カテゴリに分類した顧客を対象とする層別プロモーションになる。当初の要求とは異なるが，従来のマスプロモーションからは一歩踏み込んだ業務に進化する。

　情報システムでの対応としては，ID-POSシステムの構築を提案した。ポイントカードの識別IDをキーとして，蓄積したPOSデータをIDごとに集計・加工できるようにする。POSレジは，ポイントカードを読み取って，POSデータにIDを付与できる機能をもつ機種を選定する。その結果，システム要件からも顧客管理機能を除外する。

　顧客管理を除外することで，トータルコストを予算内に収めることができ，また，セキュリティ上の懸念を解消して衝突した要求を調整することができた。

設問ウ

memo

３－１　提案の採否を判断するために提示した評価項目

　コストや納期に加えて，業務部門に提示した評価項目は重要度，運用負荷，リスクの三つである。

⑴重要度

　システムを更新する目的は，店舗の品揃えを改善して商品回転率を向上させ，利益率を上げることである。その手段として，不十分な商品管理を改善して，所在管理を含めた全商品の単品管理の重要度が高いことを再確認した。顧客属性を活用する販促業務の改善は，この機会に取り組み始めるという方針を確認したが，重要度は相対的に下げることで認識を合わせた。

⑵運用負荷

　業務の特性として，多用な店舗業務の中で端末を操作する必要を考慮した。また，顧客情報の登録や，個人情報取得時の顧客対応の手順や体制などを含めて，運用の負荷を評価した。私は，店舗のメンバが理解しやすいように簡単な業務フローを作成して，個人情報を管理する場合としない場合の運用の違いを示した。

⑶リスク

　顧客情報を保持することのセキュリティリスクを比較した。情報漏えい事故が発生した場合には数億円のオーダの損失が発生したり，プライバシにかかわるクレームが発生したりする可能性を整理した。

３－２　提案の採否で対比して評価した業務上の効果

　私は，営業部のメンバとともに，層別とパーソナルのそれぞれのプロモーションでできることをリストアップして，その効果を検討した。

　層別プロモーションでは，購入間隔の特性，リピート率の高い商品，得意客の購入特性や必須の商品構成，日をまたぐセット購入の特性などに応じた販促業務や発注業務の見直し，店舗における品揃え，棚割りの改善に取り組めることを共有できた。

memo

ここに注目！
このように設問ウをしっかりと書いて合格を決めるという攻略法によって，設問イの書きすぎによる時間切れのリスクを減らすことができます。

　パーソナルプロモーションでは，当初の要求にあったダイレクトメール送付などの改善案が出された。

３－３　評価結果

　開発プロジェクトでは，顧客情報を保持しなくても品揃えや販促業務の大きな改善を進められると判断し，運用負荷の違い，コストやセキュリティに関する経営企画部の意向も踏まえて，私が提案したID-POSシステムの構築が採用された。

－以上－

IPA発表採点講評

多くの解答が，経験を踏まえ，設問に沿って具体的に論述していた。本問では，要件定義における問題の解消をシステムアーキテクトとして論述することを求めた。しかし，要件定義ではなく，設計段階やテストにおける問題に関する論述や，解消策が体制面や期間調整などプロジェクトマネジメントの側面からの論述なども散見された。

Memo

第3章

開発（機能の設計）

令和４年度 ▼ 問２
業務のデジタル化について

近年，紙媒体の管理コストの削減及び業務の効率化を目的とした，情報システムを活用したデジタル化が加速している。デジタル化の実現によって，情報が検索しやすくなったり，モノの動きがリアルタイムに把握できたりすることで業務改善が図れる。

システムアーキテクトは，現行の業務において改善の余地がある業務プロセスを見極めてデジタル化することが求められる。一方，現行の業務をデジタル化した場合に生じる課題を想定し，対応策を検討しておくことも必要である。例えば，りん議業務をリモートワーク環境でも実施できるようにするために，ワークフローシステムを用いて業務をデジタル化する場合，次のように検討する。

・従来の印鑑の代替とするために，承認欄にログインユーザの氏名，所属，職位及びタイムスタンプを記録するようにする。

・決裁ルートに長期の不在者がいた場合でも，緊急で決裁が必要な案件を円滑に処理するために，代理決裁者を設ける仕組みにする。

・情報漏えいや決裁者のなりすましなどのセキュリティリスクに対処するために，アクセス権限管理の強化やログの監視ができるようにする。

また，紙媒体などで運用していた業務をデジタル化すると，業務手順が従来と変わるので，利用者が新しい業務に習熟するまでに時間が掛かることがある。そこで，例えばどの業務で作成されたか判別できるように業務の頭文字で電子文書をアイコン化する，情報システムへのガイド機能を組み込むなど，利用支援の仕組みを工夫する。

あなたの経験と考えに基づいて，設問ア～ウに従って論述せよ。

設問ア　あなたが携わった業務のデジタル化について，対象業務，情報システムの概要，デジタル化を通じて実現を期待した業務改善の内容を，800 字以内で述べよ。

設問イ　設問アで述べた業務改善を実現するために，どのような業務プロセスを，どのようにデジタル化することを検討したか。また，どのような課題があり，どのような対応策を検討したか。800 字以上 1,600 字以内で具体的に述べよ。

設問ウ　設問イで検討した内容について，利用者がデジタル化した業務に習熟できるよう，どのように工夫したか。情報システムに組み込んだ利用支援の仕組みを含めて，600 字以上 1,200 字以内で具体的に述べよ。

論文事例１

令和４年度　問２

岡山　昌二

設問ア

memo

第１章　対象業務と情報システムの概要及び業務改善

１．１　対象業務

　Ａ社は大手印刷会社である。Ａ社の写真事業では，学校行事においてＡ社のカメラマンが写真を撮影して，それを生徒の保護者に販売する写真販売業務を行っている。学校行事が入学式や卒業式など時期に偏りがある。そのため対象業務の特徴としては，業務量がピークとなる時期に偏りがあるという点を挙げることができる。

　行事に際して撮影される写真が多いため，保護者が写真の選択を途中でやめたり，誤った写真を購入してしまったりするなどの問題があった。

１．２　情報システムの概要

　対象となる情報システムは，保護者がスマートフォンやPCを介してアクセスする行事写真販売システムである。保護者はスマートフォンを介して当該システムにアクセスして，欲しい写真を購入する。

１．３　デジタル化を通じて実現を期待した業務改善

　写真販売業務では，誤った写真を購入してしまったため，写真を返品してほしい，自分の子供が写っている写真を探してほしい，などの問題が，行事の度に発生していた。そこで行事写真販売システムに写真レコメンド機能を実装することにした。保護者は自分の子供が写っている写真を数枚選択する。写真レコメンド機能が，それらの写真に写っている顔を識別して，識別した顔が写っている写真を写真群から選択してリコメンドする。

　この機能によって，写真の選択を途中で諦めた保護者は写真を購入しやすくなり，写真の売上げ増大が見込める，保護者からの要求により子供の写真を検索する作業や写真の返品などの業務量を削減できる，などの業務改善が期待できた。

　私はＡ社情報システム部のシステムアーキテクトの立場で，次に述べる業務改善を実施した。

設問イ

memo

第2章　業務改善の実現

2．1　対象となる業務プロセスとデジタル化の内容

写真販売業務は次の業務プロセスで構成されている。

①カメラマンが学校行事に派遣され写真を撮影して，撮影した写真を写真販売システムに写真を登録する。

②保護者は写真販売システムのアカウントの申請を行い，A社がアカウントの発行を行う。

③保護者は写真販売システムを使って写真を選択して写真を紙媒体で購入する。

④A社は購入希望情報を基に写真を紙媒体で保護者に送付する。

対象となる業務プロセスは③の写真選択プロセスである。

写真選択プロセスでは，保護者が登録された膨大な写真から必要となる写真を選択する。これを以下のようにデジタル化する。

保護者が自分の子供の写真を数枚選択すると，AIを活用した写真レコメンド機能で対象となる子供の顔を認識する。レコメンド機能は，認識した顔が写っている写真を写真群から検索して保護者にレコメンドする。このように保護者は数枚の写真を選択するだけで，自分の子供が写っている写真を識別できるようになる。

この機能によって，写真群を順次検索していくという作業をなくすことができ，写真選択を諦めていた保護者も必要な写真を購入できるというメリットがある。このメリットは最終的にはA社側のメリットとなる。加えて，保護者から自分の子供の写真を探してほしいなどの要求に基づいた作業を削減できるというA社側のメリットがある。

2．2　課題と対応策の検討

写真レコメンド機能についてA社は，ある学校行事に先立ち，保護者説明会を開催することにした。その結果，

保護者からは，“自分の子供が写っている写真を，他の保護者に購入してほしくない”という要望がだされた。

その結果，特定の保護者の子供が写っている写真を，他の保護者が購入できないようにするという課題が新たに生じた。ただし，単純に，集合写真などを他の保護者が購入禁止にすることはできないと考えた。そこで私は対応策として，写真の一部に自動でぼかしを入れる自動ぼかし機能を実装することにした。具体的には，指定した子供の顔に自動でぼかしを入れる機能である。ただし，保護者以外が購入した場合に限定する。この機能によって，自分の子供が写っている写真を，他の保護者に購入してほしくないという要望については満足できる対応となった。

900字
1000字
1100字
1200字
1300字
1400字
1500字
1600字

memo

ここに注目！

設問文にある「どのような課題」という問いに対して，「～という課題」と明示的に論じている点に着目してください。

memo

ここに注目！

“学校行事に関連する業務であるため，業務量がピークとなる時期に偏りがあるという対象業務の特徴を踏まえると，デジタル化した業務に習熟しても忘れてしまい，毎回初心者に戻るという課題が想定できた。そこで私は，デジタル化した業務を再習得する仕組みが必要と考えた”などと，対象業務の特徴を踏まえた論旨展開を考えてもよいでしょう。

設問ウ

第3章　情報システムに組み込んだ利用者支援の仕組み

3．1　デジタル化した業務に習熟する際の課題

リコメンド機能を実装することで業務におけるデジタル化が推進され，“ITの利用に習熟していない，初心者でも分かりやすくしてほしい”という要望がA社の行事写真販売システムの利用者からだされた。この要望によって私は，利用者からの問い合わせに分かりやすく対応するという新たな課題を認識した。デジタル化した業務に習熟するための仕組みが必要と考えた。

3．2　利用者支援の仕組み

利用者からの問い合わせに分かりやすく対応するという課題の対策としては，FAQの整備や操作方法などの検索ツールの実装が考えられる。前者については，利用者自身でFAQを検索する必要があるため，利用者にとって分かりやすい対応とは言えない部分がある。後者については，検索ツールで必要な結果を検索できなかった場合の対応方法について，検索結果の整備などの課題が生じる。そこで私はチャットボットを活用することを検討した。

チャットボットには有人，無人，及びその組合せがある。有人タイプの場合，一人のオペレータが複数の利用者を対応でき，電話による問い合わせに比べて効率的な対応が可能となる。

学校行事に関連する業務であるため，業務量がピークとなる時期に偏りがあるという対象業務の特徴を踏まえると，閑散期があるため，常時チャットの有人オペレータを確保しておくことはコスト面で難しいと考えた。そこで私は，クラウドによる無人チャットボットサービスを選択することにした。シナリオ型のチャットボットを使うことで，チャットボットによる検索結果の整備などの課題は，シナリオに沿って検索結果を整備することで，検索ツールよりも容易に解決できると考えた。

　デジタル化した業務に習熟できるように，行事写真販売システムに組み込んだ利用者支援の仕組みは，チャットボットである。具体的には，A社の利用者が行事写真販売システムにアクセスすると，チャットボットが立ち上がる仕組みである。

－以上－

memo

900字
1000字
1100字
1200字

論文事例2

令和4年度　問2

満川　一彦

設問ア

memo

1　対象業務，情報システムの概要，デジタル化を通じて実現を期待した業務改善の内容

1．1　対象業務

私はシステムインテグレータのP社に所属するシステムアーキテクトである。論述する業務は，P社社内の技術者の業務経歴管理である。管理対象は，P社の技術職全員の業務経歴全般で，過去に携わった案件の情報，携わった案件において適用した技術などに加え，技術者の保有する資格なども管理対象となっている。本業務で管理されている情報は，新しい案件に要員を割り当てる際に，適切な人選ができるようにするためのものである。

1．2　情報システムの概要

業務経歴の管理をデジタル化に対応するために構築する業務経歴管理システムは，Webシステムとして構築する。社内で使用するシステムであり，サーバ群（データベースサーバ，アプリケーションサーバなど）はP社のデータセンタに設置・管理する。クライアントは社員に貸与されているシンクライアントもしくは一般的なPCである。本システムにはリアルタイム性は要求されないが，社員全員に貸与されているスマートフォンなどでも使用できる。

1．3　デジタル化を通じて実現を期待した業務改善の内容

現状の業務経歴は表計算ソフトで作成されたワークシートに入力している。業務経歴は自己申告するだけではなく，所属上長が承認する必要がある。業務経歴として登録する情報が，細かくかつ多岐にわたるため，多くの場合上長は印刷して目視により内容を確認している。

期待する業務改善の内容は，業務経歴を登録するシステムを開発し，業務経歴を登録する技術職社員の負荷を軽減すること，上長への承認依頼をワークフロー化すること，上長の内容確認の負荷を軽減することである。

設問イ

memo

2　デジタル化した業務プロセス，デジタル化における検討内容，課題と対応策

2．1　デジタル化した業務プロセス

　デジタル化をする前の業務経歴を登録するための業務プロセスは，次のとおりである。

　初めて業務経歴を登録する場合は，イントラネットから業務経歴を登録するためのワークシートをダウンロードする。過去に業務経歴を登録している場合は，社内のファイルサーバに保存されている登録データを呼び出して更新する。登録が終わったら，上長へメールや電話などで承認依頼をする。上長は内容を確認したら，電子職印にて承認情報を登録する。

2．2　デジタル化における検討内容

　表計算ソフトによる業務経歴管理から，データベースを構築して全社での一括管理へ変更する。業務経歴管理システムを新たに構築し，技術職の社員がシステムへ業務経歴を直接入力する。「業務経歴の時系列の正当性チェック」，「関連する項目間の矛盾の有無チェック」などをシステムの機能として組込み，入力段階で極力データのクレンジングが行えるようにする。

　上長への承認依頼は，パッケージとして提供されているワークフローシステムを活用する。承認依頼があると，ワークフローシステムから上長へ自動的にフォロメールが発信されるため，承認依頼をした技術職の社員から上長への連絡などは不要とする。

　上長の負荷が大きかった登録内容の確認については，事前のクレンジングがされていること，システムからチェックすべき箇所が自動的にハイライトされるようにすることで，登録内容を印刷しなくても容易に確認できるようにし，承認のための工数を50％以下に削減することを目標にする。

2．3　課題と対応策

memo

ここに注目！

「上長への承認依頼はパッケージとして提供されているワークフローシステムを活用する」と2.2節で論じています。ここに「承認済みであることを表示する機能を実装」とありますが，パッケージにおいて追加開発したのでしょうか，あるいは，このような機能が使えるようにワークフローシステムを設定したのでしょうか。採点者がこのように考えないように，表現を工夫すると，更によくなります。

　業務のデジタル化に際して，想定した課題と対応策は次の２点である。

(1)電子職印による承認の代替手段

　ワークフローシステムでは電子職印が使用できないため代替の手段が必要となる。私は，上長のワークフローシステムへのログイン日時，上長の社員番号をシステムでログとして記録しておき，承認済みのデータを参照したときに「承認済み」であることを表示する機能を実装することとした。承認後は上長の「承認取り消し」が行われない限り，新たな業務経歴の登録を除き，承認済みのデータを更新することはできない。

(2)承認者不在時の対応

　業務経歴の登録・承認作業にリアルタイム性は要求されない。ただし，上長が長期に不在になるとき承認が完了しない状態が長く継続することになる。私は，当該業務履歴を第三者が参照した場合に，「承認依頼中」であることを表示する機能を実装することとした。

設問ウ

3　利用者がデジタル化した業務に習熟できるようにした工夫，情報システムに組み込んだ利用支援の仕組み

3．1　利用者がデジタル化した業務に習熟できるようにした工夫

私は，業務経歴の登録者，承認者とも技術職社員であるため，システムの操作そのものを習熟することは容易であると考えた。ただし，P社においてワークフローシステムを導入することが初めてであり，業務経歴の登録作業は，多くても四半期に一度であるため，ワークフローシステムの操作を忘れてしまう可能性は高いと考えられる。

導入するワークフローシステムは，複雑なカスタマイズをしなくても，パラメタの設定によって多くの申請事案に対応できるように作られているため，例えば，休暇申請や旅費申請などの頻度の高い申請事案にも導入し，技術職社員がワークフローシステムを使用する機会を増やす工夫をすることとした。

3．2　情報システムに組み込んだ利用支援の仕組み

ワークフローシステムの導入に際し，正式なリリース前に数名の技術職社員に協力を依頼し，プロトタイプを提供し，業務経歴の登録作業，登録された業務経歴の承認作業のテストを依頼した。登録作業・承認作業をした技術職社員にヒアリングすると，ワークフローシステムのインタフェースに触れるのは初めてであるため，ワークフローシステムを操作するときに戸惑う箇所が多かったという意見が多数みられた。

私は，ワークフローシステムにバンドルされていた操作説明動画とチュートリアルを，ワークフローシステムから呼び出せるようにカスタマイズを追加することとした。ヒアリングした結果を踏まえ，ワークフローシステムの操作に戸惑う箇所を特定し，当該箇所からの呼出し機能を実装した。操作説明動画とチュートリアルはイン

memo

ここに注目！

“利用支援を漏れなく行うと，工数が増え効果的ではない。そこで事前に利用者に操作してもらってヒアリングを行い，利用支援の箇所を特定しておく。特定した操作画面に絞って，効果的に利用支援を行う機能を実装することで作業工数を削減する”という論文ネタを準備しておきましょう。

memo

トラネットにも公開し，ワークフローシステムとは独立して参照できるように工夫を加えた。

－以上－

900字
1000字
1100字
1200字

IPA発表採点講評

多くの論述で，現行の業務をデジタル化した場合に生じる課題を想定し，検討した対応策について具体的に論述していた。一方で，現行業務の課題をデジタル化で解決するといった趣旨に沿っていない論述や，問題文の事例をなぞっただけで受験者の工夫をうかがえない論述も散見された。システムアーキテクトは，デジタル化によって業務が大きく変わった場合に生じる課題を想定し，利用者が情報システムを活用して円滑に業務を遂行できるよう，課題の解決策を提案することを心掛けてほしい。

Memo

令和３年度 ▼ 問２
情報システムの機能追加における業務要件の分析と設計について

現代の情報システムは，法改正，製品やサービスのサブスクリプション化などを背景に機能追加が必要になることが増えている。

このような機能追加において，例えば，新サービスの提供を対外発表直後に始めるという業務要件がある場合，システムアーキテクトは次のように業務要件を分析し設計する。

1. 新サービスの特性がどのようなものなのかを，契約条件，業務プロセス，関連する情報システムの機能など様々な視点で分析する。
2. 新サービスは従来のサービスと請求方法だけが異なるという分析結果の場合，情報システムの契約管理機能と請求管理機能の変更が必要であると判断する。
3. 契約管理機能では，契約形態の項目に新サービス用のコード値を追加して，追加した契約形態を取扱い可能にする。同時に請求管理機能に新たな請求方法のためのコンポーネントを追加し，新サービスの請求では，このコンポーネントを呼び出すように設計する。

このような設計では，例えば次のような設計上の工夫をすることも重要である。

・対外発表前にマスタを準備するために，契約形態のマスタに適用開始日時を追加し，適用開始前には新サービスを選択できないようにしておく。

・他のシステムに影響が及ばないようにするために，外部へのインタフェースファイルを従来と同じフォーマットにするための変換機能を用意する。

あなたの経験と考えに基づいて，設問ア～ウに従って論述せよ。

設問ア　あなたが携わった情報システムの機能追加について，対象の業務と情報システムの概要，環境の変化などの機能追加が必要になった背景，対応が求められた業務要件を，800 字以内で述べよ。

設問イ　設問アで述べた機能追加において，あなたは業務要件をどのような視点でどのように分析したか。またその結果どのような設計をしたか，800 字以上 1,600 字以内で具体的に述べよ。

設問ウ　設問イで述べた機能追加における設計において，どのような目的でどのような工夫をしたか，600 字以上 1,200 字以内で具体的に述べよ。

論文事例1

令和3年度　問2

岡山　昌二

設問ア

memo

第1章　対象業務と情報システムの概要，機能追加の背景

1．1　対象の業務と情報システムの概要

　A研究所は，産業支援事業の一環として，特別な試験機器，設備などが必要となる試験について，企業から委託を受けて試験を実施する事業を行っている。

　対象となる業務はA研究所における利用者管理業務である。A研究所を利用する場合，身分証明書などを確認した上で，利用者管理システムの利用者マスタに登録し，利用者カードを発行する。A研究所では，顧客企業の活動にかかわる機密情報を扱うため，情報漏えいに至らないように利用者管理を厳しくするという対象業務の特徴を挙げることができる。

　対象となる情報システムは，利用者マスタを主な情報とする利用者管理システムである。当該システムでは，利用者を一意に識別する利用者コードを発行する。

1．2　機能追加が必要となった背景，対応した業務要件

　A研究所では，利用者カードを借りて利用することは禁止している。一方で利用者カードが本人のものであるかどうかを，受付時に厳密に確認することは難しい状況であった。昨今，情報漏えいというセキュリティにかかわる事件が多発して“セキュリティ強化”という環境の変化がある。この“セキュリティ強化”が，機能追加が必要となった背景である。

　A研究所では，利用者管理システムが発行したプラスチックの利用者カードを基にA研究所の受付で本人確認している。対応が求められた業務要件は“プラスチック利用者カードを廃止し，QRコードを利用した利用者カードに変更し，スマートフォンで表示する”である。

　私は，A研究所情報システム部のシステムアーキテクトの立場で，次のように業務要件を分析し設計した。

設問イ

memo

第２章　業務要件の分析と分析結果に基づく設計

２．１　業務要件の分析視点と分析の仕方

　QRコードを利用した利用者認証という新サービスについて，業務プロセスの視点から分析することにした。なぜならば，業務プロセスと新サービスを関連付けて設計することで，“セキュリティ強化”という環境の変化に対応できると考えたからである。言い換えると，業務プロセスに脆弱性があると新サービスにおけるセキュリティ強化が実現できないからである。

　関連する業務プロセスは，利用申請にかかわる利用者申請プロセスと，A研究所の利用に関わる受付プロセスである。

　それぞれ，ユーザストーリを作成して，時系列でユーザストーリマッピングするという分析の仕方で分析した。

　次に，情報漏えいに至らないように利用者管理を厳しくするという対象業務の特徴を踏まえて，多要素認証という視点で分析することにした。分析の仕方としては，所有物認証と知識認証を組み合わせて，認証する方向で，新サービスにおける認証方法を検討するというやり方である。

２．２　分析結果に基づく設計

　利用者申請プロセスと受付プロセスにおいて，多要素認証するという分析の結果に基づき，各プロセスでは次のように設計した。

①利用者申請プロセス

　申請段階では知識認証という方法は取れないために，申請段階で知識認証に必要なショートメッセージの電話番号とパスワードを登録するようにした。更に，知識認証が採用できない代わりに，所有物認証を少なくとも二つ，例えば運転免許証とマイナンバーカードなどを申請受付者に示すように設計した。

　申請受付者は，このプロセスで申請を受付，利用者管

ここに注目！

申請段階では，“なりすまし”の可能性があるために，例えば，パスワードを登録させて，そのパスワードによる知識認証する方法が取れません。このような理由をていねいに説明して，対応の難しさを採点者にアピールすると，更によくなります。

memo

理システムに登録する。

②受付プロセス

　申請を受け付けて利用可能になった利用者は，A研究所へ訪問時に訪問申請を行い，申請時に登録したショートメッセージの内容からスマートフォン上にQRコードを表示する。このQRコードを受付で読み込ませて，受付は完了する。このとき，申請時に登録したパスワードを入力必須とする。このように設計することで，パスワードによる知識認証，ショートメッセージ用の電話番号をもつスマートフォンによる所有物認証の2要素認証する設計とした。

　以上が，新サービスにおける設計内容である。

設問ウ

memo

第3章　設計における工夫の目的と工夫した点

3.1　目的

新サービスでは，当初，利用者申請時にA研究所に訪問して，利用者申請し，後日，利用者申請が承認されてから，利用可能にする設計とした。なぜならば，申請時には知識認証ができないために，所有物認証を厳重に行った上で，申請を受け取るという必要があると考えたからである。この設計に対し，A研究所に訪れないで利用者申請をする，という利便性を優先するという目的で，利用者申請プロセスを設計できないか，検討することにした。

3.2　工夫

利用者申請のためだけに，本人がA研究所に訪れると，新サービスの利便性が低下してしまう。一方，本人認証を後回しにしてしまうと，万が一，なりすましが申請した場合，なりすましにQRコードが送られてしまい，そのQRコードを使った不正利用が可能となるという難しい問題があった。

そこで私は，利用者申請プロセスを2分割し，①仮登録を行う利用者申請プロセスと②本登録を行う本人認証プロセスとした。

①仮登録を行う利用者申請プロセスでは，仮登録として，申請の承認に必要な申請情報を登録する設計とした。申請が承認された時点で，その旨を利用者にショートメッセージで送る設計とした。

②本登録を行う本人認証プロセスでは，初回のA研究所訪問時で行う設計とした。運転免許証やマイナンバーカードによる2段階の所有物認証とした。これらの写真等による認証も可能であり，一般的にも実施されている。

これらを踏まえて私は，利用者管理システムの利用者管理マスタに，利用者が仮登録か本登録かを識別するための情報を付加する工夫を行った。これらの工夫によっ

ここに注目！
対応の難しさを説明して，採点者に工夫をアピールしています。

て，利用者申請のためだけに本人がA研究所に訪れることがないようにして，新サービスの利便性を確保した。

―以上―

memo

900字

1000字

1100字

1200字

論文事例2

令和3年度　問2

長嶋　仁

設問ア

1－1　対象の業務と情報システムの概要

　対象の業務は，アウトドア用品を製造販売するB社における販売業務である。商品は，直営店及び一般の小売店，主要通販サイトや自社運営のECサイトなど，複数のチャネルで販売されている。

　販売業務を支える情報システムとして，チャネルごとに異なる時期に開発された次の四つが併存している。

・直営店の販売管理システム
・卸及び小売店を対象とする受注出荷管理システム
・主要通販サイトに関わる出荷販売管理システム
・自社運営のECサイト

1－2　機能追加が必要になった背景

　情報システムへの機能追加が必要となった背景は，事業環境の変化に合わせた顧客体験の向上の要求である。

　具体的には，商品の急速な多品種化に伴い，一部の巨艦店を除き，通常規模の店舗では十分な品揃えが難しくなっている。そのため，より多くの種類の商品を実際に見て，使い方を聞きたいという顧客の声に応じつつ，欠品や入荷予定が不明なことによる顧客の購入機会損失を低減することが課題となっていた。

　この事業課題の達成のために，情報システムに対しては，顧客の購入機会損失を低減する機能が求められた。

1－3　対応が求められた業務要件

　重要な業務要件は次の2点である。

・来店した顧客は，在庫のない商品をその場で注文し，指定した期日に商品を受け取ることができる。
・店舗では，注文販売を活用して多品種の品揃えを進め，来店する顧客への展示と説明を強化する。

　私は，システムアーキテクトとして，顧客体験の向上を目指し，業務要件の分析と機能追加の設計を行った。

設問イ

2－1　業務要件の分析

　業務要件について，業務プロセスと情報システムの機能の両方の視点で次のように分析した。

⑴業務プロセスの視点での分析

　まず，店舗における商品の注文手順に関して，業務フロー図を用いて，顧客の要望に応じて販売員が注文を受け付ける方法と，顧客がアプリを使って自ら注文する方法を比較した。私は，店舗の混雑時でも顧客が自由かつスムーズに注文できる利点を重視し，後者のアプリを使って注文する方法が適切だと判断した。

　次に，品揃えや顧客対応に関しては，店舗の仕入や商品説明の業務プロセスが大きく変わる。業務分析の過程で，店舗からの注文分と，店舗外からの注文のうち店舗受け取り分は，店舗の売上になることが決定された。この点を含め，販売員が販売業務の改革の狙いや注文の手順をよく理解することが重要だと考えた。

⑵情報システムの機能の視点

　顧客が注文する機能自体は，ECサイトで実現済みである。しかし，顧客がスムーズに注文するためには，店舗でのアプリ利用を考慮した機能が鍵になると考えた。直営店の販売担当者を含めたチームでディスカッションを重ね，次の機能追加が必要だと判断した。

①商品選択機能

　ECサイトではカタログから商品を選択する。一方，店舗では展示されている商品をもとに注文商品を選択し，型番を指定する機能が必要となる。

②受け取り日の確認機能

　顧客に受け取り日を提示するために，アプリ上での在庫の参照や配送可能日を算出する機能が必要となる。

③顧客にインセンティブを提供する機能

　アプリを使った注文を促すためには，何らかのインセンティブを提供する機能が必要となる。

memo

ここに注目！

顧客がスマートフォンのアプリを使って自ら注文する方法は，コロナ禍という状況でも，流用可能な論文ネタと考えます。

memo

2－2　機能追加の設計

　業務要件の分析に基づいて，店舗での注文受付プロセスを実現するために，新たに必要となる機能を次のように設計した。

①商品選択機能

　展示場所に提示するQRコードをアプリで読み取ることによって商品を特定し，さらに，カラーやサイズなどの条件を指定して型番を特定するための画面を表示する。

②受け取り日の確認機能

　受け取り日までの期間短縮のために，ECサイト及び他店舗の在庫を含めての在庫確認を実現する。さらに，配送や店舗渡しなどの受け取り方法に応じて受け取り日を提示する。

③顧客にインセンティブを提供する機能

　アプリ向けのクーポン配信機能や，来店時及び注文時にポイントを付与する機能を追加する。

設問ウ

３－１　機能追加の設計における工夫

　本節では，２－２で述べた機能追加のうち，①と②について工夫した点を目的とともに述べる。

①商品選択機能の設計における工夫

　商品選択はQRコードの読み取りからカタログ情報の表示に遷移する。そのために，アプリ注文用に商品の電子カタログを新たに作成すると，運用開始後のメンテナンスの負荷が高くなると考えた。

　そこで，運用負荷を抑えるために，工夫として，ECサイトで利用している既存の電子カタログの商品情報を，アプリから参照するコンポーネントを追加する設計とした。また，商品の写真や説明情報を表示する処理では，可能な限りECサイトのプログラムを転用することとした。

　この設計の工夫によって，電子カタログの二重管理を回避した。また，開発全体の工数を削減し，型番の指定や在庫確認のインタフェース部分など，顧客の使い勝手に関わる開発作業に注力することができた。

②受け取り日確認機能の設計における工夫

　ECサイト及び他店舗の在庫を確認するためには，複数の情報システムで別に管理されている商品マスタと紐付く在庫情報の参照が必要となる。しかし，それらを一元化するには大規模な改造が必要になると見込んだ。

　そこで，異なるシステムに分散する在庫情報を，アプリから統合的に参照するために，工夫として，マスタデータ管理とデータ連係機能を活用する設計とした。具体的には，ECサイトの商品マスタをベースとするマスタデータを構成し，既存のシステムの在庫情報を連係させる処理を新規に開発した。

　この設計の工夫によって，既存のシステムに関しては連係処理に限定した追加開発での対応が可能になった。さらに，アプリ固有の機能として，受け取り日の算出や配送手配などの機能を追加し，アプリの早期運用を実現

memo

ここに注目！

工夫する必要性を採点者に説明してから，工夫した点を論じている点を確認してください。

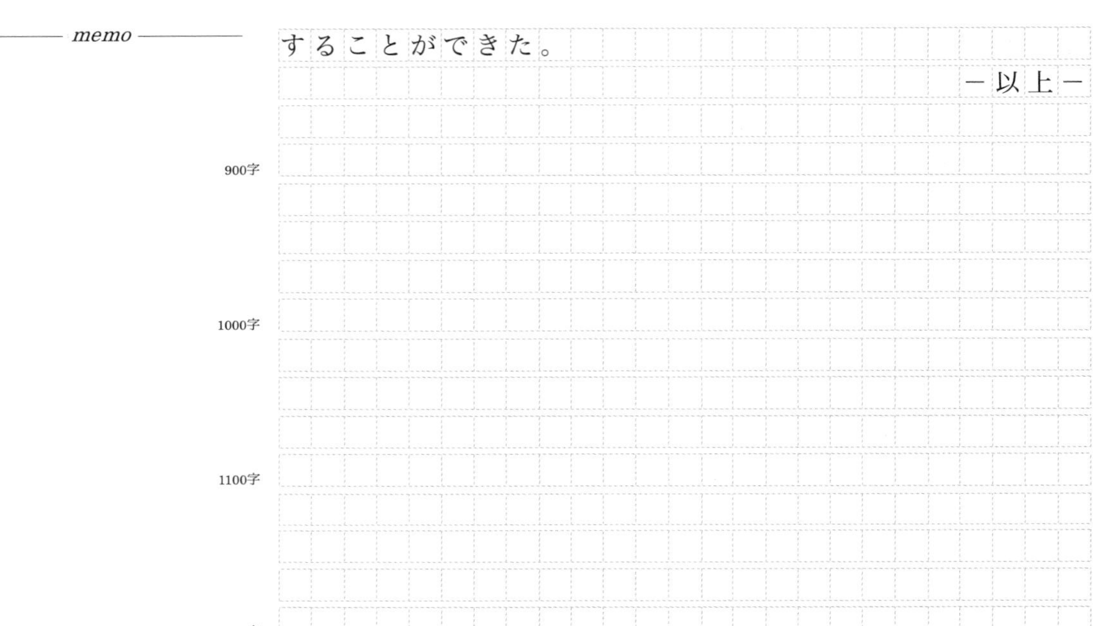

することができた。

－以上－

IPA発表採点講評

情報システムの機能追加における業務要件の分析と，その結果に基づく設計について，具体的に論述することを期待した。多くの論述が業務要件の分析とその設計について具体的に述べていた。一方で，業務要件の分析の視点がなく業務要件そのものを分析結果とした論述や，"要件を実現する設計"だけにとどまり，分析結果に基づく設計とは言い難い論述も散見された。システムアーキテクトは，業務と情報システムを橋渡しする役割を担う。そのため，業務と情報システム双方の視点から業務要件を分析し，分析結果に基づいて設計を進めることを心掛けてほしい。

Memo

令和元年度 ▼ 問1
ユーザビリティを重視したユーザインタフェースの設計について

近年，情報システムとの接点としてスマートフォンやタブレットなど多様なデバイスが使われてきており，様々な特性の利用者が情報システムを利用するようになった。それに伴い，ユーザビリティの善しあしが企業の競争優位を左右する要素として注目されている。ユーザビリティとは，特定の目的を達成するために特定の利用者が特定の利用状況下で情報システムの機能を用いる際の，有効性，効率，及び満足度の度合いのことである。

優れたユーザビリティを実現するためには，利用者がストレスを感じないユーザインタフェース（以下，UI という）を設計することが重要である。例えば，次のように，利用者の特性及び利用シーンを想定して，重視するユーザビリティを明確にした上で設計することが望ましい。

・操作に慣れていない利用者のために，操作の全体の流れが分かるようにナビゲーション機能を用意することで，有効性を高める。
・操作に精通した利用者のために，利用頻度の高い機能にショートカットを用意することで，効率を高める。

また，ユーザビリティを高めるために，UI を設計する際には，想定した利用者に近い特性を持った協力者に操作を体感してもらい，仮説検証を繰り返しながら改良する，といった設計プロセスの工夫も必要である。

あなたの経験と考えに基づいて，設問ア～ウに従って論述せよ。

設問ア　あなたが UI の設計に携わった情報システムについて，対象業務と提供する機能の概要，想定した利用者の特性及び利用シーンを，800 字以内で述べよ。

設問イ　設問アで述べた利用者の特性及び利用シーンから，どのようなユーザビリティを重視して，どのような UI を設計したか。800 字以上 1,600 字以内で具体的に述べよ。

設問ウ　設問イで述べた UI の設計において，ユーザビリティを高めるために，設計プロセスにおいて，どのような工夫をしたか。600 字以上 1,200 字以内で具体的に述べよ。

論文事例1

令和元年度　問1

岡山　昌二

設問ア

memo

第1章　対象業務と機能の概要及び想定した利用者

1．1　対象業務と提供する機能の概要

A社はフィットネスクラブをチェーン展開するフィットネス事業者である。A社が運営するスタジオレッスンでは，コロナ禍の影響によって，スタジオの定員を設けて，レッスンごとに予約を受け付けることになった。予約のない会員は，該当するレッスンを受けることはできない。対象業務はレッスン予約受付業務である。人気のあるレッスンについては予約受付開始時刻に予約が殺到するという対象業務の特徴がある。

対象となる情報システムはWeb予約受付システム（以下，当該システムという）である。当該システムが提供する機能としては，顧客が利用する予約機能，予約キャンセル機能，予約一覧表示機能，レッスンを行うインストラクターが利用する予約者入室機能，予約検索機能，などがある。

1．2　想定した利用者の特性及び利用シーン

フィットネスクラブの会員は年配者が多い。そのためスマートフォンの操作に慣れていないと推測できる。しかし，当該システムを利用する会員の多くは，予約開始時刻に予約機能に集中して操作する。主に使用する予約機能については操作に精通しているという利用者の特性を挙げることができる。

予約開始時刻はレッスンによって異なる。そのため，利用シーンは，移動中の電車内，仕事中の事務室内，リラックス中の居間などを想定した。

私はA社の情報システム部門に勤務するシステムアーキテクトの立場で，UIの設計において効率を重視して，当該システムのUIを次のように設計し，設計プロセスにおいて次のような工夫をした。

設問イ

memo

第2章　重視したユーザビリティと設計したUI

2.1　重視したユーザビリティ

主に使用する予約機能については操作に精通しているという利用者の特性，及び，利用シーンは，移動中の電車内，仕事中の事務室内，リラックス中の居間などを想定し，重視したユーザビリティは“効率”である。なぜならば，予約機能については，スタジオの場所を指定して予約するため，レッスン予約受付開始時刻になったら，効率よく，予約操作をしないと，予約が満杯になり，予約不可となり顧客満足度が低下するからである。

2.2　設計したUI

移動中の電車内，仕事中の事務室内，リラックス中の居間などの利用シーンを踏まえると，PC，タブレット及びスマートフォンを当該システムにアクセスするデバイスとして想定する必要がある。そこで，どのデバイスでも同じような効率を確保できるという仮説を設定して，UIを設計する方針とした。

この仮説を実現する方法として，次の2案を比較検討した。

①当該システムにアクセスするWebブラウザやデバイスのスクリーンサイズを基準に，表示を切り替える方法

②当該システムにアクセスするWebブラウザやデバイスのユーザエージェント情報によって，表示を切り替える方法

案②はデバイスごとにHTMLファイルを用意する必要があるため，開発コストがかさむ。一方，案①は各デバイスに対して，単一のHTMLファイルで済み，開発コストが抑えられることを根拠に①を選択することに決定した。

ただし，①の方法を採用すると，スマートフォン，タブレット，PCごとに，スクリーンサイズを設定するという新たな課題が生じた。そこで私は，デバイスごとのスクリーンイメージを作成した。なぜならば，予約受付画

面のスクリーンイメージが決まれば，それを基に，スクリーンサイズが決まると考えたからである。

　具体的には，スマートフォン用の予約受付画面，タブレット用の予約受付画面，PC用の予約受付画面である。これらの画面を基にして，スマートフォンは，320～767ピクセル，タブレットは768～1023ピクセル，PCは1024ピクセル以上のスクリーンサイズとした。

900字
1000字
1100字
1200字
1300字
1400字
1500字
1600字

memo

ここに注目！

“なぜならば”の文章について「なぜならば，重視したユーザビリティである“効率”を確保するためには，デバイスごとに使いやすいスクリーンイメージを優先して設計する必要があると考えたからである」とした方がよいでしょう。

設問ウ

memo

第３章　設計プロセスにおける工夫

３．１　設計プロセスにおける工夫

どのデバイスでも同じような効率を，予約する際に確保できるという仮説を検証するために，外部設計段階で，プロトタイプを作成して仮説検証を行い，仮説が実証できない場合は，再度，UIにかかわる設計を行うという設計プロセスにおける工夫を行った。具体的には，フィットネスクラブの店舗ごとに，顧客を選択してもらい，各顧客に次の仮説検証を依頼する。①スマートフォンを使用して電車内から予約をしてもらう，②PCを使って顧客の仕事部屋から予約をしてもらう，③タブレットを使って自宅の居間から予約をしてもらう，という仮説検証を行った。

仮説検証の結果，PCに比べて，スマートフォンの効率が悪いという結果となった。具体的には表示に時間がかかるという点である。予約受付画面は，デバイスごとにスクリーンイメージを変えているため，スマートフォンの表示が遅いという問題は，画面設計における問題ではないと考えた。

そこで私は，非機能要件にかかわる留意点を再度洗い出し検討した。その結果，PCの高解像度ディスプレイ用の画像を，スマートフォンでも共通して使用する場合は，表示の遅延が発生することが判明した。この非機能要件を考慮して，デバイスのスクリーンサイズに合わせて，表示する画像を高解像度用，中解像度用，低解像度用と用意して，切り替える設計とした。この設計に基づきプロトタイプを改修して，再度，前回同様の仮説検証を実施した。

その結果，スマートフォン自体の処理能力の差が効率の良しあしに影響するという検証結果が得られた。具体的には，高性能のスマートフォンでは，問題にならないことが，低価格スマートフォンでは効率の悪さが気にな

ここに注目！

スマートフォンの処理能力の違いを踏まえて論旨展開している点がよいです。

memo

るという点である。タブレットやPCでは，このような高性能と高性能ではないデバイスにおいて，効率に違いは顕著に現れなかった。
　低価格スマートフォンのユーザにヒアリングした結果，一般的に発生していることなので気にならないというヒアリング結果を得た。この内容を受け，低価格スマートフォンにおける検証結果は許容範囲内と判断した。
　以上，どのデバイスでも同じような効率を，予約する際に確保できるという仮説は立証されたと判断し，仮説検証を終了した。

－以上－

900字
1000字
1100字
1200字

論文事例2

ユーザビリティを重視したユーザインタフェースの設計について（1/5）

令和元年度　問1

鈴木　久

memo

設問ア

1．UIの設計に携わった情報システム

1．1　対象業務と提供する機能の概要

私は，食品製造業のＰ社の情報システム部に勤務するシステムアーキテクトである。今回ユーザビリティに配慮して設計に取り組んだ事例は，受注管理システムの刷新である。対象業務は，顧客からの受注を受け取り，受注内容を記録管理するというものである。今までは，業務課の部門サーバでのシステムで，限られた部門内の端末でのみ入力や管理が行えるものであった。今回，全社サーバに移管するとともにタッチ入力を取り入れた入力の体裁を刷新し社内のどのパソコンでも，社外でモバイルからでも操作できるようにすることをめざした。営業マンが，出先から，即時に直接受注できることで，販売機会を逃さず，対応の迅速化が期待できる。停滞している全社売上向上につながるものと経営陣からの期待は大きかった。

1．2　想定した利用者の特性及び利用シーン

Ｐ社では社内の机はフリーアドレス化が進んでいる。固定端末からでも，フリーデスクのモバイルからでも受注業務を行う可能性がある。繁忙期に業務課へ他部署が応援することがあるからだ。そして多様な社員，当該業務が専門でない社員がシステム操作を行うということ，しかも比較的高齢の社員が使用する可能性があるといえる。こういう利用状況を想定して，画面の設計，操作性については特に留意する必要があった。

ここに注目！

章立てのタイトルにある“利用者の特性”や“利用シーン”を使って論じると，更によくなります。

設問イ

2．UIの設計

2．1　重視したユーザビリティ

　前述のとおり，ユーザビリティに関しては，画面の操作性を重視して外部設計を行った。通常は業務課の専門のオペレータが操作するのであるが，繁忙期に，他部署の応援要員がモバイルやタブレットで操作することがありえる。また，常時営業マンが外部に持ち出すモバイルにて，社外からリモートで操作する場面も想定している。システム操作としては過酷な環境での作業になることも視野に入れ，画面は簡素で操作しやすいということを設計思想とした。操作の対象年齢は中高年が多いため，特に視力の点を考慮し，大きいサイズで画面表示を小さくしないようにすることとともに，ボタンや選択肢の選択で操作が進むように配慮した。キーボード入力を極力避けたのは，モバイル，タブレットでの使用がかなり多くなりそうだったからである。

2．2　設計した内容

　販売エリアと取引先の卸店コードあるいは店名を入力すると，アイテム数量の入力画面に遷移し，商品コード，数量，及び納期を入力して受注を確定させる。その際にはアイテムごとに引き当て可能数量が表示され，その数量の範囲内なら確定させることができる。

　基本的な業務プロセスは従来のシステムと同様であるが，今回の刷新に伴い，画面の設計や操作性の進歩だけでなく，引き当て可能数量を，現在の当該営業倉庫の在庫数にとどまらず，喫緊の入荷予定も踏まえ，納期の条件によって段階的に表示させるようにした。これは部門サーバから全社サーバに仕組みを拡張して生産管理システムや物流管理システムと連携させることができたため組み込むことができた。これによって，顧客と相談，交渉しながら受注入力しやすくなり，機会損失を減少させ売上向上につながりうる。また，接続した端末によって，

memo

ここに注目！

もう少し，重視したユーザビリティである“操作性”の向上に寄せて論旨展開すると，より論文の一貫性の高さを採点者にアピールできます。

画面をモバイル，タブレット用の画面に切り替えて操作性を高めることも検討したが，こういう2画面の設計はその動作の不安定さが懸念され，繁忙期にてトランザクショナルに受注する際にシステム不具合の影響があると，事業に痛手となりうる。そこで画面は1種類として，より簡素な，当初モバイル，タブレット用と考えていた方に寄せて1本化した。用途や使用状況から考えると信頼性も確保しなければならないからである。

900字
1000字
1100字
1200字
1300字
1400字
1500字
1600字

設問ウ

３．ユーザビリティを高めるための工夫

　システムのユーザビリティを高めるために，このような設計内容の取り込みは重要であるが，開発プロセスにおいても配慮を行い，ユーザビリティを高められるように尽力した。システム化において，ユーザの非機能要求を確認するための常套手段として，プロトタイピングが挙げられる。これは直感的にユーザに品質評価をしてもらうために有効であり，今回の案件にも適用した。

　ただし，今回は，ユーザが多様であり，熟練したユーザにも不慣れなユーザにも対応しなければならない。多様なユーザは相反する意見を持つことがあり収束が困難になりえる。そこでユーザの早期確認を色々なユーザに対して何度も行った。そこで別の場で出た相反する意見を紹介し，どう思うか，どのように解消しうるかを話し合うように進めた。こうして解決策を含みつつ検討を繰り返し，設計内容に納得してもらった。

　こうした検討プロセスを取ったことで，それぞれのユーザがそれぞれの立場を理解できたと考える。これは繁忙期に応援する側，される側の立場の相互理解につながり，応援作業を円滑にする効果があったと推測する。実際にこのシステムのカットオーバ後は，受注業務の効率が高まり，迅速化が見られている。営業実績も顕著に向上している。これはシステム機能の有効性だけでなく，その開発プロセスも適切であったものと評価している。

－以上－

100字 200字 300字 400字 500字 600字 700字 800字

memo

ここに注目！

ユーザビリティの向上をなど，“ユーザビリティ”を絡めて論じると，より趣旨に沿った論文になります。

memo

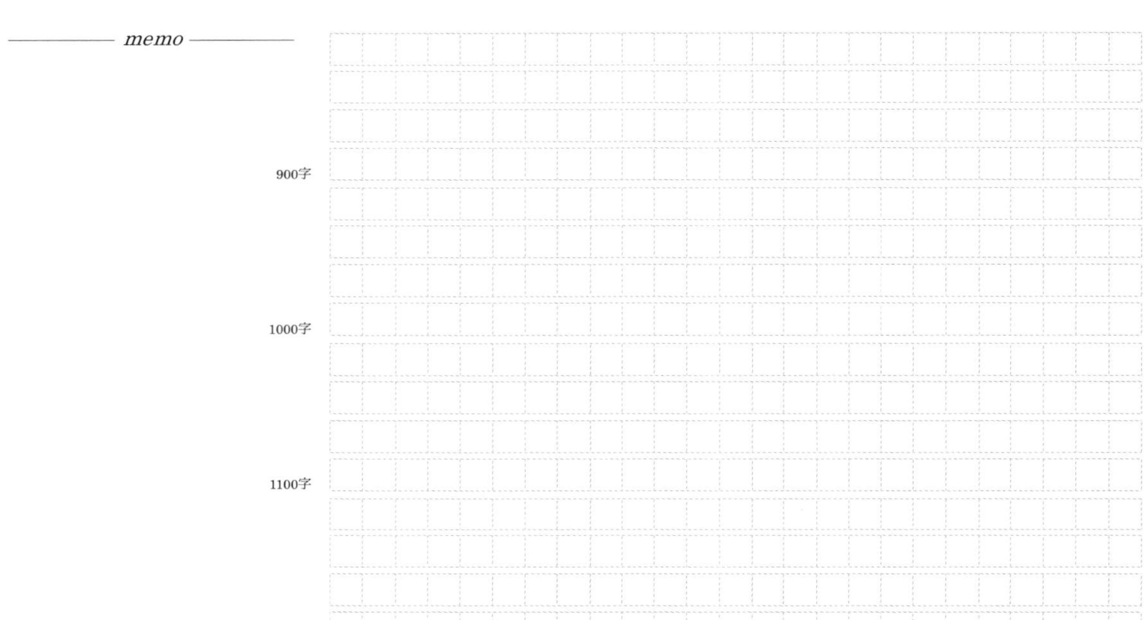

900字
1000字
1100字
1200字

IPA発表採点講評

ユーザビリティを高めるためのユーザインタフェース設計を具体的に論述することを期待した。ユーザインタフェース設計について具体的に論述しているものが多く，受験者がユーザインタフェース設計の経験を有していることがうかがわれた。一方で，利用者の特性や利用シーンが不明瞭，又はユーザビリティとの関係が薄い論述，ユーザビリティではなく機能の説明に終始しているものなども散見された。システムアーキテクトはユーザインタフェース設計において，要求にそのまま答えるだけでなく，利用者の立場に立って検討し提案することを心掛けてほしい。

Memo

平成30年度 ▼ 問2
業務ソフトウェアパッケージの導入について

近年，情報システムの構築に，業務ソフトウェアパッケージ（以下，パッケージという）を導入するケースが増えている。パッケージを導入する目的には，情報システム構築期間の短縮，業務の標準化による業務品質の向上などがある。

パッケージは標準的な機能を備えているが，企業などが実現したい業務機能には足りない又は適合しないなどのギャップが存在することがある。そこで，システムアーキテクトは，パッケージが提供する機能と実現したい業務機能のギャップを識別した上で，例えば次のように，検討する上での方針を決めてギャップに対する解決策を利用部門と協議する。

・“原則として，業務のやり方をパッケージに合わせる”という方針から，まず，パッケージが提供する機能に合わせて業務を変更することを検討する。ただし，“企業の競争力に寄与する業務は従来のやり方を踏襲する”という方針から，特に必要な業務については追加の開発を行う。

・“投資効果を最大化する”という方針から，システム化の効果が少ない業務については，システム化せずに運用マニュアルを整備して人手で対応することを検討する。

あなたの経験と考えに基づいて，設問ア〜ウに従って論述せよ。

設問ア　あなたがパッケージの導入に携わった情報システムについて，対象とした業務と情報システムの概要，及びパッケージを導入した目的を，800字以内で述べよ。

設問イ　設問アで述べたパッケージの導入において，パッケージの機能と実現したい業務機能にはどのようなギャップがあったか。また，そのギャップに対してどのような解決策を検討したか。検討する上での方針を含めて，800字以上1,600字以内で具体的に述べよ。

設問ウ　設問イで述べたギャップに対する解決策について，どのように評価したか。適切だった点，改善の余地があると考えた点，それぞれについて，理由とともに，600字以上1,200字以内で具体的に述べよ。

論文事例1

平成30年度　問2

岡山　昌二

設問ア

memo

第1章　対象とした業務と情報システムの概要

1．1　対象とした業務と情報システムの概要

A市は北海道地方に所在する主要都市である。A市の職員課では，給与計算ソフトウェアパッケージを導入することが決定した。対象とした業務は，給与計算業務である。給与計算業務では，毎日の勤怠管理と，毎月実施している月例給与計算が主な作業である。その他に，ボーナス計算や年末調整などの業務がある。金銭に関わる業務であるために，業務内容の変更のためのステークホルダ間での合意形成に時間が掛かるという業務の特徴を挙げることができる。

対象となる情報システムは，給与計算システムである。主な機能は月例給与計算機能である。具体的には，A市の職員がタイムレコーダに勤務時間を打刻して，給与計算システムがそれらを勤怠情報として管理し，その勤怠情報に加えて，手当情報や控除情報など基に給与計算をする。

1．2　パッケージを導入した目的

A市では，制度改正などによるシステム改修が毎年発生しており，他市と比べてシステム改修費用が多く掛かっている状況であった。ソフトウェアパッケージ（以下，パッケージという）を導入している他市ではシステム改修を行わず，パッケージのバージョンアップで，全国の地方自治体に共通する制度変更に対応している。

このような状況で，A市では，システム改修費用を他市並みに抑えることを，パッケージを導入する目的として設定した。

私は，パッケージ導入を受託したソフトウェア企業に勤務するシステムアーキテクトの立場で，上記の目的を達成するために，次のようにフィット＆ギャップ分析を行い，ギャップを解消した。

設問イ

memo

第2章　ギャップと解決策

2．1　パッケージ機能と実現したい業務機能とのギャップ

　要件定義工程においてパッケージのもつ機能と，現行の給与計算業務とのフィット＆ギャップ分析を実施した。

　業務内容の変更のためのステークホルダ間での合意形成に時間が掛かるという業務の特徴を踏まえて，要件適宜における早期において，パッケージを導入する目的を踏まえた解消策の策定における方針を決定することにした。具体的には，システム改修費用を他市並みに抑えることを，パッケージの標準機能に加えて追加開発してしまうと，追加開発部分がパッケージの標準保守の対象から外れてしまう。そのため，追加開発部分については，制度改正に対応する作業が発生してしまう可能性がある。これでは，パッケージ導入の目的を，一時的には達成できたとしても，長期的に達成したとはいえないと考えた。そこで“標準機能を使いギャップについては業務側で対処する”という方針を設定し，A市側からの承諾を得た。

　フィット＆ギャップ分析において，標準機能の詳細を確認した結果，標準機能をそのまま利用した際に影響がある，現行業務とのギャップとして，寒冷地手当に関する機能が挙がった。

　現行業務では，寒冷地手当は，支給対象期間の初月の月例給与に加算して“一括支給”する。一方，パッケージ機能では，寒冷地手当は，支給対象期間中の月例給与に加算して“毎月支給”する。

　このように，寒冷地手当について，一括支給と毎月支給というギャップがあることが判明した。

ここに注目！
ギャップを分かりやすく説明している点がよいです。

2．2　検討する上での方針とギャップの解決策

　ギャップ部分を分析した結果，追加開発については，予算的には問題のない開発規模であることが判明した。しかし私は，“標準機能を使いギャップについては業務

memo

側で対処する”という方針に沿って，寒冷地手当は，支給対象期間中の月例給与に加算して“毎月支給”する方向でギャップを解消することをA市の関係者に提案した。この提案は，A市側に承認され，関係する規定を改訂することが決定された。

900字

　このように私は，ギャップ部分を分析して，標準機能を使いギャップについては業務側で対処するという方針に基づきギャップを解消した。

1000字

1100字

1200字

1300字

1400字

1500字

1600字

設問ウ

memo

第3章　解決策への評価

3．1　適切と評価した点とその理由

　新システムの稼働によって，A市ではシステム改修費用を他市並みに抑えることという目的を達成し，全国の地方自治体に共通する制度改正については，パッケージの標準保守で対応できている。この点を理由に，パッケージの標準機能を使い，ギャップについては業務側で対処するという方針に沿った“寒冷地手当は，支給対象期間中の月例給与に加算して毎月支給する”という解決策は“適正”と評価する。

　成功要因については，①追加開発することは容易なこと，②ただし，追加開発部分については，パッケージの標準保守の対象とならない点や，追加開発部分についてはシステム改修の可能性があり，その費用はA市が負担すること，以上2点を，A市の関係者に具体的に説明したことであると考える。

3．2　改善の余地があると考えた点とその理由

　業務内容の変更のためのステークホルダ間での合意形成に時間が掛かるという業務の特徴を踏まえて，要件適宜における早期において，ギャップ解消策の策定における方針を決定した。しかし，実際には，“寒冷地手当は支給対象期間中の月例給与に加算して毎月支給する”旨でギャップを解消する件について，合意形成するために多くの時間が掛かってしまった。具体的には，寒冷地支給に関する規定の一部の改訂が必要であった。そのため，ステークホルダ間で合意形成が完全に完了したのは，新システム稼働の一か月前であった。

　今回は最終的にはうまくいった。しかし，最悪の場合は合意形成できず，追加開発などが発生して，新システムの稼働が遅れることになる。これを理由に，規定の変更の必要性などを踏まえて，①合意形成に必要なステークホルダを漏れなく洗い出し，②事前に関係者に根回し

ここに注目！

“今回はうまくいったが，次はうまくいくとは限らない”という論旨展開をすることで，改善の余地や，その理由に話をつなげている点がよいです。

をして，③規定の改定などに必要な作業手順を洗い出しておく，という点において，改善の余地があると考える。

－以上－

memo

900字

1000字

1100字

1200字

論文事例2

平成30年度　問2

鈴木　久

memo

ここに注目！

もう少し“業務”に寄せて論じると更によくなります。

設問ア

1．パッケージ導入に携わった情報システム

1．1　対象業務

　私は首都圏の郊外にある水産加工品の製造販売会社の情報システム部に所属する，システムアーキテクトである。システムの設計開発に従事しているが，最近，業務パッケージを導入した事例を取り扱った。これは，「製造」工程の生産順序とスケジュールを計画し決定するサブシステムの構築であり，魚介類の身をカッター機械で磨り潰し，加工品のベースとなるすり身を生産加工する計画を対象としている。

1．2　情報システムの概要

　弊社は，この地方の同業の中では老舗として知られていて，比較的高級品を扱うブランドであると自負している。他社よりも品質の高い魚介類を仕入れ，質の高い製品を提供している。従来から，質の良い原材料があれば仕入れ，それを作り切って販売するという形態が定着していた。原材料の調達から，半製品の製造までは，現場主導の品質優先主義で生産活動を行い，そのあとで製品保管の段階から管理を行うようにシステム構築されていた。

1．3　パッケージ導入の目的

　現在でも，半製品以降はシステム管理を行っている。最近では，原材料の高騰とともに，売上の停滞が見られており，今まで管理を十分していなかった，川上の計画工程もしっかり管理し，業務効率化やコスト削減につなげる必要がでてきた。そこで現在使用している業務パッケージの計画モジュールを導入拡張することが，安定的でかつ保守や変更対応に優れるため導入することにした。

設問イ

memo

2．機能と業務機能のギャップと解決
2．1　パッケージ機能と実現したい業務機能とのギャップ

パッケージの生産計画機能を実装し，生産スケジュールを作成し，パッケージ本体の生産管理システムへデータを連携し管理することが求められていた。実際に生産を行う際には，スケジュール計画に対して実績を入力し，即時に予実が把握できることを目指した。 100字 200字

そこで問題になったのが，スケジューリングのディスパッチングルールの適用である。これはヒューリスティックに各生産ジョブの生産順とタイミングを割り付ける優先ルールであり，一般的には，「生産加工処理時間が短い」などといったルールが用いられる。弊社の製品に関して，すり身の品質保持の観点から，次工程の成形・加熱工程との時間差が短いものが望ましいものが多い。ただし，弊社の製品の中には，少し寝かしたもの，つまり次工程への時間差を比較的持たせることが望ましいものもある。このような時間差の観点でディスパッチングを確立したい状況であった。 300字 400字

ところが，このような特殊なルールのメニューはパッケージにはなかった。実現するにはカスタマイズが必要である。そこでパッケージへのカスタマイズを検討したが，それには，ディスパッチングモジュールの中を改修し対応しなければならない状況で，サポートや機密や権利上の理由からベンダからは難色を示された。日常のサポートやバージョンアップ対応などを考えると，ベンダの意向は尊重せざるを得ない。 500字 600字

2．2　検討した解決策 700字

ベンダと相談しながら，できることを探したところ，基本の機能として，メニューにあるディスパッチングルールを選択適用でなく，フリーに設定できるモードがあり，そこに連携できないかを考えてみることにした。デ 800字

memo

ここに注目！

設問で問われている“検討する上での方針”を明示して論旨展開すると，更によくなります。

ータの入出力についてはCSV形式なら，インターフェースが準備されていて対応可能であることも分かった。

　一方，弊社特有のディスパッチングルールも，ベテラン作業員からヒアリング可能で，何らかの形で手続を記述し実装できればよかった。そんな中で，文書ソフトのマクロ機能の設計熟練者が何人か社内にいることがわかり，マクロ機能で特有のルールを記述し，簡素な形でアドオンする方法を考えた。これは，現存のリソースで柔軟に対応可能で，ルールについても試行錯誤的に実装できるというメリットがあって好都合であった。

設問ウ

3．ギャップに対する解決策

3．1　適切だった点

今回，ベンダの制約を回避し，円滑にカスタマイズ対応を可能とした点で早期に実装することにつながりよかったものと考えている。今回適用を試みたルールも，ベテラン作業員の考えるところをトレースする方向で進めたのであるが，部分的にあいまいだったり，微妙に論理矛盾があったりして，試行錯誤的な開発は避けられなかった。

そんな中で，本格的なプロジェクトとして予算，工期，体制を整備して開発を進めたとしたら，開発を推進しにくく，途中で頓挫してしまう恐れもあったと想像する。エンドユーザコンピューティングを拡張したような形で，臨機応変的に少しずつユーザ確認しながら，ルールを固めながら開発を行ったことも，非常に適切なやり方であったと評価している。

3．2　改善の余地があると考えた点

今回，属人的なスキルに依存して開発を行った。つまり，現状では社内で改修やサポートに対応できる人材は限られるので，今後の改修などの保守対応において支障が出ることが考えられる。有識者であれば，対応が可能な状況を整備しておかないと，将来の不都合につながりかねない。

プログラムソースのコメント文の整備と，内容を確認しやすいような解説ドキュメントの整備，現状から極限までプログラムの構造化を追求し，保守性を高めることなどが課題と考えている。

－以上－

100字 200字 300字 400字 500字 600字 700字 800字

memo

ここに注目！

設問で理由を問うている場合，"理由は～"などと明示的に論じると，更によくなります。

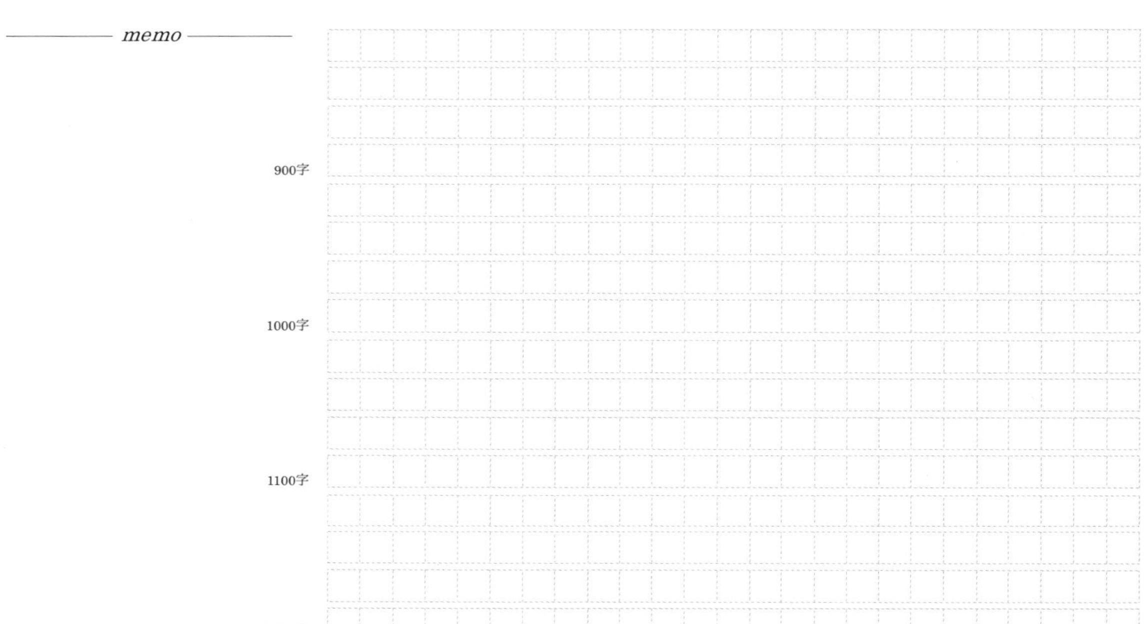

IPA発表採点講評

業務ソフトウェアパッケージ（以下，パッケージという）の導入において発生する業務とパッケージ機能のギャップの解決策について，ギャップの内容，検討方針，解決策についての具体的な論述を期待した。多くの受験者は，ギャップの解決策を具体的に論述しており，実際の経験に基づいて論述していることがうかがわれた。一方で，検討方針がなく解決策だけの論述，その解決策で業務が円滑に遂行できるかが不明な論述など，業務への踏み込みが不足しているものも見受けられた。システムアーキテクトには，対象業務の遂行に最適な解決策を選択する能力が求められる。システムの知識だけでなく業務を理解することを心掛けてほしい。

Memo

平成 29 年度 ▼ 問 2
柔軟性をもたせた機能の設計について

販売管理システムにおける販売方法の追加，生産管理システムにおける生産方式の変更など，業務ルールが度々変化する情報システムや業務ソフトウェアパッケージの開発では，様々な変化や要望に対して，迅速かつ低コストでの対応を可能にする設計，言い換えると柔軟性をもたせた機能の設計が求められる。

システムアーキテクトは，情報システムの機能に柔軟性をもたせるために，例えば，次のような設計をする。

・“商品ごとに保管する倉庫が一つ決まっている”という多対 1 の業務ルールを，“商品はどの倉庫でも保管できる”という多対多の業務ルールに変更できるように，商品と倉庫の対応を関係テーブルにしておく。

・多様な見積ロジックに対応できるように，複数の見積ロジックをあらかじめ用意しておき，外部パラメタの設定で選択できるようにしておく。

また，このような柔軟性をもたせた機能の設計では，処理が複雑化する傾向があり，開発コストが増加してしまうことが多い。開発コストの増加を抑えるためには，例えば，次のように対象とする機能や項目を絞り込むことも重要である。

・過去の実績，事業環境の変化，今後の計画などから変更の可能性を見極め，柔軟性をもたせる機能を絞り込む。

・業務の特性などから，変更可能な項目を絞り込むことで，ロジックを簡略化する。

あなたの経験と考えに基づいて，設問ア～ウに従って論述せよ。

設問ア　あなたが設計に携わった情報システムについて，対象業務の概要，情報システムの概要，柔軟性をもたせた機能の設計が必要になった背景を，800 字以内で述べよ。

設問イ　設問アで述べた情報システムで，機能に柔軟性をもたせるために，どのような機能に，どのような設計をしたか。柔軟性の対象にした業務ルールを含めて，800 字以上 1,600 字以内で具体的に述べよ。

設問ウ　設問イで述べた設計において，開発コストの増加を抑えるために実施した機能や項目の絞り込みについて，その絞り込みが適切であると考えた理由を，600 字以上 1,200 字以内で具体的に述べよ。

論文事例 1

平成 29 年度　問2

満川　一彦

設問ア

memo

1　対象業務の概要，情報システムの概要，柔軟性をもたせた機能の設計が必要になった背景

1．1　対象業務の概要

　私はシステムインテグレータF社に所属するシステムアーキテクトである。論述の対象とする顧客は，高級照明器具のメーカR社で，ホテル，レストラン，ホール，高級住宅などに数多くの照明器具を導入した実績をもっている。R社は東京に本社を置き，東京と名古屋にショウルームを構え，営業拠点は全国の主要都市に配置されている。私が機能設計を行った業務は，R社の製品の生産管理業務である。

1．2　情報システムの概要

　論述の対象とする情報システムは生産管理システムである。現行の生産管理システムを全面的に刷新し，データベースサーバ，アプリケーションサーバを中核とするWebシステムとして構築する。生産管理システムは，営業部門が使用する受注管理システムと連携する必要がある。

1．3　柔軟性をもたせた機能の設計が必要になった背景

　R社では，受注生産方式と在庫をもつ計画生産方式で製品を生産している。受注生産方式では，顧客の希望に合わせたデザインで生産する。受注生産方式を希望する顧客にはショウルームなどでカタログなどを基に照明器具のデザインを決定する。その際，過去の受注生産の製品も例として提示している。ある程度の割合で，受注生産の製品と同じ製品を希望する顧客がある。受注生産の製品は，過去の設計データが存在するため，設計工数が不要で，納期も短縮可能である。営業部門からの要望もあり，刷新する生産管理システムでは，受注生産の製品を他の顧客からも柔軟に受注できるような機能をもたせることになった。

memo

ここに注目！

設問イでは，“業務ルール”について，設問文の後半に現われます。キーワードの出現順に章立てをするのではなく，このように論旨展開を考えて章立てすることが重要です。

設問イ

2　柔軟性の対象にした業務ルール，柔軟性をもたせた機能と設計内容

2.1　柔軟性の対象にした業務ルール

受注生産の製品を他の顧客からの注文として応じ，短納期で製品を納められるようにするためには，計画生産の製品と同様に，ある程度の部品在庫をもつ製品（以下，準受注生産の製品）とする必要がある。部品の中には，受注生産の製品と計画生産の製品とで共通の部品もあるが，受注生産の製品でだけ使われている部品も存在する。準受注生産の製品は，計画生産の製品と同じ規模で受注が見込めないため，部品在庫を抱え込まないようにする必要がある。また，受注の状況によっては，納期には影響するが，部品在庫をもつことを中断し，受注生産の製品の再受注という形態に戻すことも必要である。今回の設計において柔軟性の対象にした業務ルールは，「準受注生産の製品を容易に増減できるようにする」と「準受注生産の製品専用となる部品の在庫計画を自動化する」の二つである。

2.2　柔軟性をもたせた機能と設計内容

(1)準受注生産の製品を容易に増減できるようにする

準受注生産の製品を容易に増減できるようにするためには，準受注生産の製品を固定するのではなく，部品表などの設計情報は維持したまま受注生産の製品に戻したり，受注生産の製品を準受注生産の製品として取り扱えるようにしたりすることが必要である。実現方法として，２通りの方法が考えられる。一つは製品を管理しているテーブル構造を変更して，受注生産の製品か準受注生産の製品かを識別できるようにする方法である。もう一つは，新たなテーブルを用意し，当該テーブルに識別情報を保持する方法である。生産管理システムの刷新に当たっては，開発期間の短縮のため，極力既存システムを流用することになっており，テーブル構造の変更は影響が

memo

大きい。私は，新たな管理テーブルを追加することとし，当該テーブルの情報を変更することで，準受注生産の範囲を柔軟に変更できるようにした。

⑵準受注生産の製品専用となる部品の在庫計画を自動化する

新しい生産計画システムでは，準受注生産の製品を初めて取り扱うことになる。準受注生産の製品専用の部品については，計画生産の製品の部品のように適切な在庫数を決定するためのノウハウが皆無である。私は，営業部門，生産部門と連携し，計画生産の製品を参考にして，準受注生産の製品の受注見込みを算定するロジックを明確化し，生産管理システムへ取り込むこととした。

準受注生産の製品については，受注実績の蓄積に伴って，受注見込みを算定するロジックを継続的に見直していく計画である。

900字
1000字
1100字
1200字
1300字
1400字
1500字
1600字

設問ウ

memo

3　開発コストの増加を抑えるために実施した機能の絞り込み，絞り込みが適切であると考えた理由

3．1　開発コストの増加を抑えるために実施した機能の絞り込み

　生産管理システムの構築においては，納期が厳密に決められていると同時に開発コストについても制約が大きい。私は，開発コストの増加を抑えるために，R社の情報システム部門と協議して，開発する機能を絞り込むことにした。対象とする機能は，準受注生産の製品専用となる部品の在庫計画を自動化する機能である。基本設計段階では，営業部門，生産部門がもつ経験値を基にして，準受注生産の製品の受注見込み数を決定する機能をもたせる予定であった。しかし，営業部門，生産部門とも定性的な経験値にとどまっており，受注見込み数を自動的に決定するために必要となる具体的なノウハウは蓄積できていなかった。実装できるように必要となるノウハウを引き出すためには，専門家を交えて情報を整理する必要があるが，現状でも制約が大きい開発コストの増加につながるため，新しい生産管理システムでは，自動化する部分を見送ることとした。システムのカットオーバ時には，経験値を基に受注見込み数の予想を提示し，担当部門が内容を確認した上で，数値を修正する仕掛けを実装する。

3．2　絞り込みが適切であると考えた理由

　私は，基となるデータが十分でなく自動化する機能を実装しても得られる情報が必ずしも最適解とならないこと，開発コストを積み増せば必要な情報が得られる可能性が高いことなどの理由から，自動化する機能の実装は，準受注生産の製品の受注実績が蓄積されてから実装する方が得策であると判断した。私は，R社の情報システム部門に対して，生産管理システムのカットオーバ時には機能を絞り込むという設計について説明した。設計完了

ここに注目！
理由を明示している点がよいです。

後のレビューでR社の情報システム部門から，機能の絞り込みと，別途自動化機能を実装することについて了承が得られた。

－以上－

memo

900字

1000字

1100字

1200字

IPA発表採点講評

柔軟性をもたせるための設計と，対象にした業務ルールについての具体的な論述を期待した。多くの論述は，柔軟性をもたせるための機能の設計内容を具体的に論述していた。一方で，要求事項又は設計方針だけにとどまり，具体的な設計内容が不明な論述も見受けられた。また，その設計に当たって，開発コストを抑えるために実施した機能や項目の絞り込みについての論述を期待したが，設計内容と絞り込みとの関連が薄い論述も見受けられた。システムアーキテクトには，様々な変化や要望に対して，迅速かつ低コストで対応できる情報システムを設計する能力が求められる。現在の要望だけでなく，将来の変化も意識した設計を心掛けてほしい。

平成27年度 ▼ 問1
システム方式設計について

システムアーキテクトは，情報システムの開発で，ハードウェア，ソフトウェア及び人手による作業をどのように組み合わせてシステム要件を実現するのかを総合的に検討し，システム方式を設計する。総合的な検討の視点としては，業務プロセスへの効果，実現可能性などがある。業務プロセスへの効果としては，情報システムの稼働後の業務の処理時間短縮，品質向上，運用コスト削減などがある。実現可能性の判断のためには，適用技術，開発コスト，開発期間，セキュリティリスク，運用性，保守性などを考慮する。

このようなシステム方式設計には，例えば次のようなものがある。

・業務の品質向上という要件を実現するために，業務上のミスが他の業務に大きな影響を与えるような重要な作業は，全てソフトウェア開発の対象に含めた。

・低コストでの業務の効率化という要件を実現するために，実施頻度が高い作業をソフトウェア開発の対象にし，開発すると費用が掛かるが手作業で実施しても業務運用上大きな問題にならない作業は，人手で実施することにした。

・開発期間を短くするために，外部との通信などの共通機能には，ソフトウェアパッケージを活用した。

また，システム方式設計の結果は，利用者に説明しなければならない。そのため，情報システム稼働後の業務の全体像を示して業務部門の役割分担を明確にしたり，業務担当者の利用するシステム機能を業務フローに明示して情報システムの利用局面を示したりするなど，利用者の理解度を高める工夫をすることも必要である。

あなたの経験と考えに基づいて，設問ア〜ウに従って論述せよ。

設問ア　あなたがシステム方式設計に携わった，対象の業務と情報システムの概要を，それぞれの特徴を含めて，800字以内で述べよ。

設問イ　設問アで述べた情報システムで，どのようなシステム要件を実現するために，どのようなシステム方式を設計したか。業務プロセスへの効果，実現可能性などの決定理由を含めて，800字以上1,600字以内で具体的に述べよ。

設問ウ　設問イで述べたシステム方式設計の結果を説明する際に実施した，利用者の理解度を高める工夫を，実例を含めて，600字以上1,200字以内で具体的に述べよ。

論文事例1

平成27年度　問1

岡山　昌二

memo

設問ア

第1章　対象業務と情報システムの概要

1.1　対象業務の概要

　A社は健康食品を輸入して日本国内で販売する，毎年，増収増益を繰り返す急成長中の社員20人ほどの商社である。論述の対象となる業務は，A社における販売業務である。対象業務の概要としては，A社の販売部門が，商品を国内の健康食品業者に展示会などを通じて紹介して，商品を受注・販売する。商品は国内の複数の倉庫に分散されており，商品を受注すると在庫を引き当てて出荷している。

　A社の商品は，健康食品の原材料であるが，使い方が不適切であると，不都合が生じるという面もある。したがって，販売業務の特徴としては，食品安全のための商品知識が必要となる，という点を挙げることができる。

1.2　情報システムの概要

　論述の対象となる情報システムは，A社における，SFAを中核とした販売システムである。従来，A社では在庫管理システムだけが稼働していた。そのシステムを活用して，販売員への在庫情報の提供，受注への在庫引当，決算のための棚卸情報提供，などを行っていた。

　販売システムの開発では，既存の在庫管理システムを刷新しながら，SFAを新規導入する形態をとった。

　A社は，急成長中の企業であることから業務プロセスが成長に合わせて変化する。したがって，情報システムの特徴としては，柔軟な拡張性や処理能力の向上が求められるという点を挙げることができる。

　私は，販売システムの開発を請け負った，A社を担当する経営コンサルタント会社のシステムアーキテクトである。次に述べるようにして，私は小規模な企業であるが，急成長中というA社の特徴を踏まえて，システム方式設計を行い，その設計結果を利用者に説明する際，工夫を行い，利用者の理解度を高めた。

設問イ

memo

ここに注目！
業務要件とシステム要件を書き分けられることが重要です。

第2章　システム方式設計

2．1　実現するシステム要件

　要件定義局面において定義した業務要件を踏まえた，実現すべきシステム要件を次に挙げる。

(1)販売活動効率の向上のために営業員のパフォーマンスを定量的に把握する情報の提供

　A社は販売促進のために出費がかさむ展示会などに参加しても，展示会参加の効果測定が難しい状況であった。A社の経営陣は，販売力の強化による売上向上のためには，現在の販売活動を定量的に把握することが不可欠と考えていた。現状のように販売活動にかかわる管理資料が少ない状況を続けながら販売員を増員しても，効果的，効率的な販売活動力の増強が望めないと考えたからである。

(2)効果的な販売活動支援のための商品の在庫情報や販売キャンペーンの情報の提供

　A社の商品は健康食品の原材料であるため，消費期限の管理が重要になる。そのため，在庫情報には，ロット単位の消費期限を付加して在庫管理をしていた。さらに，消費期限が迫った在庫についてはキャンペーンを行い，大幅なディスカウントによる拡販を行っている。したがって，在庫情報や販売キャンペーン情報を販売員に提供する必要があった。

　(1)，(2)が，主なシステム要件である。

2．2　設計したシステム方式

　システム要件を基に設計したシステム要件を次に説明する。

(1)パブリッククラウドサービスの利用

　営業員のパフォーマンスを定量的に把握するというシステム要件を基に，資料提供にかかわる標準機能が既にそろっている点を重視して，①パッケージ利用（以下，パッケージという），②パブリッククラウドサービス利

memo

用（以下，クラウドという）を検討した。

　業務プロセスの効果について，販売活動にかかわる資料提供という視点から，パッケージとクラウドの差はなかった。ただし，急成長中のA社にとって，情報システムの特徴としては，拡張性や柔軟な処理能力の向上が求められるという点を挙げることができる。その点を踏まえると，処理能力の拡張性が容易なクラウドサービスを採用することで，企業規模の増大に柔軟に対応できると考えた。したがって，実現可能性という視点において，クラウドの方が有利となった。

　商品の在庫情報提供というシステム要件についても，クラウドの方が有利になったため，それを採用する方向で検討を進めることにした。クラウド業者によって，追加開発事例も豊富に提供されたため，私は，クラウド業者側に出向き，在庫管理システムのサンプルを操作することにした。なぜならば，実際に事例を操作することで，実現可能性という視点の開発コスト及び保守性の優位性を最終判断できると考えたからである。操作説明の現場では，試作品を基にメンテナンスの実演をしてもらうことで，ソフトウェア保守の容易性を確認した。

(2)クラウドからパソコンにデータをダウンロードして手作業で加工

　販売キャンペーン情報の提供というシステム要件については，クラウドからデータをダウンロードし，表計算ソフトなどを用いて手作業で資料を作成するようにした。実現可能性の検討において，開発コストがかさみ，費用対効果での優位性が期待できないと判断したからである。

　このようにして，システム要件を踏まえたシステム方式設計を行った。

設問ウ

memo

第3章　利用者の理解度を高めるための工夫

3．1　システム方式設計の結果

システム方式設計の結果，SFA と在庫管理ではクラウドの利用，販売キャンペーンの情報の作成は，手作業というシステム方式設計の結果となった。

この結果を利用者に説明する際，次のような課題があった。

(1)クラウドに慣れていない利用者の不安を払拭するという課題

(2)システム化しても手作業が残るという不満を解消するという課題

(1)，(2)の課題に対して，次に述べるように対応した。

3．2　利用者の理解度を高めるための工夫

困難な状況や課題に対して，次の工夫によって，利用者の理解度を高めるようにした。

(1)現行の在庫管理システムの試作品をクラウド上に構築

利用者の不安という課題に対しては，実際にクラウドを使ってもらうことが近道であると考えた。ただし，SFAの標準的なクラウドサービスであると，表面的な理解で終わる可能性があった。将来，システムを積極的に活用して販売力を強化するためには，十分なユーザ部門の理解が不可欠であった。

そこで私は，現行の在庫管理システムの仕様に基づいて，クラウド上に在庫管理システムの試作品を構築することにした。なぜならば，現行システムと同様なシステムをクラウド上に構築し，利用者と開発担当者が会話をしながら，システムを構築できるというクラウドの利便性を利用者に実感してもらうことで，知識不足による不安を払拭して理解度を上げることができると考えたからである。

(2)システム化することで利便性が低下することを，業務フローを作成して説明

手作業が残るという不満への課題については，①システム化したときの業務フローを作成して説明し，現在の会社規模ではシステム化すると利便性が低下することを理解してもらう，②費用対効果を示して理解してもらう，などの案を検討し，特に①を重視して利用者の理解度を高めるようにした。なぜならば，会社が成長した場合，将来的には必要になる機能であり，システム開発側と利用者側，ともに将来的な理想業務モデルを意識しながら，次期システムのシステム方式設計内容を固めたいと考えたからである。

このような工夫を行い，システム方式設計内容の理解度を高めることに成功した。

－以上－

900字
1000字
1100字
1200字

memo

ここに注目！

困難な状況からのブレークスルーを表現することで"工夫"をアピールしています。

IPA発表採点講評

システム要件をハードウェア，ソフトウェア及び人手による作業をどのように組み合わせて実現したかというシステム方式の設計結果を具体的に論述することを期待した。システム要件をどのように実現したかについては多くの受験者が論述していた。しかし，システム方式の設計そのものではなく，既に設計されたシステム方式を前提としたソフトウェア方式やソフトウェアの機能設計に関する論述が散見された。システムアーキテクトには，業務を情報システムの視点から整理する役割が求められることを認識してほしい。

平成 27 年度 ▼ 問 2
業務の課題に対応するための業務機能の変更又は追加について

システムアーキテクトは，業務の課題に対応するために，情報システムの業務機能を変更したり追加したりする。

例えば，通信販売業で，受注量や納品場所などの変更を出荷指示直前まで受け付け，受注当日中に出荷したいという業務の課題に対応するためには，次のような業務機能の変更又は追加が必要となる。

・翌日以降分だけが可能であった受注内容の変更を，出荷指示直前まで受け付け，変更内容を作業計画や作業指示に反映する。そのため，受注から出荷指示までの既存の各業務機能を，日次起動方式から随時起動方式に変更する。

・出荷作業時間を短縮するために，既存の出荷指示機能に，出荷作業者の倉庫内の移動距離が最短となるピッキング順序を指示する機能を追加する。

このような業務機能の変更又は追加では，既存機能の活用や既存の情報システムへの影響の最小化のために，例えば次のような工夫をすることも重要である。

・既存の出荷指示のロジック部分をそのまま利用し，処理方式を随時起動方式に変更することで，受注内容が変更される都度，出荷指示内容に反映できるようにする。

・出荷機能に影響を与えないよう，ピッキング順序を最適化する機能を新たに開発し，既存の情報システムから利用する方式にする。

あなたの経験と考えに基づいて，設問ア〜ウに従って論述せよ。

設問ア　あなたが携わった情報システムにおいて，業務機能の変更又は追加を必要とするような業務の課題はどのようなものであったか。対象となった情報システムの概要，及び業務の概要とともに，800 字以内で述べよ。

設問イ　設問アで述べた業務の課題に対応するために，どのような業務機能の変更又は追加が必要となったか。業務の課題に対応できると考えた理由とともに，800 字以上 1,600 字以内で具体的に述べよ。

設問ウ　設問イで述べた業務機能の変更又は追加の際，既存機能の活用や既存の情報システムへの影響の最小化のために，どのような工夫をしたか，600 字以上 1,200 字以内で具体的に述べよ。

論文事例1

平成27年度　問2

岡山　昌二

設問ア

memo

第１章　情報システムの概要及び業務の概要

１．１　情報システムの概要

中堅のビジネスホテルチェーンであるA社は，北陸地方を中心に，立地条件や大浴場などのサービスを売りにして固定客を取り込んできた。このたび，A社の商圏を脅かすように，関東を中心とするホテルチェーンB社が，次々に新規ホテルをオープンすることが判明した。

そこで固定客の囲込みを確固たるものにするために，A社のホテルで稼働しているフロントシステムの改修を行うことになった。この情報システムは，Webで予約された情報を基にホテルにチェックインし，ホテル宿泊料金以外に，朝食料金，電話料金，各種サービス料金をチェックアウト時に精算する機能をもつ。

情報システムの特徴としては，顧客応対時にフロント係が操作するため，システムの応答性など操作性の良し悪しが顧客満足度に直結する点を挙げることができる。

１．２　業務の課題を含めた業務の概要

フロント業務は，チェックインとチェックアウトに大別できる。チェックインでは，インターネットを介した顧客からの入力によってWebシステムで収集・管理された顧客台帳，及び予約情報を基に，フロント係が顧客をフロントで受け付け，ホテルの部屋の案内をする。チェックアウトでは，ホテル料金や，各種サービス料金を精算して，顧客が代金を支払う。

A社では顧客満足度の調査を行った結果，チェックアウトに時間がかかりすぎるという不満が多いことが判明した。社内での検討の結果，チェックアウトにおける顧客の待ち時間を7分以内に短縮するという業務の課題に対応することになった。私は，A社情報システム部門のシステムアーキテクトの立場で，次のようにして，業務機能を変更した。

memo

設問イ

第2章　業務課題に対応するための業務機能の変更又は追加

2．1　業務課題に対応するための業務機能の変更又は追加

チェックアウトにおける顧客の待ち時間を7分以内に短縮するという業務の課題に対して，私は最初にチェックアウト業務の作業時間を分析することにした。

作業としては，料金精算システムの操作，顧客への精算項目確認作業，領収書の印字，顧客による代金支払などの作業があった。そのうち，時間短縮が可能な作業は，領収書の印字と顧客による代金の支払であった。

そこで私は，①チェックアウト窓口の増設，②高速プリンタの導入，③フロント業務の平準化という案を検討し，③を選択することにした。なぜなら，シミュレーションの結果，次の2．2に述べるような抜本的な改善が期待できると判断したからである。

フロント業務の平準化のためには，代金の前払制を導入する必要があると考えた。そのための業務の機能としては，次に述べるような，チェックイン時における前払機能の追加，チェックアウト時における精算機能の変更が必要であった。

追加する前払機能は，チェックイン時に，必要に応じて朝食料金を含めて部屋料金を受け取り，領収書を発行する機能である。

精算機能の変更については，チェックアウトにおいて，チェックイン時に受け取った代金に変更がなければ，そのまま精算を終了し，変更がある場合に限り，追加の代金を顧客から受け取り，追加の領収書を発行するように変更する。

2．2　業務課題に対応できると考えた理由

情報システムの変更が業務にどのような効果を及ぼすかについて，具体的には次のようなシミュレーションを

ここに注目！
業務機能の追加と変更について，明示的に論じています。

memo

実施した。

チェックアウト業務の繁忙時間帯において，待ち時間の多いホテルの状況を分析した。その結果，チェックアウト時に，追加料金が発生せず領収書の再印刷が不要なケースは全体の70%で平均サービス時間が1分，追加料金が発生して再印刷が必要なケースは全体の30%で平均サービス時間が2分30秒ほどあることが判明した。この分析を基に，平均到着率や窓口数を基にシミュレーションした結果，95%のケースにおいて顧客の待ち時間を7分以内にできることが判明した。

なお，その他の案である，①チェックアウト窓口の増設は，ホテルによってはスペース的に困難であり，②高速プリンタの導入は期待できる効果がないことが判明したため不採用とした。

前払機能の追加と精算機能の変更によって，チェックアウトにおける顧客の待ち時間を7分以内に短縮するという業務の課題を解決できると考えた理由は，このようなシミュレーションの結果からである。

設問ウ

第3章　既存機能の活用や既存の情報システムへの影響の最小化における工夫

3．1　既存機能の活用における工夫

A社の中長期情報システム化計画では，来年度から新フロントシステムの再構築プロジェクトが立ち上がることが計画されていた。そのため，今回の改修では，開発規模としても抑える必要があり，予算的に厳しい状況であった。そこで私は，前払機能の追加においては，既存の精算機能を流用して，その一部を改修することにした。具体的には，精算時において，追加料金なしの基本料金だけで迅速に前払ができるようにして，システム開発規模を抑えるように工夫した。

3．2　既存の情報システムへの影響の最小化における工夫

前払機能を追加して，料金の前払が実現すると，これまで集中していたフロント業務が平準化され，繁忙時間帯以外の時間帯にも業務が分散される。その結果，繁忙時間帯以外の時間帯において，顧客マスタへのアクセスの集中によるレスポンスタイムの悪化など，フロント係が行っている既存の情報システムの利用に悪影響が生じることが想定できた。

そこで私は，Webによる予約時において料金をカード支払できる機能をWeb予約システムに追加し，チェックイン時にWebによる前払を確認できるようにした。これによって，フロント係のフロント業務の作業量を削減できると考えたからである。

ただし，メリットがないと顧客からの前払は期待できないと考えた。そこで私は，Web予約時において支払を済ませた場合は，割引料金を適用できるように，A社のシニアマネージャと交渉して，承認を得ることに成功した。

このように，私は前払機能の追加に加え，“予約時に

memo

ここに注目！

設問の“既存機能の活用や既存の情報システムへの影響の最小化”という記述について，“や”は，その前後の二つの事項について，解答することが求められていると考えてください。

memo

顧客が支払を済ませると，割引価格が適用される”という施策を追加することで顧客の前払を推進するという工夫をした。これによって，フロントにおける料金支払件数を減らし，フロント業務における業務量を平準化することを確実なものにした。

900字

－以上－

1000字

1100字

1200字

IPA発表採点講評

業務課題とその解決のために必要になった情報システムの業務機能の変更又は追加の内容を，具体的に論述することを期待した。情報システムの変更又は追加の内容については具体的に論述されているものが多かった。しかし，情報システムの変更が業務にどのような効果をもたらすかまでは言及していないなど，業務の課題を認識できていないと思われる論述が散見された。システムアーキテクトには，対象業務や業務目的を正しく理解し，情報システム開発に反映する能力が求められることを認識してほしい。

平成25年度 ▼ 問2
設計内容の説明責任について

システムアーキテクトには，システム開発関係者に十分な情報を提供し，設計した内容が適切であることを説明する責任がある。そのためには，説明する相手に応じて，理解してほしい項目とその説明の観点を明確にしなければならない。

例えば，ソフトウェア開発リーダにソフトウェア方式を説明する場合には，ソフトウェア要件定義書に基づき，ソフトウェアの最上位レベルの構成及びコンポーネントが果たすべき機能が業務要件と整合していることを理解してもらう。その際，次のような観点から説明する。

・対象業務の機能要件及び非機能要件と，コンポーネント分割の方針との整合性
・コンポーネント分割の方針に従って設計したソフトウェア構造，そのソフトウェア構造の業務変化への対応容易性などの評価項目と評価結果

また，IT サービスマネージャに障害時の対応処理方式を説明する場合には，IT サービス要件で定めた目標に基づき，設計したハードウェア構成及びソフトウェア方式によって目標を達成できることを理解してもらう。その際，次のような観点から説明する。

・障害への対応方針と，その方針に従った障害対応処理の設計内容
・設計した障害対応手順などがITサービス要件を満たしていると判断した根拠

さらに，限られた時間内で効率よく理解してもらえるように，構成を含めプレゼンテーションを工夫することも重要である。例えば，全体を説明した上で各論を説明するために，全体を俯瞰(ふかん)できる資料及び個別の論点と結論を明確にした資料を用意する。

あなたの経験と考えに基づいて，設問ア〜ウに従って論述せよ。

設問ア　あなたが設計に携わったシステムとその対象業務，及びあなたが責任をもって説明した設計の概要について，800字以内で述べよ。

設問イ　設問アで述べた設計の内容を，誰に，どのような項目を理解してもらうために，どのような観点から説明したか。800字以上1,600字以内で具体的に述べよ。

設問ウ　設問イで述べた説明を限られた時間内で効率よく理解してもらえるように，どのようにプレゼンテーションを工夫したか。また，その結果から，プレゼンテーションの内容について改善すべきと考えた点について，600字以上1,200字以内で具体的に述べよ。

論文事例1

平成25年度　問2

岡山　昌二

設問ア

memo

第1章　システムとその対象業務及び設計の概要

1．1　システムとその対象業務

　私が開発に携わったシステムは，スポーツチームのグッズの販売を主軸とした，ある小売店チェーンＡ社のWeb受注システムである。このシステムではビジュアル的に優れた商品画面を利用者に提供することで，売上アップを狙っている。ハードウェア構成としては，Web，アプリケーション，データベースサーバであり，これらは仮想サーバのクラスタリングによって信頼性が確保されている。受注した情報はバックエンドの販売管理システムに渡している。

　対象業務は，インターネット経由の受注業務である。対象業務の特徴としては，①人気チームのグッズの発売開始時は，特定の商品群に大量のアクセスが集中する，②システムの可用性が売上金額に直結する，ということを挙げることができる。

1．2　説明した設計の概要

　説明した設計は，主に可用性に関するITサービス要件を達成するためのハードウェア構成とソフトウェア方式についてである。

　ハードウェア構成については，システム構成に仮想サーバによるクラスタリングを採用したことである。

　ソフトウェア方式については，インシデントの発生時にフォールバックができずに，システムが全面的に停止してしまうなどの課題があった。そこで私は，特定の商品群に注文が集中しているという対象業務の特徴を踏まえて，商品群別にシステムを稼働できるソフトウェア方式とした。ただし，商品群別に料金を支払うことはできないため，商品を選択して精算するプロセスは共通部分とした。精算プロセスは仕様変更の発生頻度が，商品の検索などに比べて低いために，ソフトウェア障害の発生頻度を抑えられると考えたからである。

memo

設問イ

第2章　説明相手と理解してもらう項目及び説明の観点

2．1　説明相手と理解してもらう項目

Web受注システムでは，要件定義が終了した段階において，ITサービス要件の非機能要件として，システムの可用性99%という稼働率に関する目標値が設定されていた。一方，A社のITサービスマネージャは，要件定義以降の設計局面のシステム開発に参画して，その際，システムアーキテクトである私に，稼働率の目標達成に向けて各種の助言をしていた。

ITサービスマネージャに対して私は，理解してもらう項目として“ハードウェア構成とソフトウェア方式によって目標稼働率を達成できる”を設定した。更に設計内容について，次のように設計者としての説明責任を果たした。

2．2　説明の観点

ハードウェア構成とソフトウェア方式によって，目標稼働率を達成できることを理解してもらうために私は，(1)障害への対応方針，(2)その方針に従った障害対応処理の設計内容，(3)設計内容によって目標を達成できると考えた根拠，を説明の観点と設定することにした。具体的には次のように考えた。

(1)障害への対応方針

障害への対応方針としては，ハードウェアやソフトウェア障害など，障害原因を分類して，それごとに対策を設計に盛り込んで目標稼働率を達成するという方針とした。

(2)方針に従った障害対応処理の設計内容

方針に沿った対策に設計内容を絞り込み，絞り込んだ結果を次に説明する。

①ハードウェア障害に対しては，仮想サーバ技術を導入する。更に仮想サーバを稼働させる物理サーバに障害が発生した場合は，物理サーバごと仮想サーバを移動

memo

させる障害対応処理の設計とした。
②ソフトウェア障害に対しては，ソフトウェア方式として，商品群別にITサービスを提供できる設計とした。
なお，精算プロセスについては全商品に共通で使用できる設計とした。共通で使用するので，精算プロセスにシステム障害が発生した場合は，ITサービスの全面停止につながる。しかし，仕様変更の多い商品検索などのプロセスと比較して仕様変更の発生頻度が低い点を根拠に安定的なサービスの提供が可能と判断した。
(3)設計内容によって目標を達成できると考えた根拠
設計内容によって，目標稼働率を達成できると考えた根拠を，次のようにして示した。
①類似システムの障害事例から，その類似システムのハードウェア障害とソフトウェア障害など，障害原因とその障害に起因するITサービス停止時間を求める。
②設計したハードウェア構成とソフトウェア方式によって，回避できるITサービス停止時間を算出する。
③回避できるITサービス停止時間を基に，類似システムの稼働率を再計算して，設計したハードウェア構成とソフトウェア方式を実装するWeb受注システムが目標稼働率を達成できることを示す。
以上のよう考えて私は，ITサービスマネージャに説明責任を果たせると判断した。

900字 1000字 1100字 1200字 1300字 1400字 1500字 1600字

ここに注目！
事例の詳細をそのまま書くのではなく，採点者が分かりやすいようにモデル化することも重要です。

memo

ここに注目！

工夫をアピールするためには，困難な状況を説明してから，施策を書くとよいです。

設問ウ

第3章　プレゼンテーションの工夫と改善すべきと考えた点

3.1　プレゼンテーションの工夫

ITサービスマネージャは多忙であるため，限られた時間内で説明して，Web受注システムのITサービス要件である目標稼働率を達成できることを納得してもらわなければならない。設計内容などを逐次説明していては，論点が分かりづらくなり，説明相手の理解を得られない可能性があると考えた。そこで私は，説明後における相手の理解度について，最低レベルと目標レベルの二つのラインを設定することとした。

最低レベルは，説明の全体の流れが分かるように1枚の資料にまとめ，説明の全体の流れを説明相手に理解してもらうというレベルである。このように考えた根拠は少なくとも全体の流れを理解してもらうことで，今回の説明では理解できない箇所があったとしも，その箇所に絞り込んで，次回，説明に関して改善すればよいと考えたからである。なお，理解の目標レベルは，説明内容を相手に理解してもらうというラインである。

このように考えて私は，全体の流れを理解したら，各論に移り，個別の論点と結論を明確にするように資料を作成した。具体的な個別の論点としては，障害への対応方針，ハードウェア構成の設計内容，ソフトウェア方式の設計内容，目標を達成できると考えた根拠，である。

根拠を示す際には，A社における類似システムの障害事例を基に根拠を示すこととした。具体的にはA社の社内ワークフローシステムを基に，Web受注システムと同等の設計内容にした場合の稼働率を算出して，目標稼働率を達成できる根拠とした。A社で稼働する身近な類似システムを例に挙げて根拠とすることで，短時間で説明ができるとともに，説明内容の信ぴょう性も高まると考えたからである。

3．2　改善すべきと考えた点

1回目の説明会では，「目標を達成できると考えた根拠」について，ITサービスマネージャから，実際にある，サービスデスク，インシデント管理チーム，問題管理チームのインシデント対応手順に準拠して説明してほしいという要望をもらい，事前に設定した最低レベルのラインはクリアしたという状況であった。2回目の説明会では，要望に沿った説明を行い相手からの理解を得た。

今後改善すべき点は，説明相手の組織構成を盛り込んで具体的な手順などを示すことで，より相手がイメージしやすい資料を作成する点である。

－以上－

memo

900字
1000字
1100字
1200字

IPA発表採点講評

設計した内容を，関係者に対して，どのような観点から説明したのかについて，自らの経験に沿って論述することを期待した。この意図を理解して選択した受験者は，適切な論述をしていた。ただ，“説明した内容”と“説明の観点”の違いを理解できずに選択したと思われる受験者も多く，この場合は設計項目を羅列した論述や設計過程を述べただけの論述になっていた。この意味で，全体では題意に沿った論述と，そうでない論述に二極化しており，後者が多かった。

システム開発においては，関係者が多くなることは必至である。このため，関係者に期待する役割を果たしてもらえるよう，観点を明確にして設計内容を説明する能力がシステムアーキテクトには必要とされる。この能力の重要性を理解し，実践してほしい。

第4章

開発（ソフトウェアの設計）

平成24年度 ▼ 問1

業務の変化を見込んだソフトウェア構造の設計について

企業を取り巻く環境の変化に応じて，業務も変化する。情報システムには，業務の変化に対応して容易に機能を変更できるような，ソフトウェア構造の柔軟性が求められる。

このため，システムアーキテクトは，システム要件定義の段階から，業務の変化が起こり得るケースを想定し，変化の方向性やシステムに与える影響を予測する。ソフトウェア構造の設計では，その予測に基づいて，業務が変化してもシステム全体を大きく作り直す必要がないように考慮しなければならない。

例えば，次のようにソフトウェア構造の設計を行う。

・業務フローの制御部分と業務ロジック部分を分離する。
・業務ロジックが互いに疎結合となるように分割する。
・データアクセスコンポーネントを共通化する。

その際，そのような設計を行うことによって引換えに生じた課題に対応するための工夫を行うことが重要である。例えば，処理時間が長くならないように複数のプロセスを並行して処理したり，処理同士の整合性を確保するために排他制御の仕組みを用意したりする。

あなたの経験と考えに基づいて，設問ア～ウに従って論述せよ。

設問ア　あなたがソフトウェア構造の設計に携わったシステムにおける，対象業務の概要及び特徴について，800 字以内で述べよ。

設問イ　設問アで述べたシステムについて，どのような業務の変化を想定したか。また，業務が変化してもシステム全体を大きく作り直す必要がないように，どのようなソフトウェア構造を設計したか。800 字以上 1,600 字以内で具体的に述べよ。

設問ウ　設問イで述べたソフトウェア構造の設計において，生じた課題とそれに対応するために重要と考えて工夫した内容，及び設計したソフトウェア構造に対するシステムアーキテクトとしての評価について，600 字以上 1,200 字以内で具体的に述べよ。

論文事例1

平成24年度　問1

長嶋　仁

設問ア

1－1　対象業務の概要

私がソフトウェア構造の設計に携わったシステムの対象は会計業務である。会計業務は，制度に基づいて各種の財務諸表を作成する財務会計と，部門別・商品別・プロジェクト別・顧客別といったセグメントごとに売上や利益率を分析する管理会計に大別される。

財務会計は経理部が分掌しており，日々の仕訳伝票処理とともに，月次決算・中間決算・本決算のサイクルの定例業務を遂行している。

管理会計は，会計システムを運用してデータを作成する業務までが経理部の責任で，データの分析や再加工などの利用はそれぞれの事業部門が行っている。データの利用では，会計システムの管理会計機能の出力結果や，簡易BIツールによるエクスポートした明細データに対するトレンドや相関分析の結果を活用して業務改善につなげている。

1－2　対象業務の特徴

会計業務の一つ目の特徴は，会計は様々な事業活動の結果を集約するという点である。購買や生産活動に伴うコストの発生，営業やサービス活動に伴う売上やコストの発生を事後に記録する。このため，データフローとして，会計業務は各業務の最下流に位置する。業務を支援する会計システムにおいても，各業務システムのデータを取り込む機能によって，多くの仕訳伝票は自動的に生成される。

二つ目の特徴は，集約されたデータを活用する管理会計業務を行う社員の範囲が広いという点である。前述のように管理会計のデータを実際に利用するのは事業部門なので，多くの社員がかかわる。そのため，事業環境の変化や業務改善に伴う様々な要求の変化が継続的に発生することが特徴と言える。

memo

100字 200字 300字 400字 500字 600字 700字 800字

memo

ここに注目！

設問アの後半で述べた対象業務の特徴を踏まえた展開にしてもよいでしょう。

設問イ

2－1　想定した業務の変化

自社開発の現在の会計システムは，7年間運用されてきた旧システムを，新しいシステム基盤に移行することを目的として2年前に更改したものである。この更改プロジェクトにおいて，私はシステムアーキテクトとしてユーザ要求定義からソフトウェアの構造設計を含めて開発工程全体に携わった。

私は，更改プロジェクトのシステム要件定義の段階において，業務の変化と会計システムに与える影響について，大きく次の3点を想定した。

①税制や法令の改正，親会社の上場などに対応するために財務会計業務を変更する。その影響として，会計システムにおいて該当する機能を改修する。

②事業部門が業務を変更あるいは効率化するために，例えば，発注システムにおける取引先のシステムとの連携や，経費精算システムの携帯端末対応といったシステムの更改を行う。その影響として，会計システムのデータ取込み機能を改修する。

③例えば，従来は商品の卸売りを行っていた販売業務が，商品と保守を組み合わせたサービスとして提供する業務に変化する。その影響として，管理会計システムで扱いたいデータ項目や属性に変更が生じて，データの処理機能やデータベース構造を変更する。

2－2　設計したソフトウェア構造

ソフトウェアの構造設計においては，業務が変化してもシステム全体を大きく作り直す必要がないことを考慮した。私は，旧システムの開発保守の経験から，想定した三つの業務の変化によるシステムへの影響のうち，システムの改修範囲が広くなるのは，③のデータ及びデータベースの変更に起因するシステムの保守と考えた。

改修範囲が広がる理由は，旧システムにおけるデータアクセスの方法に起因する。旧システムのデータアクセスでは，管理会計の業務ロジックを記述している個々のサーブレットから，JDBCを使ってデータベースに接続してSQLでデータを読み出していた。データベースの項目や接続先の情報が変更になる場合，サーブレット内のJDBCコードを修正してリコンパイルする必要がある。管理会計システムの拡張に伴い，同じようなJDBCコードが個々の業務ロジックの中に多数あるために，改修範囲が広くなっていた。

　そこで，新システムでは，デザインパターンを計画的に利用する設計を行った。具体的には，データアクセスではDAOを利用した。業務ロジックを記述するサーブレットと，データベース接続やテーブルへの問合せ処理を行うDAOのクラスを分離して，共通化することによって，開発保守時の改修対象のクラスを局所化するソフトウェア構造とした。

memo

設問ウ

memo

3－1　ソフトウェア構造の設計において生じた課題

　データアクセスをDAOに集約して変更の容易性を向上させる設計によって引換えに生じた課題は，プログラムコードの複雑化である。

　旧システムのソフトウェア構造では，業務ロジック内にデータアクセスの処理を記述するため，その業務ロジックで必要な最小限のアクセス処理を記述すればよく，コードの理解性が高かった。しかし，設計段階のプロトタイプ作成において，処理の種類ごとにDAOを作成するとコードが複雑になったり，結果的に類似のSQLが複数のDAOに実装されたりすることが判明した。

3－2　課題に対応するために工夫した内容

　対応の検討において私が重要と考えたことは，業務ロジックとデータアクセスを分離することを一貫させながら，できるだけシンプルなソフトウェア構造にして，保守性を向上させることである。

　そこで，管理会計の業務ロジックにはトランザクション処理が基本的にはないことに着目して，データベース技術者と協議した。その結果，工夫した内容としてDAOをテーブル単位に作成することにした。更に，O/Rマッピングツールを利用してDAOを自動生成することによって，保守性の向上を目指した。

ここに注目！

システムアーキテクトは，他の技術者と協力して課題解決できることも重要です。

3－3　ソフトウェア構造に対する評価

　新システムリリース後の保守開発の実績と，旧システムで同様の改修を行った場合を比較すると，改修量は20分の1になったと試算できた。したがって，設計したソフトウェア構造によって，変更容易性を向上できたと評価している。また，ツールを活用して，クラスの自動生成の割合を増やすことによって，コードの品質向上も図れたと考えている。

　今後も，新たにリリースされる開発フレームワークを継続的に調査して，業務の変化に対応しやすいシステム

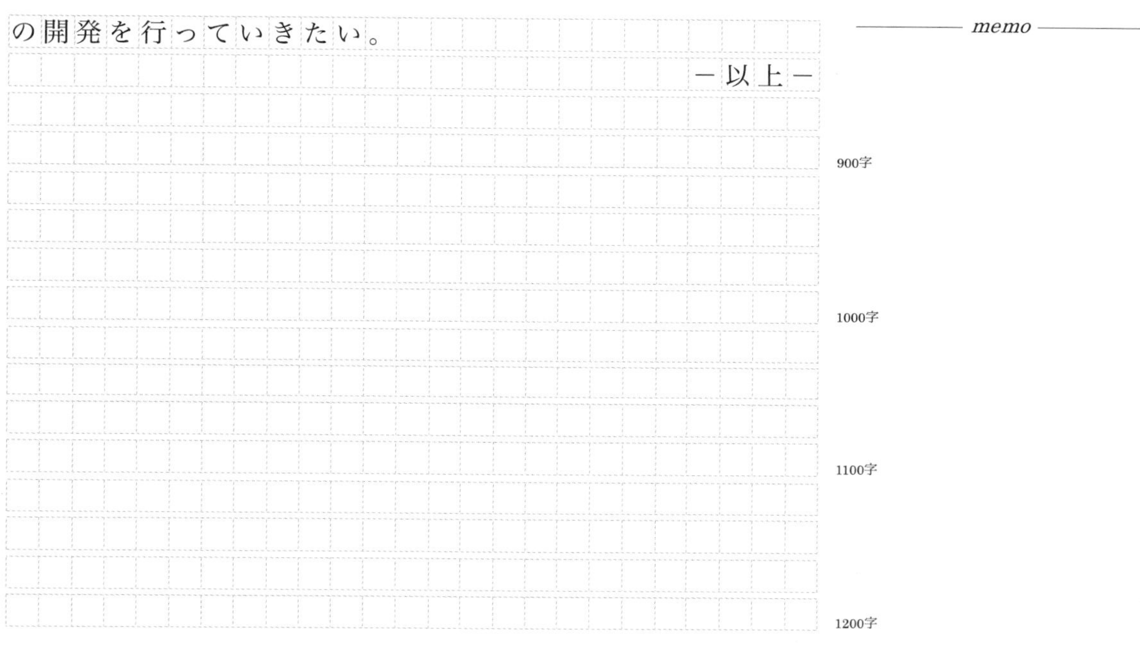

IPA発表採点講評

“業務変化によってシステムが受ける影響”，“ソフトウェア構造の面からの設計”，“業務変化に対応できる理由”，の三つについて，関連付けて論述することを期待したが，そのような論述は少なかった。

多くの受験者が，“想定した業務の変化”に対応するソフトウェア構造ではなく，設定値をテーブル化するなど，“汎用化のためのプログラミング方法”や販売管理システムにおいて商品の種類が増加することなど，“当然考慮すべき業務要件やデータ量の変化”に対応するソフトウェア構造について論述していた。また，“どのようなソフトウェア構造を設計したか”と問うているにもかかわらず，“柔軟性を持った構造にした”などの論述にとどまり，具体的なソフトウェア構造に触れていない論述も見られた。

業務の変化が激しくなっている状況において，業務を踏まえてソフトウェア構造を設計する能力は，システムアーキテクトとして特に必要とされるものである。その重要性を理解し，実践してほしい。

第5章

システムテスト・システム移行

令和元年度 ▼ 問2
システム適格性確認テストの計画について

情報システムの開発では，定義された機能要件及び非機能要件を満たしているか，実際の業務として運用が可能であるかを確認する，システム適格性確認テスト（以下，システムテストという）が重要である。システムアーキテクトは，システムテストの適切な計画を立案しなければならない。

システムテストの計画を立案する際，テストを効率的に実施するために，例えば次のような区分けや配慮を行う。

・テストを，販売・生産管理・会計などの業務システム単位，商品・サービスなどの事業の範囲，日次・月次などの業務サイクルで区分けする。

・他の関連プロジェクトと同期をとるなどの制約について配慮する。

・処理負荷に応じた性能が出ているかなどの非機能要件を確認するタイミングについて配慮する。

さらに，テスト結果を効率的に確認する方法についても検討しておくことが重要である。例えば，次のような確認方法が考えられる。

・結果を検証するためのツールを開発し，テスト結果が要件どおりであることを確認する。

・本番のデータを投入して，出力帳票を本番のものと比較する。

・ピーク時の負荷を擬似的にテスト環境で実現して，処理能力の妥当性を確認する。

あなたの経験と考えに基づいて，設問ア～ウに従って論述せよ。

設問ア　あなたがシステムテストの計画に携わった情報システムについて，対象業務と情報システムの概要を800字以内で述べよ。

設問イ　設問アで述べた情報システムのシステムテストの計画で，テストを効率的に実施するために，どのような区分けや配慮を行ったか。そのような区分けや配慮を行うことで，テストが効率的に実施できると考えた理由とともに，800字以上1,600字以内で具体的に述べよ。

設問ウ　設問アで述べた情報システムのシステムテストの計画で，テスト結果を効率的に確認するために，どのような確認方法を検討し採用したか。採用した理由とともに，600字以上1,200字以内で具体的に述べよ。

論文事例1

令和元年度　問2

岡山　昌二

設問ア

第１章　対象業務と情報システムの概要

１．１　対象業務の概要

　Ａ市は，寒冷地に所在する中核都市である。Ａ市の職員課では，例月給与の計算・支給事務を行っている。対象業務は，給与計算・給与支給業務（以下，当該業務という）である。

　当該業務では，Ａ市の職員の出勤時刻と退勤時刻を出勤簿に記録し，その記録などを基に，月次で給与計算を行い，各種手当データや控除データなどが正しく計算されたことを確認した上で，口座振り込みデータを作成する。更にそのデータを指定金融機関に送信している。

　当該業務では，そのような定期業務に加えて，年末調整やボーナス計算など非定期業務がある。したがって，年間スケジュール作成において非定期業務に留意してスケジュールを作成するという点を，対象業務の特徴として挙げることができる。

１．２　情報システムの概要

　対象となる情報システムは，Ａ市で導入中の給与計算・支給パッケージソフトウェア（以下，当該システムという）である。当該システムは，出勤簿機能，給与計算機能，電子給与明細書交付機能，口座振込データ作成機能など，給与に関わる機能を標準機能として実装している。

　当該システムを導入している他の市では，制度改正によるシステム改修が，当該システムのメーカから標準機能として提供される。そのため，当該システムを利用することで，システム改修費用の抑制が期待できるという情報システムの特徴を挙げることができる。

　私は，当該システムの導入を請け負ったソフトウェア会社に勤務するシステムアーキテクトの立場で，システム適格性テスト（以下，当該テストという）を次のように計画した。

設問イ

第2章　テストを効率的に実施するための区分けや配慮

2．1　テストを効率的に実施するための区分け

当該システムは，出勤時刻や退勤時刻に関わる打刻情報の収集などのオンライン処理と，打刻情報に基づく勤怠情報の処理などのバッチ処理に大別される。テストを効率的に実施するためには，このバッチ処理を区分けしてテストする必要があると考えた。なぜならば，バッチ処理における日次処理などを無意味に繰り返してテストしても，ソフトウェアの効率的な品質向上につながらないからである。

具体的には処理サイクルで区分けして，テストを効率的に実施する計画とした。年間スケジュール作成においては，非定期業務に留意してスケジュールを作成するという対象業務の特徴の特徴を踏まえて，年間スケジュールにおいて，まず，ボーナス計算や年末調整などをスケジュールした。次に，日次，週次，月次，四半期，半期処理をスケジュールした。効率的にテストが実施できると考えた理由は，このような区分けをすることで，無駄に日次処理などを繰り返してテストすることをなくすことができるからである。

2．2　テストを効率的に実施するため配慮

バッチテスト環境では，当該システムが使用するファイル群のすべてを更新する，加えて，システム日付を変更してテストを実施するため，バッチテスト環境を複数確保することができないという制約条件がある。そのため，複数のテストグループが一つのテスト環境でテストするというテスト計画になる。

このような状況では，ある一つのテストグループのバグが修正できない場合，テスト全体が止まるという点が問題となる。したがって，テストを効率的に実施するためには，バグを修正できないなど作業が止まったグループへの配慮が必要となる。そこで私は，テスト統括チー

ムを結成させて，複数のテストチームを統括することで，当該テスト進行の効率性を確保するように計画した。具体的には，各チームの進捗管理や課題管理などを担当させた。

このような配慮をすることで効率的にテストが実施できると考えた理由は，テストチームを統括することで，あるチームの遅れが全体に影響することを抑えることができるからである。

900字
1000字
1100字
1200字
1300字
1400字
1500字
1600字

memo

ここに注目！

次のように論旨展開して，詳細を説明してもよいでしょう。「具体的には，あるチームがバグを修正できずテスト環境を使う場合，他のチームはテストが終わっているため待ちが生じる。ここでテスト統括チームが活動することで，待ちのチームは他の作業を行うようにする。結果的に待ちを減らすことができるため，あるチームの遅れが全体に影響することが抑えられる」。

設問ウ

memo

第３章　テスト結果を効率的に確認するための方法

３．１　テスト結果を効率的に確認するための方法の検討

給与計算にミスがあると金銭に関わる問題となるために，給与計算自体の信ぴょう性に疑問をもつことになり，大問題に発展する。そのためテスト結果については漏れなく確認する必要がある。そこで私は，当該システムに本番データを投入して，新旧システムの出力を比較する方法を採用することにした。

ただし，本番データをそのまま，当該システムに投入することはできない。①個人情報保護の問題，②新旧システムにおけるマスタ項目の形式違いなどの問題，③本番データが当該システムのテストデータを網羅していないという問題がある。

①と②の問題については，一部の項目のマスク処理や，形式の変換などを行って，旧システムから，当該システムに投入する計画とした。

③の問題については，本番データをチェックしてテストデータとして網羅性を満たすことを確認する作業を追加するように計画した。

３．２　採用した確認方法と採用理由

設問イで論じたように，施策を講じることで日次処理のテスト回数を減らすことはできても，日次処理のテスト回数は多いという状況である。なぜならば，年末調整やボーナス計算の後にも日次処理をテストして，結果の妥当性を確認する必要があるからである。そこで私は，PCのOSが標準装備するデスクトップ操作の自動化ツールを採用して，テスト結果の妥当性を確認する計画とした。

この自動化ツールを採用した理由は，①PCの標準機能として提供されるため追加費用が発生しないこと，②テスト回数が少ない年末調整などは自動化しても効果が期待できないため，日次処理のテスト結果の確認など，テ

ここに注目！

単なるツールの活用ではなく，頻度に応じてツールを適用している点を論じる展開がよいです。

スト回数が多い日次処理などに適用する際に効果があること，以上，2点である。

以上，OS標準装備の自動化ツールを，繰り返し操作が多い一部の確認作業に活用することで，コストを抑えながら，テスト結果を効率的に確認する計画とした。

－以上－

memo

論文事例2

令和元年度　問2

北條　武

設問ア

memo

第1章　私がシステムテストの計画に携わった対象業務と情報システムの概要

1．1　対象業務

私がシステムテストの計画に携わった業務は，宿泊施設であるホテルや旅館のスタッフが行っている管理業務であり，おもな業務としては，宿泊施設の顧客（以下，顧客）からの宿泊に関する予約やキャンセルの対応，チェックアウト時の精算業務や各種決済手段での支払い対応，常連顧客などの顧客管理，予約や売上の分析などである。なお，各宿泊施設では，競合する他の施設に負けないよう，早割りキャンペーンや季節に応じて食事を変更するなどの独自プランの販売を行っており，また最近では複数の宿泊予約サイトと提携して稼働率の向上に取り組んでいる。

1．2　情報システムの概要

私はシステム開発会社A社に所属しており，宿泊施設向けの管理システムのプロジェクトにシステムアーキテクトとして企画段階から参画している。このサービスはクラウドサービスとして複数の宿泊施設に提供するWebシステムであり，A社としては2万施設以上の宿泊施設との提携を目標としている。装備している機能は，1.1で述べた業務を支援する予約管理，精算管理，クレジット会社等と接続した決済機能，顧客管理，分析管理などであり，予約に関しては各宿泊施設の公式ホームページからの顧客による直接の入力でも，電話による受付からのスタッフによる入力でも対応できる。また，複数の宿泊予約サイトと予約データを自動連係するサイトコントローラー機能も整備している。なお，このサービスを稼働させるサーバー類はA社のX県にあるデータセンタに設置しているが，障害時にサービスを極力停止しないようY県にあるデータセンタをバックアップセンタとして，同じシステムを整備して冗長構成としている。

設問イ

第2章　システムテストを効率的に実施するための区分け

今回のプロジェクトである宿泊施設向けの管理システムは，一般的にはProperty Management System（PMS）と呼ばれており，他のシステム開発会社も同様のサービスの展開を進めており，A社のビジネス展開を優位に進めるためにはシステムテストを効率的に進めて早めにサービス提供を行う必要がある。そこで私はシステムテストのおもな区分けを以下のとおりと考えた。

⑴機能要件試験
①シナリオ試験
（i）Web機能のみで完結できるシナリオ
（ii）Web機能のみで完結できないシナリオ
②他システムとの連接試験
⑵非機能要件試験
①障害時対応試験，セキュリティ確認試験等
②性能試験

区分けの理由は以下のとおりである。

（ア）機能要件試験と非機能要件試験の大分類

大きく機能要件試験と非機能要件試験に分類した理由であるが，機能要件試験は業務チーム，非機能要件試験は基盤設計チームとこれまで設計から取り組んできたチームごとに試験を進めることができるからである。また，おもに本番機での確認が必要な非機能要件試験は本番機，機能要件試験は開発機とサーバーを分けて並行して試験を進めることができることも理由に挙げられる。

（イ）シナリオ試験内の分類

結合テストまでに予約管理，精算管理などのそれぞれの機能内試験，そして機能間試験を実施してきたが，システムテストでは本運用で想定されるシナリオどおりに実行できるのかの確認がシナリオ試験であり，機能間試験の続きとなる。シナリオ試験の中で，Web機能のみで

memo

ここに注目！

設問で問うている“テストが効率的に実施できると考えた理由”を，どこかで使って論じると更によくなります。

memo

完結できるシナリオと完結できないシナリオとに分けた理由であるが，例えば顧客のWeb予約からチェックアウトの精算までWeb機能のみで完結できるするとRPAを利用したシナリオの登録とテスト実施が可能であり，更に連続してシナリオを実行する仕組みを設ければ，Web機能で完結できるシナリオ試験は大幅な効率化を図ることができると考えたからである。

（ウ）他システムとの連接試験の区分け

　シナリオ試験と他システムとの連接試験は機能要件試験の中で区分けを行った。他システムとの連接試験はクレジット会社との決済の確認や複数の宿泊予約サイトと予約データを自動連係するサイトコントローラー機能の試験となるが，先方と試験日程を調整する必要があるからである。

（エ）性能試験

　性能試験は非機能要件試験ではあるが，機能要件試験を基にしてレスポンス，CPU使用率等を測定するため，業務チームと基盤設計チームの合同により本番機で実施する試験である。このため，他の非機能要件試験とは区分けをしている。

設問ウ

第３章　システムテスト結果を効率的に確認する方法

第２章で区分けを行ったシステムテストのテスト結果を効率的に確認する方法は以下のとおりである。

⑴ RPAの活用

① Web機能のみで完結できるシナリオの試験

第２章で述べたとおりWeb機能のみで完結できるシナリオの試験は，RPAを活用してデータの入力を含めて実施することとしたが，予約，キャンセル，精算などの業務のポイントでは画面のスクリーンショットを取得して，保存する処理を組み入れて実行することとした。理由は当該シナリオ試験の結果についてはまとめた時間を確保して集中的に確認することが可能となるからである。

② デグレード試験

システムテスト中に不具合があった際は，不具合に関係するプログラムの修正を行うが，他のプログラムに修正の影響が出ていなのかデグレード試験を行う。このデグレード試験に関しても，全てのモジュールを実行できるシナリオの組み合せのセットを確立し，デグレード試験の確認についても①と同様の理由により結果をまとめて確認することとした。

③ 性能試験

性能試験においても，RPAを活用したシナリオのセットを設けて試験を実施することで，本番を想定した負荷の実現が容易となると共に処理能力の妥当性を効率的に確認できると考えた。

⑵ シミュレータと本番データの活用

シナリオ試験における他システムとの連接機能については，連接するクレジット会社，サイトコントローラーからAPIと実データに近い試験データを受領し，シミュレータを作成して確認することとした。APIと実データに近い試験データを受領した理由は，シナリオ試験で確認し不具合があれば修正しておけば，日程が限られてい

memo

ここに注目！

システムテストの効率化にはRPAは有効です。論文ネタとして使えるようにしておきましょう。

ここに注目！

“APIと実データに近い試験データを受領し，シミュレータを作成して～”について，“具体的には～”などと展開して，作成したシミュレータについて事例の詳細を説明すると，更によくなります。

IPA発表採点講評

立案したシステム適格性確認テストの計画を，業務の視点を交えて具体的に論述することを期待した。テストを効率的に実施するために，業務の視点からテストを区分けしたり，実行に際しての様々な配慮をしたりすることが想定される。多くの受験者が，商品・サービス・利用者・業務サイクルなどの業務の観点での区分けと，その理由について具体的に論述していた。一方で，一部の受験者は，単体テストや結合テストなどのシステム適格性確認テストとは異なるテストの計画や，システム適格性確認テストの一部の実施だけを論述しており，システム適格性確認テストの理解と経験が不足していることがうかがわれた。システム適格性確認テストは，業務運用が可能かどうかを確認する重要なものである。システムアーキテクトは，情報システムと対象の業務の双方について正しく理解し，適切なテスト計画の立案を心掛けてほしい。

Memo

平成 28 年度 ▼ 問 2
情報システムの移行方法について

情報システムの機能強化のために，新たに開発した情報システム（以下，新システムという）を稼働させる場合，現在稼働している情報システム（以下，現システムという）から新システムへの移行作業が必要になる。

システムアーキテクトは，移行方法の検討において，対象業務の特性による制約条件を踏まえ，例えば，次のような情報システムの移行方法を選択する。

・多数の利用部門があり，教育に時間が掛かるので，利用部門ごとに新システムに切り替える。
・移行当日までに発生したデータを当日中に全て処理しなければ，データの整合性を維持できないので，全部門で現システムから新システムに一斉に切り替える。
・障害が発生すると社会的な影響が大きいので，現システムと新システムを並行稼働させる期間を設けた上で，障害のリスクを最小限にして移行する。

また，移行作業後の業務に支障が出ないようにするために，例えば，次のような工夫をすることも重要である。

・移行作業が正確に完了したことを確認するために，現システムのデータと新システムのデータを比較する仕組みを準備しておく。
・移行作業中に遅延や障害が発生した場合に移行作業を継続するかどうかを判断できるように，切戻しのリハーサルを実施し，所要時間を計測しておく。

あなたの経験と考えに基づいて，設問ア～ウに従って論述せよ。

設問ア　あなたが移行に携わった情報システムについて，対象業務の概要，現システムの概要，及び現システムから新システムへの変更の概要について，800 字以内で述べよ。

設問イ　設問アで述べた情報システムにおいて，対象業務の特性によるどのような制約条件を踏まえ，どのような移行方法を選択したか。選択した理由とともに，800 字以上 1,600 字以内で具体的に述べよ。

設問ウ　設問イで述べた情報システムの移行において，移行作業後の業務に支障が出ないようにするために，どのような工夫をしたか。想定した支障の内容とともに，600 字以上 1,200 字以内で具体的に述べよ。

論文事例1

平成28年度　問2

岡山　昌二

設問ア

memo

第１章　情報システムの概要

１．１　対象業務の概要

　A社は，取引先である旅行代理店向けにサービスを提供する会社である。対象業務は，各旅行代理店のシステムから宿泊予約が成立した旨の通知を受け，全国に1万件あるホテル，旅館など（以下，宿泊施設という）に宿泊予約者の情報（以下，宿泊通知という）を送信する予約通知業務である。

　旅行代理店からの通知は24時間365日発生する。サービスが停止した場合，A社と同様のサービスを提供する競合他社のサービスに移ることが想定できる。したがって，対象業務の特性としては，サービス停止が顧客離れを引き起こす，という点を挙げることができる。

１．２　現システムの概要

　現システムでは，旅行代理店ごとに契約している宿泊施設の宛先を，あらかじめ登録しておくことによって，複数の旅行代理店のシステムから受信した宿泊通知を，電子メールで宿泊施設のPC，又はファクシミリ装置（以下，FAXという）宛てに送信することができる。宿泊施設のPCでは，A社が開発した専用ソフトウェアを利用して，通知を受信したり，過去の受信した通知を再度取り出したりすることができる。

１．３　現システムから新システムへの変更の概要

　A社では，取引先である旅行代理店へのサービス向上のために，旅行代理店が，A社から宿泊施設への宿泊通知の送信状況をリアルタイムで把握できる機能を追加することにした。さらに，A社のデータセンタで稼働している仮想サーバに，新システムのサーバを統合して，ハードウェア費用を削減することにした。

　私はA社のシステムアーキテクトの立場で，対象業務の特性による制約条件を踏まえて，次に述べるようにしてシステム移行の方法を策定した。

設問イ

memo

第２章　対象業務の特性による制約を踏まえた移行方式の選択

２．１　対象業務の特性による制約

移行についてリスク分析を実施した結果，当該システムに接続している宿泊施設側には，システム移行の前後において，宿泊情報の送信元であるＡ社の現システムが新システムに変更となることに，大きなリスクがないことが判明した。

しかし，Ａ社にとっては，新システムに異常が生じて，旅行代理店からの宿泊通知を新システム側で失った場合，宿泊施設に宿泊通知を送信することができなくなる。したがって，サービス停止が顧客離れを引き起こすという対象業務の特性から，この点について大きなリスクがあると判定し，宿泊通知の迅速な転送を止めることはできないという制約条件を設定した。

２．２　移行方式の選択と理由

宿泊通知の迅速な転送を止めることはできないという制約条件を踏まえ，旅行代理店のシステムを，順次，現システムから新システムへ移行する順次移行方式を採用することとした。選択理由は次のとおりである。

旅行代理店側で稼働しているシステムによっては，宿泊通知をＡ社に再送する機能をもつシステムと，再送できないシステムがある。

再送する機能をもつシステムを稼働させている旅行代理店から，順次，システム移行する。万一，システム移行において障害が発生しても，現システムに切り戻して，旅行代理店のシステムがもつ宿泊通知の再送機能を利用することで，宿泊通知の迅速な転送が可能と考えたからである。

具体的には，旅行代理店を，障害時の宿泊通知の再送可能なグループと，短時間では再送できないグループに分け，障害発生時の宿泊通知の再送可能なグループから

ここに注目！

順次移行方式を採用するに当たって，どの順番で移行するかを詳細に論じている点がよいです。

memo

順次，移行する計画とした。

旅行代理店を宿泊通知の再送機能の有無によってグループ分けして順次移行する計画とすることで，システム移行作業の直後にトラブルが発生して切り戻すことになっても，グループ単位で切り戻せばよいシステム移行計画とした。

900字
1000字
1100字
1200字
1300字
1400字
1500字
1600字

設問ウ

memo

ここに注目！
移行作業後にトラブルが発生した場合を想定しています。切戻し時間を短縮することで，移行後の業務に支障が出ないようにしています。

第3章　移行後の業務に支障が出ないようにするための工夫

3.1　想定した支障の内容

想定した支障の内容としては，移行作業後にシステムを稼働させた後にトラブルが発生し，切戻しをする事態となり，切戻しに時間がかかり，業務に支障が出ることである。宿泊通知の迅速な転送を止めることはできない，という制約条件を踏まえると，切戻しの時間を短縮して，このような状況を可能な限り回避する必要がある。

3.2　移行後の業務に支障が出ないようにするための工夫

切戻し時間を短縮することが課題となった。そこで私は切戻しの作業項目を逐次確認しながら，作業の廃止や作業時間の短縮を検討した。

廃止可能な作業としては，宛先ファイルの切戻しがあった。宛先ファイルには宿泊施設の通知先，FAXの送信電話番号が格納されている。新システムへ移行した旅行代理店が関係する宿泊施設の宛先は，現システムでは更新しない計画である。そのため，切戻しが発生した場合，現システムの内容を最新の状態にする作業が発生した。そこで，次の案を検討した。

ここに注目！
一見，案①を選択することは明白そうですが，開発コストがかかります。

①現と新の両システムにおいて，宛先ファイルの更新を同一の処理で行う
②現と新の両システムにおいて，宛先ファイルが同期するように手作業で双方の更新を行う。

検討の結果，①を選択することとした。理由は，宛先ファイルの更新が省力化できるから，及び，順次移行時におけるファイル移行において，宛先ファイルについては不要となり，ファイル移行時間の短縮が期待できるから，である。

ただし，現と新の両システムで同一の処理を行うため，開発工数が増えるという課題が新たに生じた。この点に

ついては，システム方式設計の段階でシステム移行方法を設計する際に，費用対効果の面で問題のないことを確認した上で採用することとした。

　このような工夫を盛り込んで，私は，移行作業後のリスクを低減したシステム移行計画を策定した。

－以上－

memo

900字

1000字

1100字

1200字

論文事例2

平成28年度　問2

鈴木　久

設問ア

memo

1．移行に携わった情報システムの概要

1．1　現システムの概要と対象業務

私は，全国に数十店舗をもつヘアサロンであるH社の情報システム部に勤務するシステムアーキテクトである。この度，私は各ヘアサロン店舗での来客登録システムの移行に携わった。現来客登録システムでは，サロンの従業員が来客の情報を来客時にヒアリングした上でシステム入力し，料金計算や来客履歴の記録を行う。H社では顧客が増加傾向にあり，受付業務の負荷が高まり，顧客満足を損なうような不手際や不具合がたびたび発生していた。そこで，新システムとして，来客時に顧客自身がタッチパネル式で情報登録を行い受付の業務の効率化を実現することにした。

1．2　現システムから新システムへの変更の概要

今回の新システムの導入では，顧客が操作するタッチパネルという新たなハードウェアの導入だけでなく，業務システム自体の見直しも必要である。これまでのキーボード端末からの入力からタッチパネルによる入力というユーザインタフェースが大きく変更される。この変更に関してスクラッチ開発によるプログラム変更対応も検討したが，今後の業務の変更・追加や開発・運用のコスト削減，保守のしやすさなどを考慮すると，スクラッチ開発業務パッケージを導入する方が合理的であることが分かった。最終的な結果として，業務パッケージを導入して必要なカスタマイズを施すこととなった。

設問イ

2．移行における制約条件と移行方法

2．1　対象業務の特性による制約条件

私はH社情報システム部のシステムアーキテクトとして，社内でのシステム移行で考慮すべき制約条件は二つあると認識した。

一つは，予定された業務の停止時間を絶対にオーバしないことである。移行作業による業務の停止はそれ自体やむを得ないが，停止時間を守れず，利用できる予定の時刻にシステムを利用できなくなることは，各店舗での顧客のポジティブな印象を損ない，サービス業として致命的な痛手になってしまう恐れがある。

もう一つは，移行当日までに発生したデータを漏れなく正確に処理を行った上で移行することである。顧客の利用履歴はポイント換算される。このポイント計算に不整合が生じるとトラブルにつながりかねない。データの整合性を考慮した移行方法を検討することが重要である。

2．2　選択した移行方式と選択した理由

私は，2．1で述べた二つの制約条件を加味し，全店舗一斉移行方式と店舗別段階的移行方式を検討することにした。

全店舗一斉移行方式を選択した場合は，移行前日締めの処理を終了させ，該当データベースを保存し，そこから新システム用のデータを整備し新たなデータベースを作成する必要がある。その後で接続するネットワークを切り替え，業務を再開する。この作業を全店舗一斉に実施するため，時間がかかる。つまり移行のための人員を多くアサインしなければならない。

店舗別段階的移行方式を選択した場合には，全店舗をいくつかのグループに分割し移行日を複数設定し，グループごとに順次段階的に移行することとなる。グループ単位で移行前日締めの処理を終了させ，該当データベースを保存し，そこから新システム用のデータを整備し新

memo

ここに注目！
対象業務の特性を踏まえるように論じると，更によくなります。

memo

たなデータベースを作成する。移行日には，移行に該当する店舗以外の店舗に顧客を誘導でき，不具合を局所化できるメリットがある。ただし，全店舗の移行が完了するまで，新旧二つのシステムやデータベースを管理する必要があり，業務が複雑になるとともにこの移行期間のためのシステム開発も必要になるというデメリットもある。

私はこの二つを検討した結果，店舗別段階的移行方式が望ましい旨を上司に答申した。今回のシステム移行に関しては，比較的システム自体が複雑とは言えず，移行期間の管理もそれほど作業負荷が大きくないことと，不都合で顧客への影響が大きくなることが最大のリスクであると認識したためである。この意見は受け入れられ，的確に移行作業を行うことができた。

設問ウ

3．移行作業後の支障内容と支障回避の工夫

3．1　移行作業後に発生すると想定した支障内容

今回の新システムは比較的簡素なものと考えたが，移行時の不都合や不具合はできるだけ避けなければならず，十分なテストを綿密に行うことが望ましかった。実データを利用したシステムテストや全店舗の同時利用を想定した負荷テストなどを実施した。ここから新システムに移行後に考えられる支障として，障害発生によって業務処理ができなくなること，過負荷になり業務処理が著しく遅延することを懸念した。

障害の影響が業務機能単位や店舗単位以上に広範になると大混乱となる。長期休日の後などの繁忙期に特定の業務処理が集中的に発生するなどといったことへの対策が求められる。

3．2　移行作業後に支障が出ないようにする対策

障害発生時に業務処理ができなくなることに対しては，確実に現システムに切り戻せるような仕組みが必要である。一時的に新システムを使用した場合でもその分のデータを現システムのデータベースに転送し現システムのデータ整合性を担保する仕組みを整備した。切戻しのリハーサルを綿密に行うことで，万一の場合に備えた。

業務処理の過負荷の発生については，ピーク日や特定の業務はかなり事前に想定できることから，該当のタイミングには各店舗において一部機能をローカルに処理して夜間に中央のサーバにデータを転送して整合性を図る仕組みを整備した。ただし，できるだけこの仕組みを使わなくて済むように当該日には各店舗に処理の平準化をお願いするなど，無用の不具合を抑止するよう工夫した。

－以上－

memo

ここに注目！

“工夫”について論じることが求められているので，もっと掘り下げてもよいでしょう。

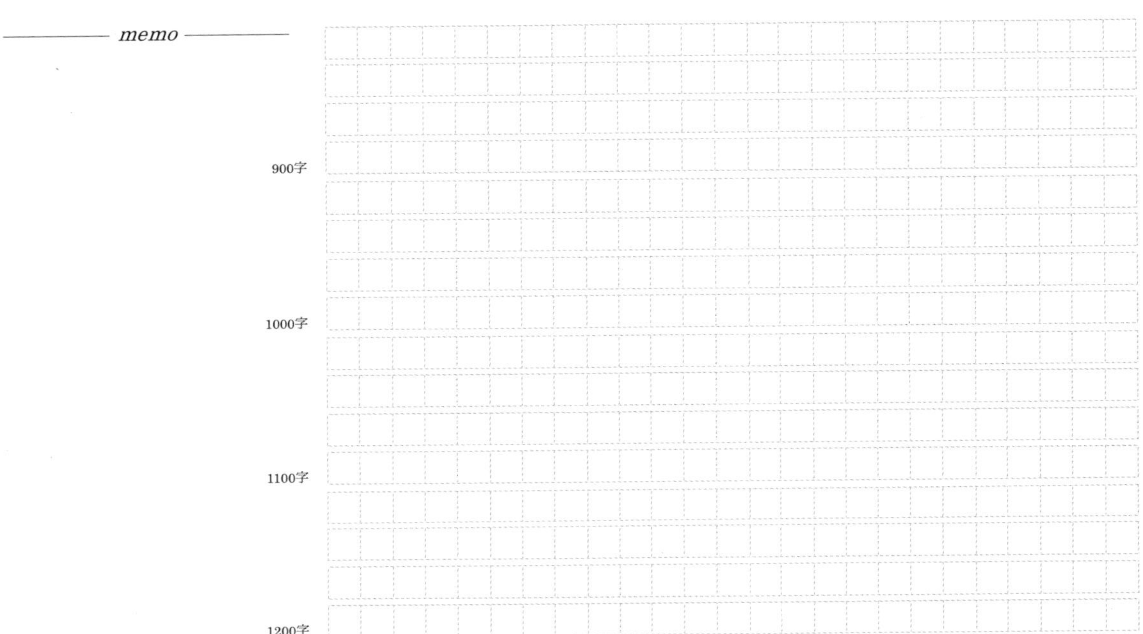

IPA発表採点講評

対象業務の特性による制約条件を踏まえ，どのような移行方法を選択したか，移行作業後の業務に支障が出ないようにするためにどのような工夫をしたか，を具体的に論述することを期待した。多くの受験者が業務特性を明確に論述していた。一方で，業務特性の記述がなくシステム上の制約条件を考慮しただけの論述や，対象業務の特性ではなく情報システムの開発プロジェクトの制約を業務特性としていた論述も見られた。システムアーキテクトには，情報システムが業務でどのように使われているのかを正しく理解することが求められる。情報システムの設計，開発に当たっては常に業務を意識してほしい。

Memo

第6章

組込みシステム・IoTを利用したシステム

令和４年度 ▼ 問３
IoT，AI などの技術進展に伴う組込みシステムの自動化について

組込みシステムは，以前から各種装置の自動化に貢献してきた。機械的・電気的に制御されていた装置の自動化に始まり，近年はセンサの高度化，プロセッサ能力・通信技術の向上に伴い，IoT に依拠した他機器との協調動作など，高度な自動化も実現している。例えば自動車において，車速を一定に保つだけの制御から，カメラ・レーダとの協調で，前方車両との距離を保つ制御ができるようになっている。

単一機能の自動化，複数機能を組み合わせた自動化のいずれの場合も次のような点を考慮する必要がある。

- システムの特徴及び制約：例えば，使用環境，有人・無人，無停止稼働，遠隔操作などのシステムの特徴，及びメモリ容量・演算速度などの制約事項
- 自動化の目的の把握及び目標の設定：例えば，一部の作業などの自動化による負荷の軽減・分散を目的とし，自動搬送装置によって作業負荷を軽減するなど。
- 自動化する範囲及び機能分担：例えば，ドローンでは姿勢制御を自動化し，人は操縦に集中する。自動検査装置では，画像の取得は装置側で自動化し，AI による欠陥判定はサーバで行うなど。
- 安全性への配慮：例えば，人との協調動作における誤操作，誤動作への対応，他機器との協調においては，故障の影響の伝搬を軽減する工夫など

組込みシステムのシステムアーキテクトは，自動化の目的の把握及び目標の設定を行い，人及び他機器との機能分担について安全性への配慮を含めて検討し，システムの特徴と制約に基づいて組込みシステムを構築する必要がある。

あなたの経験と考えに基づいて，設問ア～ウに従って論述せよ。

設問ア　あなたが携わった組込みシステムの概要，自動化の要求の背景・経緯，並びに目的及び目標について，800 字以内で述べよ。

設問イ　設問アで述べた組込みシステムについて，システムの特徴と制約に基づく自動化における課題と課題への対策を，人及び他機器との機能分担，安全性への配慮を含めて，800 字以上 1,600 字以内で具体的に述べよ。

設問ウ　設問イで述べた組込みシステムに関する記述を基に，自動化の目標に対する達成度，評価，今後の課題について，600 字以上 1,200 字以内で具体的に述べよ。

論文事例 1

令和４年度　問３

北條　武

設問ア

memo

第１章　私が携わった組込みシステムの概要，自動化の背景・経緯，目的及び目標

1．1　組込みシステム製品の概要

私が携わった組込みシステムは，農家向けのIoTセンサであり，農作物を栽培するビニールハウスに設置して温度，湿度，風向風速，雨量のデータを取得する。取得したデータは，無線通信規格Bluetoothにより一定間隔で複数のIoTセンサと接続している通信サーバーを経由して，管理サーバーに送信される。なお，農家の利用者はスマートフォンにより管理サーバーに接続することで取得したデータを確認することができる。

1．2　自動化の背景・経緯

自動化の背景・経緯であるが，日本全国の農家では人手不足，これに伴う過酷な労働が長年の課題であった。組込みシステムを製造するA社はIoTセンサの自動収集を利用することで，農家の人手不足や労働時間の課題を解決ができると考え，この農家向けIoTセンサの開発に取り組むこととなり，私はシステムアーキテクトとしてこのプロジェクトに参画することとなった。

1．3　目的及び目標

このIoTセンサの開発の目的は，農家が日頃行う温度，湿度の確認作業の削減であり，目標はIoTセンサの導入前と比較して1/5の稼働で実現することである。これまでは，天候の変化を肌で感じ取って，その都度にビニールハウスに出向いて温度，湿度を測定し，必要に応じて出入口を開放するあるいは閉めるなどの対応をとってきた。温度，湿度の確認の結果によっては，そのような対応が不要なケースもあるが，天候の変化を感じ取る度に確認しに行かなければならず，その確認作業は必要不可欠であった。しかし，IoTセンサの導入により各種情報を自動収集し，そのデータを確認することできれば，確認作業を大幅に削減することが可能である。

設問イ

memo

第2章　システムの特徴と制約に基づく自動化における課題と課題への対策

2．1　自動化における課題

(1) IoTセンサによる制約

　IoTセンサをハードウェアの視点から考慮すると，ビニールハウス内のデータを取得して送信するため，ビニールハウスの出入口に装着できる小型かつ軽量である必要がある。ハードウェアチームが検討した結果，選定したIoTセンサは搭載できるセンサ素子は一つであり，無線通信規格はBluetoothであった。この制約の下でサーバーとの連携を含めてシステム全体を構築する必要がある。

(2) 無停止稼働と正確な情報の取得

　品質のよい農作物を作るためには，IoTセンサは可能な限り24時間無停止で稼働する必要がある。また，正確な情報を取得して送信する必要がある。

2．2　課題への対策

(1) IoTセンサによる制約への対応

①データの種類別にセンサを設ける

　IoTセンサでは，温度，湿度，風向風速，雨量の情報をそれぞれ取得することとなるが，ハードウェアの制約によりセンサ素子は一つしか搭載できないため，データの種類別にIoTセンサを用意し，機能分担を行うこととした。また，結果的にではあるが，これによりCPU負荷も軽減されることになり，無停止稼働にも寄与できると考えた。

② Bluetoothへの対応

　Bluetoothは10mほどの狭い範囲での無線通信であるため，通信サーバーをIoTセンサの近くに設置して，通信サーバーを経由して，管理サーバーへ送信するよう機能分担を行った。管理サーバーは複数の農家のデータを管理しているため，A社データセンタ内にクラウドサーバーとして設けている。このため，IoTセンサの近くに設置した通信サーバーが，複数のIoTセンサのデータを受信し，LTE 通信機能により管理サーバーにデータを送信する仕組みとした。
(2)無停止稼働と正確な情報の取得への対応
①エラー時の対処
　IoTセンサの故障時は，迅速かつ的確に対処できるよう，即座に通信サーバーにエラーメッセージを送信する仕組みを設けることとした。
②輻輳時の対処
　複数のIoTセンサがデータを送信するため輻輳して送信が完了できないことがある。これに関しては，通信サーバーとの通信ステータスが完了となるまでリトライ送信を続ける設計とした。
③異常データ取得時の対処
　IoTセンサが取得したデータが不完全である場合，異常データと判断して再取得を行い，取得回数の限界値を決めて限界値まで異常データの場合はエラーメッセージを通信サーバーに送信することとした。これにより，正確な情報の送信が実現できると考えている。

900字 1000字 1100字 1200字 1300字 1400字 1500字 1600字

memo

ここに注目！
設問で問うている“安全性への配慮”について，この言葉を使って明示的に論じると，更によくなります。

設問ウ

memo

第3章　自動化の目標に対する達成度，評価，今後の課題

3．1　目標に対する達成度と評価

　この農家向けのIoTセンサであるが，協力していただける農家を探し，パイロット運用を3か月実施した。第2章で記載した設計で製作を進めてきた結果，稼働率は95%を達成し，不具合のあるデータや不正確なデータは受信されず，組込みシステムの仕上がりとしては問題ないと判断した。

　IoTセンサの開発の目的である，農家の温度，湿度の確認作業の削減であるが，目標の1/5を達成することが出来た。また，このパイロット運用でIoTセンサは直射日光が当たると正確な温度を取得できないため，百葉箱に入れるなどの設置に関するノウハウを獲得できたことは収穫であったと考えている。

3．2　今後の課題

(1)通信方式LPWAの利用

　Bluetoothの通信範囲が狭いため，ビニールハウスごとに通信サーバーを設置することとなり，広い農家への導入では通信サーバーのレンタルコストが高くなってしまい，導入が進まない懸念があると感じた。第1弾ではBluetoothでの通信で提供していくが，第2弾では遠距離通信を行うことができるLPWAの通信方式での開発を進め，2つのバージョンでサービスを提供できるように開発を進めていきたいと考えている。

(2)取得するデータの追加

　今回初のIoTセンサでは，温度，湿度，風向風速，雨量の4種類のデータを取得することとしたが，パイロット運用に協力いただいた農家に確認したところ，より品質のよい農作物を作るために水分，日射など収集したいデータがまだあるとのことである。農家向けIoTセンサの種類を増やし，自動収集するデータを増やしていくこ

ここに注目！

設問で問うている“自動化の目標に対する達成度”にある“自動化”に寄せて論じると，更によくなります。

とも今後の課題であると認識した。

－以上－

memo

900字

1000字

1100字

1200字

IPA発表採点講評

多くの論述で，システム構成概要，自動化の目的・目標を記述した上で，その特徴に基づく課題，制約，対策について具体的に論述していた。一方で，システム構成の記述が不十分で自動化の目的が不明な論述，実装の細部にとどまっている論述も散見された。

組込みシステムのシステムアーキテクトは，対象となる組込みシステムの特徴，制約，課題及びその対策を関係者に説明する機会が多いと思われる。日頃からこれらの概要を適切に把握し，課題の解決策を提案できるよう心掛けてほしい。

令和３年度 ▼ 問３
IoTの普及に伴う組込みシステムのネットワーク化について

IoT の普及に伴い，従来スタンドアロンで利用していた組込みシステムをネットワークに接続し，ほかの組込みシステム，サーバなどと協調して動作させることによって，高度な機能を実現することが増えている。このネットワーク化された組込みシステムを端末機器とし，更に大きなシステムを構築することもある。例えば，コネクテッド・カーにおいて，車載の端末機器で車両情報をリアルタイムに検出，送信し，サーバ側で受信データを AI 処理して故障の予兆診断を行うシステムがある。また，交差点などで死角となる位置にいる車両を信号機に設置した端末機器で検出し，車内の端末機器でその情報を受信して運転者に注意喚起するシステムもある。

ネットワーク化においては，負荷が高い処理をサーバ側で実行する，収集したデータを端末機器に一旦格納して間欠的にサーバに送り通信負荷を軽減する，また，ほかの端末機器を遠隔操作して機能を実現するなど，機能をサーバ・各端末機器にどのように割り当てるかが重要になる。さらに，ネットワークセキュリティを考慮するとともに，接続先の端末機器又はネットワークに不具合が発生した場合に被害が拡大しない安全性の工夫が必要になる。

組込みシステムのシステムアーキテクトは，組込みシステムのネットワーク化について，開発する組込みシステム及びほかの組込みシステム，サーバ，ネットワーク，これらを含むシステム全体の特徴だけでなく，セキュリティと安全性を考慮した上で，最適な機能分担になるようシステムを構築する必要がある。

あなたの経験と考えに基づいて，設問ア〜ウに従って論述せよ。

設問ア　あなたが開発に携わった組込みシステムの概要と，接続先の端末機器及びネットワークの概要を，ネットワーク化の目的を含め，800 字以内で述べよ。

設問イ　設問アで述べた組込みシステムにおいて，システム全体の特徴に基づく機能の分担をどのように検討したか。その決定理由，想定した障害及びその回避策を含め，800 字以上 1,600 字以内で具体的に述べよ。

設問ウ　設問イで述べた組込みシステムにおいて，ネットワーク化の目的の達成状況及び考慮した事項の有用性の評価と，未達成の事項を含めた今後の課題を，600 字以上 1,200 字以内で具体的に述べよ。

論文事例1

令和３年度　問３

長嶋　仁

設問ア

memo

１－１　開発に携わった組込みシステムの概要

私が携わったのは，発電機や変圧器などの多品種の電気機械器具を製造する，C社の製造装置の組込みシステムである。ネットワーク化を対象とした製造装置は，精密加工を行う工作機械と，組み立て作業を支援する産業用ロボットである。

工作機械の組込みシステムは，NCプログラムの読み込みと数値演算，シーケンス及びサーボ制御に関わる加工指令，モニタリングなどの一連の処理を制御する。

産業用ロボットの組込みシステムは，ピックアンドプレース，組み立て，搬送など動作を制御する。特徴として，従業者の手作業と協働する動作が多い。

これらの組込みシステムは，従来スタンドアロンで利用されていた。

１－２　接続先の端末機器及びネットワークの概要

端末機器は，ネットワーク化された組込みシステムになるので，工場内の工作機械と産業用ロボットである。

ネットワーク化の主な目的は次の２点である。

①製造装置の稼働率と生産性向上

工作機械へのワークのセットや取出し，産業用ロボットの段取り替えや部品の搬送の多くが手作業で，稼働率が低かった。製造装置を協調して動作させて自動化をさらに進め，稼働率と生産性を向上することを目指した。

②製造装置の故障予知保全

AIを活用する診断ソフトが普及してきている。ネットワーク経由で様々なデータを収集し，点検時間の短縮と故障による生産停止を低減することを目指した。

端末機器に接続するネットワークは，リアルタイム性と広帯域の通信を実現する産業用イーサネットを採用した。一方，エッジサーバからクラウドに至る上位のネットワークは汎用的なネットワークで構築した。

100字 200字 300字 400字 500字 600字 700字 800字

設問イ

memo

2－1　システム全体の特徴に基づく機能分担の検討

　通信及びセンシングの機能を端末機器に，端末機器を協調制御する機能をエッジサーバ，故障予知診断などの分析機能をクラウドサービスに割り当てる方式とした。以下，決定理由を含めて検討内容を述べる。

　複数の製造装置を協調して動作させる協調制御機能は，個々の端末機器ではなくサーバに割り当てる必要がある。そこで，端末機器には制御用サーバと制御情報を交換する通信機能と，故障予知診断で利用するデータを収集するセンシング機能を新たに割り当てた。

　協調制御機能と診断機能に関しては，Ｂ社で利用を開始していたクラウド基盤上のサーバに割り当てる方法と，工場内のエッジサーバに割り当てる方法を比較した。クラウド基盤には，サーバ本体の運用性及び可用性の観点や，情報系システムとの連携性の観点での利点がある。一方，工場内のエッジサーバには，広帯域の通信を遅延なく実現できることや，次節で述べるようにセキュリティの観点の利点がある。

　私は，協調制御機能に関して，リアルタイム性の要件が重要であることと，協調制御用のアプリケーションは機械学習のために大容量のデータを収集すること，障害回避を確実に行うことを理由として，工場内に構築するエッジサーバに割り当てることを決定した。

　診断機能に関して，稼働情報やセンシング情報の収集は間欠的な通信で対応可能であること，情報系の社内システムから参照や加工しやすいことを理由として，クラウド基盤上のサーバに割り当てることを決定した。

2－2　想定した障害及びその回避策

①ネットワークセキュリティの考慮

　特に考慮したリスクは，ネットワークを経由するサイバー攻撃である。攻撃によってサーバの動作や端末機器との通信が妨げられ，製造装置の稼働に影響することが

ここに注目！

設問で理由を問うている場合は，このように“理由”を使って明示的に論じるとよいです。理由は，理由を問うているにもかかわらず，多くの論文において理由が明確に表現できてきないため，理由を明示することで他の論文との違いを採点者にアピールできるからです。

考えられた。
　リスクの低減策として，前述のように端末機器を制御するサーバをエッジサーバとして構築し，サーバへのアクセスを専用の管理用PCからだけに制限した。また，クラウドサービスへの通信も専用のプロキシサーバを経由させて，脅威の侵入可能性を低くした。
②端末機器又はネットワークの不具合の考慮
　組み立て工程では，産業用ロボットと従業者の手作業が協働する。搬送作業の自動化などによって，協働する場面がより増えることが見込まれた。そのため，協調動作の不具合として，産業用ロボットが従業者の身体に接触するという安全性に関わるリスクを再検討した。
　個々の産業用ロボットには，様々な安全装置や機能が実装済みである。私は，協調制御においてもフェールセーフを原則とした。まず，端末機器の個々の安全機能は継続して利用する。さらに，個々の安全機能の動作時に，協調する端末機器を安全に停止させる処理を協調制御機能に付加し，安全機能も連携させることとした。

900字
1000字
1100字
1200字
1300字
1400字
1500字
1600字

memo

設問ウ

3－1　ネットワーク化の目的の達成状況

　稼働率の向上に関しては，協調制御を適用した製造装置群の稼働率は，50%～80%となった。従来はおおよそ40%～60%であり，平均で10%以上向上した。主要製品の一つの発電機の特定の機種は，1日の生産台数が20%増加した。最終的には，より高い稼働率を目指しているが，第1段階として，事前のシミュレーションに近い向上を達成できたとB社から評価されている。

　故障予知保全に関しては，試行運用している現状ではデータの蓄積が少なく，達成状況を定量的には評価していない。しかし，従来は，過去の故障履歴を基にした巡回点検であったものが，診断ソフトの分析結果を基に優先順位を付けた点検に移行しつつある。点検工数の低減という効果は出ており，B社からも評価されている。

3－2　考慮した事項の有用性の評価

　セキュリティリスクに関しては，現在までインシデントは発生していない。製造装置及びエッジサーバへのアクセスを限定して監視対象を絞ることによって，十分な監視も実現できており，有用であったと考える。

　安全性に関しては，実際に，ある産業用ロボットの安全装置が作動した際に，協調動作する産業用ロボットも安全に停止した。再開動作も試験通りで，従業者は安心して作業に携わっており，有用であったと考える。

3－3　未達成の事項を含めた今後の課題

　B社では，製造装置の稼働率80%を目指しており，今後の課題は，稼働率の低い製造装置の利用の見直しである。私は，ネットワーク化によって分析可能になった製造装置の稼働状況の情報に着目している。今後は，協調動作後の稼働状況を踏まえて，全体としてより効率的に協調できる利用方法や配置を提案していきたい。

　故障予知保全に関する課題は，分析対象データの継続的な見直しである。センシングする稼働情報と故障予知

memo

ここに注目！

これらの定量的な評価が，最後の節の"未達成の事項"につながることで，論文の一貫性を確保している点に着目してください。

memo

IPA発表採点講評

組込みシステムのネットワーク化について，開発する組込みシステム，ネットワーク及びネットワークに接続されたほかの組込みシステムを含めたシステム全体を考慮した上でのシステムアーキテクチャの設計について，具体的に論述することを期待した。多くの論述はシステム全体を説明した上で，その特徴に基づく課題・制約・解決策について具体的に述べていた。一方で，システム全体の抽象的・一般的な説明に終始している論述や，実装の細部にとどまっている論述も見受けられた。

組込みシステムのシステムアーキテクトは，対象となる組込みシステムの課題とその解決策を関係者に説明する機会が多いと思われる。平素からシステム全体の概要を適切に把握し，課題と解決策を提案できるよう心掛けてほしい。

令和元年度 ▼ 問3
組込みシステムのデバッグモニタ機能について

組込みシステムの機能の拡大・複雑化に対応して，開発中のデバッグ及び出荷後のメンテナンスのためのデバッグモニタ機能を設けることが増えている。

多くの組込みシステムは汎用の入出力装置を装備していないことから，不具合の解析及び故障診断のための操作と結果の出力において，それぞれのシステムに応じた工夫が必要となる。また，開発・検証・出荷後の各段階において，各利用者が必要とする機能と利用可能な装置が変わることがある。例えば，開発段階では開発支援ツールを用いて詳細な検証・確認を行えるが，検証段階では実際の環境下でリアルタイム性を確保するために，実機を利用することが多い。さらに，出荷後の製品では，通常使わない組合せでボタンを押してデバッグモニタ機能を起動するなど，システムに装備された入出力装置だけで機能を実現しなければならない場合もある。

組込みシステムの特徴によって，そのシステムに特有な工夫・配慮が必要となることがある。例えば，IoT 機器では，ネットワーク経由の操作によってリモート診断を実施できるが，通信障害が発生した場合の対処を考慮しなければならない。AI 利用など，大量のデータを処理する装置はメモリの制限などから，診断に用いるデータの一部を保持しておくといった工夫も必要となる。さらに，デバッグモニタ機能の不正利用の可能性を考慮し，セキュリティ上のリスクにも配慮する必要がある。

組込みシステムのシステムアーキテクトは，開発・検証・出荷後の各段階において，利用可能なリソース及び操作・診断に要求される機能を把握し，セキュリティなどを考慮した上で，デバッグモニタ機能の要件を定義しなければならない。

あなたの経験と考えに基づいて，設問ア～ウに従って論述せよ。

設問ア　あなたが開発に携わった組込みシステムの概要と，そのシステムにおいてデバッグモニタ機能が必要となった経緯を，800 字以内で述べよ。

設問イ　設問アで述べた組込みシステムにおいて，各利用者との協議などに基づき，開発・検証・出荷後の各段階を想定してどのようなデバッグモニタ機能を設けたか。工夫・配慮事項を含め，800 字以上 1,600 字以内で具体的に述べよ。

設問ウ　設問イで述べたデバッグモニタ機能において，各段階における利用者のニーズを含めた評価と，今後の課題を，600 字以上 1,200 字以内で具体的に述べよ。

論文事例１

令和元年度　問３

満川　一彦

設問ア

memo

１　組込みシステムの概要，デバッグモニタ機能が必要となった経緯

１．１　組込みシステムの概要

Ａ社は，防犯機器の開発・製造・販売を手掛ける製造業で，監視カメラを主力製品としている。私は，Ａ社の設計部門に所属する組込みシステムのシステムアーキテクトである。論述の対象とする組込みシステムはＡ社の監視カメラである。Ａ社の監視カメラは，主にオフィス，エレベータホール，エレベータ内，廊下，他共有スペースなど，ビルやマンションに設置され，ビルの防災センタ，マンションの管理室などから，監視対象をモニタリングするために利用されている。

１．２　デバッグモニタ機能が必要となった経緯

最近のセキュリティ意識の高まりから，マンションなどの住人から自宅に監視カメラを設置したい，外出先から監視カメラの映像を確認したいなどの個人ニーズが多くなってきた。Ａ社は，個人宅内にも設置できる監視カメラの新製品（以下，Ｎカメラ）を開発することを決定し，私が設計全般を取りまとめることになった。

Ｎカメラは個人宅内に設置するため，プライバシを尊重し，マンションの監視カメラのネットワークに接続して，既存機器と統合して機器を管理することはしない。個人宅に設置したＮカメラの映像は，インターネットを経由してカメラ設置者のスマートフォンから参照できるようにする。ＮカメラのOSにはＡ社として初めてAndroidを採用する計画である。個人宅向けということで設置台数が多くなることを想定し，機能エンハンスなどの保守をリモートから行えるようする。リモート保守に対応するため，カメラ単体にもデバッグモニタ機能が必要となった。

設問イ

memo

ここに注目！

「開発・検証・出荷後の各段階を想定して」という記述に沿って論じている点がよいです。

2　設けたデバッグモニタ機能，工夫・配慮事項

2．1　設けたデバッグモニタ機能

私は，開発，検証，出荷後の各段階において，次のようなデバッグモニタ機能を設けた。

・開発段階

開発環境においては，メモリやストレージなどのリソースを豊富に利用できるため，開発中の監視カメラから得られる詳細なデバッグ情報を，時系列に必要な量を収集するできると考えられる。私は，Android用の開発支援ツールを導入し，蓄積されたデバッグ情報を活用して効果的なデバッグを実施することで，開発効率の向上を図った。

・検証段階

検証段階の監視カメラは，製品の監視カメラと同等のリソースを有することになる。開発工程の最終段階のカメラと同じインタフェースを実装することになるため，開発段階で使用していたデバッグモニタ機能をそのまま利用することができる。

検証段階では，エージング（連続運転試験）を実施するため，エージングにおいて監視カメラの状態をモニタリングできることが要求される。私は，既存のモニタリングツールをエージング用にカスタマイズして検証段階で活用することとした。

・出荷後の段階

Nカメラの映像は，インターネットを経由して外部から参照できる。言い換えるとNカメラはインターネットから直接参照可能な環境に設置されることになる。悪意の第三者によって外部からNカメラに接続されると宅内の情報が流出する，また，Nカメラの制御権を奪われると利用者がNカメラを操作できなくなる。私は，インターネットからNカメラへの接続において，二段階認証を採用した。

memo

接続に際して，ユーザIDとパスワードを入力する。パスワードは定期的に変更しないと無効になる仕様である。ユーザIDとパスワードの入力後，監視カメラからユーザIDと認証コードが認証システムに通知される。認証コードは保守員が携帯するスマートデバイスに送られ，認証コードを入力すると，デバッグモニタ機能が起動する設計である。

900字

2．2　工夫・配慮事項

1000字

Nカメラはインターネットから接続して保守を実施する製品であるため，稼働中のNカメラについてセキュリティの強化が必要である。機器の誤動作などによってデバッグモニタが起動してしまう可能性も考慮しなければならない。

1100字

私は，デバッグモニタ機能が起動した後，一定時間が経過したときに，認証コードを追加で入力させることとした。認証コードを入力しないとデバッグモニタ機能を強制的に終了させる。認証コードの追加入力は，保守員が携帯するタブレットの専用アプリからだけ可能として，不正接続によるデバッグモニタ機能の利用を極力小さくする工夫をした。

1200字

1300字

1400字

1500字

1600字

memo

ここに注目！
設問の「各段階における利用者のニーズを含めた評価」という記述に沿って論じている点がよいです。

設問ウ

3　利用者のニーズを含めた評価，今後の課題

3.1　利用者のニーズを含めた評価

利用者のニーズへの対応状況は，次のとおりである。

・開発段階

開発部門からのニーズは，デバッグ作業を実施する際に，詳細な情報を取得できることである。私は，今回のデバッグモニタ機能によって，詳細なデータを大量に取得できたことは，開発作業において非常に有効であったと考えている。

・検証段階

検証部門からのニーズは，安定的にエージング情報が取得できることである。開発段階で取得できるようにしていた情報が検証段階でも取得でき，取得した情報はエージングに必要な情報を網羅していたため，ニーズに応えられていた。開発段階に引き続き大型のサーバが使用できたため，エージング情報の保存も可能であった。

・出荷後の段階

保守部門からのニーズは，保守担当者だけがデバッグモニタ機能を使用できるということである。Nカメラへのアクセス手段を組み込んだことにより，保守担当者以外がNカメラに接続することは困難であり，ニーズは期待どおり応えられていたと判断した。

開発段階，検証段階，出荷後の段階とも利用者のニーズを満たす環境が実現できたため，私は，自身が導入したデバッグモニタ機能について十分評価できるものと考えている。

3.2　今後の課題

今回のデバッグモニタ機能について，機能を実現するための時間が限定されていたため，Nカメラの仕様やインタフェースに依存する部分が多くなったと考えている。別の製品開発においてもデバッグ作業は必須であり，私は，今後，汎用性の高いデバッグモニタ機能を実現する

memo

ここに注目！

“デバック機能を基本機能と拡張機能に分けて，基本機能については汎用性を高くすることが今後の課題である”でもよいでしょう。

IPA発表採点講評

開発・検証・出荷後の各段階で，各利用者から要求されるデバッグモニタ機能について，組込みシステムの特有の制約，セキュリティなどを考慮した上での具体的な論述を期待した。多くの論述は各段階での要求と対応内容に具体性があり，実際の経験に基づいて論述していることがうかがわれた。一方で，組込みシステムの特徴に乏しく，一般的な課題・解決策にとどまる論述，実装結果を説明しただけという論述も見受けられた。組込みシステムのシステムアーキテクトは，対象となる組込みシステムの特徴を理解して，適切なシステム設計ができるよう能力を高めてほしい。

平成 30 年度 ▼ 問 3

組込みシステムの AI 利用，IoT 化などに伴うデータ量増加への対応について

ディジタル化の進展に伴い，組込みシステムの処理するデータ量は増加の傾向にある。サーバ容量・通信容量の拡大を背景に，IoT 化のためにセンサ数を増やす，より高度なセンサを利用することなどから，機器の処理するデータ量が増加している。また，音声・画像といったデータ量の大きな情報を処理する機器も増えている。

処理するデータ量が増加する一方，組込みシステムゆえの制約もある。CPU 性能及びメモリ容量の制約に加え，例えば，バッテリ駆動の機器では，稼働時間を確保するために消費電力を抑える必要があり，モバイル機器では，重量・形状，及び振動といった条件から，利用できる周辺機器も制約されることがある。

これら組込みシステムの制約に対しては，システム構成要素の性能向上，構成要素間の機能分担の変更，外部機器との機能分担・処理負荷分担の変更など，例えば，次のような工夫によって解決を図ることができる。

・データ処理をハードウェア化し，CPU への負担を増やさずに処理能力を上げる。
・常時監視機器などで，機器内部へのデータ蓄積と通信頻度のバランスをとる。
・運用コストと機器コストのバランスを考慮し，通信を用いてデータを未加工のまま送ることによって処理負荷を下げ，機器コストを下げる。
・AI など高度な処理はサーバ側で行い，データ収集・結果出力は端末機器が行う。

組込みシステムのシステムアーキテクトは，様々な制約の下で，データ量の増加に対応して，要求される機能・性能を実現する組込みシステムを構築しなければならない。

あなたの経験と考えに基づいて，設問ア～ウに従って論述せよ。

設問ア　あなたが開発に携わった組込みシステムの概要と，どのような機能・性能の要求で処理するデータ量を増加させる必要が生じたかを 800 字以内で述べよ。

設問イ　設問アで述べた組込みシステムにおいて，データ量の増加で発生した問題，及び目的達成のためにシステムアーキテクトとして考案した解決策とそれを選択した理由について，800 字以上 1,600 字以内で具体的に述べよ。

設問ウ　設問イで述べた解決策の達成度，開発段階で生じた未達事項などの問題，及び今後の課題について，600 字以上 1,200 字以内で具体的に述べよ。

論文事例 1

平成30年度　問3

満川　一彦

設問ア

memo

1　組込みシステムの概要，データ量を増加させる必要が生じた機能・性能の要求

1．1　組込みシステムの概要

　A社は，東京に本社を置き，防犯関連機器の開発・製造・販売をしている。私は，A社の製品設計部に所属する組込みシステムのシステムアーキテクトである。論述の対象とする組込みシステムは，防犯ブザーの新製品（以下，新製品という）である。防犯ブザーは小学生などの児童が携帯し，非常事態が発生したときに，防犯ブザーのピンを引いたり，紐を引いたりすると，85dB相当かそれ以上の音量でブザーが鳴動し，周りに異変を伝えることを目的としている。新製品は，GPSを利用し位置情報を継続的に通知する機能を有している。

1．2　データ量を増加させる必要が生じた機能・性能の要求

　A社が発売している現行の防犯ブザーは，多彩な品揃えをしており，GPSを利用しない大音響のブザー機能だけをもつ安価な製品から，防水性に優れた製品，夜間にライトを点灯できる製品，GPS機能を有する製品などがラインアップされている。GPS機能を有する製品では，防犯ブザーの位置情報を発信する頻度が30分間隔で，保護者などのスマートデバイスへ，児童のおおよその位置を提供するということを主目的にしている。

　防犯意識の高まりを受け，保護者などからは，「移動」の情報を把握したいというニーズが多く寄せられている。新製品は，位置情報を発信する頻度を最短で2分間隔程度とし，移動の状況が把握できることを実現するものである。位置情報の発信間隔を短縮することが，データ量増加の要因となった。

設問イ

memo

2　データ量の増加で発生した問題，目的達成のためにシステムアーキテクトとして考案した解決策と解決策を選択した理由

2．1　データ量の増加で発生した問題

防犯ブザーは，防犯ブザーが内蔵する時計を使用して，あらかじめ設定された間隔で位置情報，デバイスID，時刻情報を発信する。新製品では，情報の発信間隔が短くなったため，従来製品と同じ仕様で情報を発信すると，消費電力が大きくなる。防犯ブザーなので，外出時だけ情報を発信すれば事は足り，児童の平均的な外出時間は長くても10時間程度と考えられる。ただし，外出時間を10時間以内という制約を課すと製品の価値を下げるため，稼働時間は，防犯ブザーを鳴らさない状態で24時間稼働させ，従来品と同程度の40日間は確保したいという営業部門のニーズにも対応しなければならない。防犯ブザーは，首にぶら下げたり，携行するバッグに付けたりするものなので，新製品の重量の増加は最小限とするため，バッテリの容量を大きくすることも難しい状況である。

ここに注目！

設問文にある「データ量の増加で発生した問題」に，もう少し寄せて論じると，更によくなります。

2．2　目的達成のためにシステムアーキテクトとして考案した解決策と解決策を選択した理由

私が検討した電力消費量を抑える主な解決策は，次の3点である。

(1)夜間時間帯の設定

外出先であっても，基本的に夜間は「移動」がなかったり，昼間に比較して相応に「移動」が少なくなったりすると考えられる。私は，位置を参照するスマートデバイスからの設定で，昼間と夜間の時間帯を設定できるようにし，位置情報発信の間隔を，昼間と夜間で変更可能になるように設計した。

(2)複数の動作モードをサポート

夜間時間帯の設定機能に加え，私は，新製品の動作モードをソフトウェアで3段階に切り替えられる機能を実

装することとした。可搬性や製品の価格を考慮すると，期待する情報発信間隔の継続時間とバッテリの容量の両方を満足させることは難しい。動作モードとして，「セーブ」，「バランス」，「パフォーマンス」を設け，「セーブ」状態に設定すると，従来の製品と同等の連続稼働時間が得られる。「バランス」にすると連続稼働時間が約半分で，情報発信間隔が約1/3になる。「パフォーマンス」の場合は，連続稼働時間が約1/5となる反面，情報発信間隔は2分が実現できる。

⑶時計機能の停止

防犯ブザーは，カレンダー機能など時計としても使用できるようになっている。現在では，大半の児童がスマートフォンなどのデバイスをもっていることが分かっているため，新製品では物理的なスイッチにより時計機能を停止できる機能を実装する。新製品はGPSで測位した位置情報をLTE網へアップロードする機能だけを有効にすることで，消費電力を小さくする工夫をした。

memo

設問ウ

memo

3 解決策の達成度，開発段階で生じた未達事項などの問題，今後の課題

3．1 解決策の達成度

物理的な制約によって，新製品の当初目標である2分間隔の位置情報の発信と40日間連続の位置情報発信は両立できなかった。ただし，（A）これまでの製品では実現できなかった2分間という短い間隔での位置情報発信ができる動作モードの実装，（B）これまでの製品と同等の連続稼働時間の実装，（A）と（B）の中間レベルで動作モードの実装ができたことを鑑みると，私は，課題の達成度としては合格点と考えている。

3．2 開発段階で生じた未達事項などの問題

概要レベルの設計を進めた結果，連続動作時間と位置情報発信間隔の両立が困難であることが判明した。私は，商品の企画部門，営業部門へ状況を説明した後，解決策として複数の動作モードを設定することを提案して合意を得た。ただし，具体的な設定値を決める際に，関連するパラメタが多く，机上でのシミュレーションで最適な設定値を確定させることができなかった。3段階の動作モードを設定することは決まっていたため，既存製品の仕様，既存製品の利用者からのアンケート結果，競合他社製品の仕様などを参考に設定値を決定することとした。

3．3 今後の課題

私は，動作モードの設定値の妥当性が十分評価できなかったことについて，シミュレーションの実施方法を見直す必要があると考えている。新製品の動作モードの設定値の妥当性については，利用者へアンケートを依頼し，改善の必要性を判断する。動作モードの設定値は，LTE網からダウンロードできるように設計しているため，利用者の期待値からかい離が大きい場合は，機能エンハンスとして更新版の関連モジュールを公開する予定である。次期モデルへのエンハンスにおいては，昼間・夜間の時

ここに注目！

問題のタイトルにある「データ量増加への対応」を絡めて論じると，より趣旨に沿った論文になります。

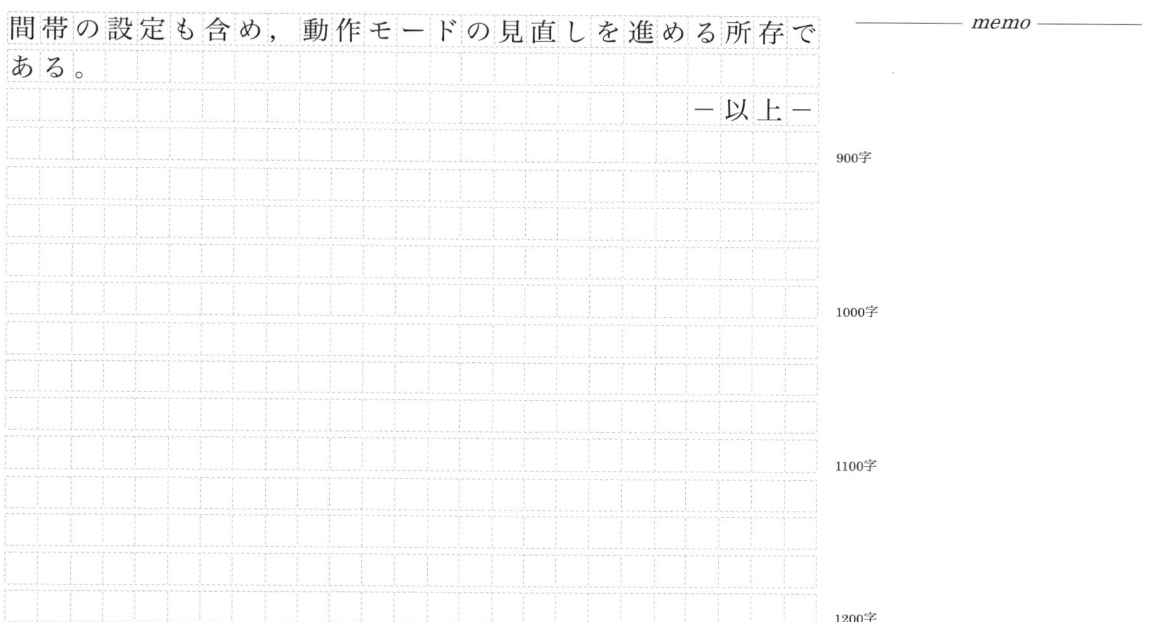
間帯の設定も含め，動作モードの見直しを進める所存である。

－以上－

memo

900字
1000字
1100字
1200字

IPA発表採点講評

組込みシステムにはそれぞれの制約がある中で，データ量の増加を伴う要求に対して，システムアーキテクトとしてどのように対応したか，システム設計の実践的能力がうかがえる論述を期待した。多くの論述は発生した問題への解決策とその選択理由をシステム設計の観点から具体的に論述していた。一方で，部分的な処理の対策内容の説明にとどまるなど，システム全体を俯瞰して解決策を検討する視点が乏しい論述も見受けられた。組込みシステムのシステムアーキテクトには，システム特有の制約を含めた特徴を把握し，仕様を達成する組込みシステムのアーキテクチャを構築する能力が求められる。IoTの進展とAI活用の普及に際して，検討対象のシステムに関連した技術的視野を広くもち，適切なシステム設計を行うよう，心掛けてほしい。

平成 29 年度 ▼ 問 3
IoT の進展と組込みシステムのセキュリティ対応について

IoT の進展に伴い，ネットワークに接続される組込みシステムが増えている。ネットワークを利用して，機器のデータをアップロードする，プログラムをダウンロードして更新するといった機能の他に，ネットワークに接続された他の機器と協調して動作する，サーバと連携して動作するなど，更に高度な機能を実現することができる。

このように IoT の進展は組込みシステムの利便性を向上させる一方で，ネットワーク経由で外部から不正に利用される懸念も増大させている。例えば，改ざんしたプログラムに書き換えられたり，なりすましによって機器を不正に利用されたりするなどの被害が想定される。最近では，自律走行車両のように，不正に利用されると物理的損害が懸念されるものもあり，それぞれの組込みシステムの特徴に応じたセキュリティリスクを特定し，適切に対応する必要がある。

セキュリティリスクへの対応策には，例えば，重要な情報を保護するためにプロセッサを物理的に分けたり，なりすましを防ぐために高度な認証方式を採用したりするなどの手段がある。しかし，その一方でこれらの対応策によって，原価の上昇，リアルタイム性の低下も発生し得る。したがって，トレードオフを考慮した適切な対応策が必要である。また，複数の機器が協調して動作する場合には，どの機器に，どのような対応策を適用するかというアーキテクチャの選択も，費用対効果の観点で重要となる。

組込みシステムのシステムアーキテクトは，組込みシステムのセキュリティリスクと不正利用防止の重要性に基づき，適切な対応策を講じなければならない。

あなたの経験と考えに基づいて，設問ア～ウに従って論述せよ。

設問ア　あなたが開発に携わった組込みシステムの概要と特徴，及び特定したセキュリティリスクについて，経緯を含め，800 字以内で述べよ。

設問イ　設問アで述べた組込みシステムにおいて，セキュリティリスクに対し，どのような考えに基づいて対応策を検討したか。アーキテクチャ選択の観点，トレードオフの考慮を含め，800 字以上 1,600 字以内で具体的に述べよ。

設問ウ　設問イで述べた対応策について，費用対効果からみた評価，及び今後の課題について，600 字以上 1,200 字以内で具体的に述べよ。

論文事例 1

平成 29 年度　問 3

長嶋　仁

設問ア

1－1　組込みシステムの概要と特徴

私が開発に携わった組込みシステムは，飲食店や小売店向けにメーカのN社が製造する業務用冷蔵庫等の遠隔監視システムである。庫内温度の異常や装置故障の予兆を検知して迅速な対応を行うこと，保守コストの削減や省エネルギーの推進などを目的としている。

本システムは，IoT機器，IoTゲートウェイ，サーバ側アプリケーションから構成される。冷蔵庫等がIoT機器であり，温度センサや湿度センサ，電力測定センサを組み込む。IoTゲートウェイは，複数のIoT機器から無線通信を使用してデータを収集する。さらに，IoTゲートウェイはデータセンタに設置された管理サーバへデータを転送する。

本システムの特徴は，食の安全にかかわるという点である。監視の第一の目的は食材の保存品質の向上であり，システムの不具合は，この保存品質に影響する。

1－2　特定したセキュリティリスク

IoTの進展に伴い，組込みシステムを標的とする攻撃やマルウェアが急増している。本システムでは，インターネットと標準的なプロトコルを使う。そこで私は，アーキテクチャ設計において，これらの外部環境の変化を踏まえて，セキュリティリスクへの対応策を検討した。

IoTセキュリティに関するガイドラインを参考にし，1－1の本システムの特徴を考慮して特定した重要なセキュリティリスクは次の二つである。

①IoT機器のセンサやIoTゲートウェイが不正アクセスを受けて，データ取得が不可能となり，遠隔監視サービスが中断するリスク

②ネットワーク経由で収集するデータに偽りデータが混入されるなどして完全性が損なわれ，監視に基づいて行うべき適切な対応ができなくなるリスク

memo

100字 200字 300字 400字 500字 600字 700字 800字

memo

ここに注目！
設問アで述べた二つのリスクのうち，適切な対応ができなくなるリスクについても，もっと鮮明に論じると更によくなります。

設問イ

2－1　セキュリティリスクに対する対応策

私は，安全性と費用対効果の二つを重要な判断基準とするという考えに基づいて，対応策を検討した。

一つ目の安全性については，食の安全を支える本システム自体に安全性の不安が生じては本末転倒である。N社が，顧客に対して，安全性の配慮をアピールできることを目標にすることで合意した。

二つ目の費用対効果については，N社の製品の販売価格帯を考慮すると，セキュリティ機能の実装コストをできるだけ低くすることが求められた。そこで，本システムの初期版では，費用対効果を重視して機能を絞り込むこととした。

次に，検討した対応策について，アーキテクチャ選択の観点とトレードオフの観点で，具体的に述べる。

(1)アーキテクチャ選択の観点

設問アで述べたセキュリティリスクへの対応のためには，センサ及びIoTゲートウェイの両方において，アクセス制御やデータの完全性保持のための機能が必要になる。特に，数の多いセンサ側にセキュリティ機能をもたせることは原価の上昇につながりやすい。しかし，安全性を重視するという考え方から，センサ側にも最小限のセキュリティ機能を実装することとした。そして，複数のセンサを束ねるIoTゲートウェイにセキュリティ機能をできるだけ集約させるアーキテクチャとした。

具体的には，グループ企業が開発製造しているセキュアセンサの採用を提案した。このセンサとIoTゲートウェイ間では，認証付き暗号技術を利用したセキュア無線通信を行う。認証付き暗号通信では，従来のセキュアプロトコルのようにデータの暗号化とメッセージ認証を別に行うのではなく，相互認証を含めて同時に実行し，処理を軽量化する。このように，新しい技術を適用してセンサ側の実装を最小限とした。なお，データの盗聴は重要リスクには含まれないが，暗号化は要求仕様であり，対応が必要であった。

⑵トレードオフの考慮

セキュリティ機能の増強と原価の上昇はトレードオフの関係になる。そこで，IoTゲートウェイのセキュリティ機能については，対策として必須と考えたアクセス制御機能に絞って実装することにした。私は，開発製造企業の技術部門と連携し，機能を限定したIoTゲートウェイをカスタマイズ開発した。また，IoTゲートウェイと管理サーバ間の通信については，標準のHTTPS通信を使用する方式とした。

検討において，当初はセンサの死活監視なども候補になった。私は，庫内温度の上昇やドアの閉め忘れなどを検知して装置本体がアラートを出す機能に着目した。そこで，センサ個体の死活監視は実装機能から除外し，本システム全体の正常動作を監視することとした。そして，異常時には人間がローカルで対応する運用にすることで，実現するセキュリティ機能と原価のバランスをとった。

900字 1000字 1100字 1200字 1300字 1400字 1500字 1600字

memo

設問ウ

memo

3－1　費用対効果の観点からみた評価

本システムをパイロット導入した小売業D社からは，費用対効果の観点で良い評価を得ることができた。セキュアセンサとIoTゲートウェイは，従来品のセンサなどと比較すると高額である。しかし，セキュリティ機能を限定してカスタマイズ開発したことによって，D社規模の小売業の顧客にも，初期導入費用について妥当なレベルに抑えることができた。さらに，遠隔監視に移行することによって，D社の現場での人手による定期的なチェック作業が不要となり，監視作業自体の品質も向上した。そのため，費用対効果についてD社の目標を達成することができた。

D社よりも小規模な装置をもつ顧客企業も多いが，IoT機器やIoTゲートウェイの普及拡大に伴い，製品価格は下がる傾向なので，費用対効果の向上を期待できると考える。

3－2　今後の課題

今後の課題は，さらに高度なセキュリティ機能の実装である。具体的には，IoTゲートウェイに対するリモート更新機能の実装である。

前述のとおり，現状では安全性に配慮したアクセス制御機能を実装できたと考える。しかし，特に，インターネットと直接接続するIoTゲートウェイに関しては，標準的なOSやCPUを使用していることから，今後も新たな脆弱性の報告や攻撃手法が登場する可能性がある。そのため，本システムの機能追加のためのIoTゲートウェイのリモートコンフィグ機能の実装などと並行して，リモート更新機能などのセキュリティ対応の強化に取り組んでいきたい。

－以上－

ここに注目！

セキュリティ機能の限定を3-1においてアピールしているので，セキュリティ対応の強化によるコスト増に起因する費用負担について論じてもよいでしょう。

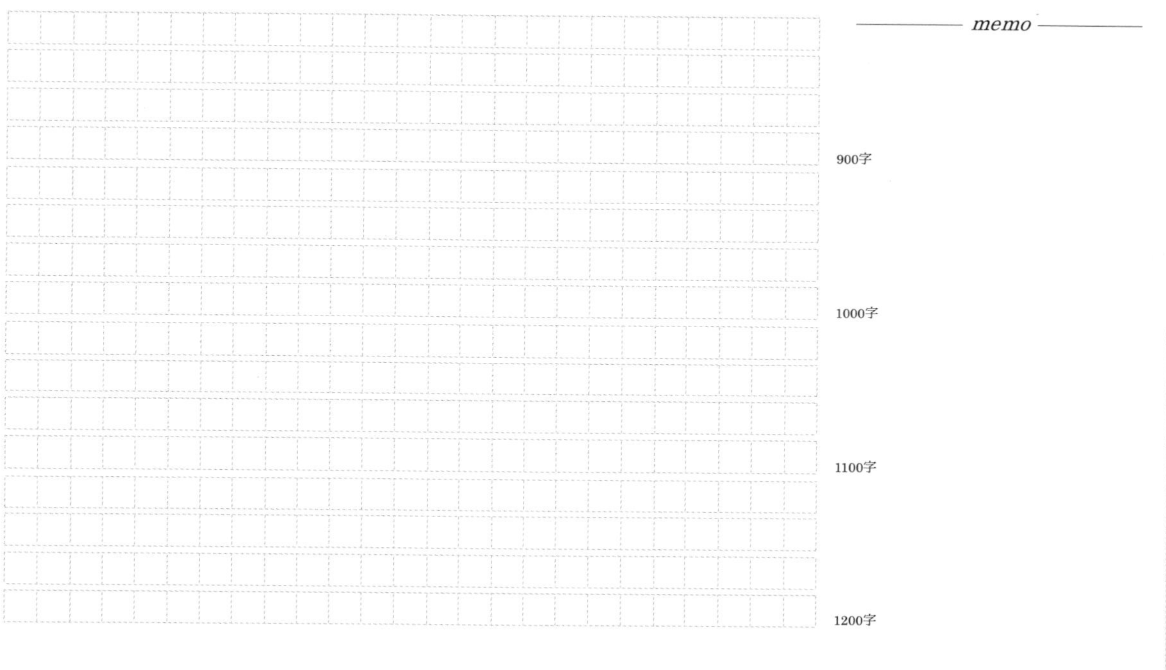

IPA発表採点講評

担当した組込みシステムに特有なセキュリティリスクを特定し，コスト・性能などとのトレード及び当該組込みシステムの特徴を考慮した対応策から，システム設計の実践的能力がうかがえる論述を期待した。全体的に適切に論述されているものが多かった。一方，既存のシステムのセキュリティ対策の説明にとどまっていたり，リスクの特定及び対応策が一般論に終始していたりする論述も見受けられた。組込みシステムのシステムアーキテクトには，IoTの進展に伴うセキュリティ対応を考慮した組込みシステムを構築する能力が求められる。組込みシステムのセキュリティリスクと不正利用防止の重要性に基づき，適切な対応策を講じられるように心掛けてほしい。

平成28年度 ▼ 問3
組込みシステムにおけるオープンソースソフトウェアの導入について

組込みシステムに要求される機能は，年々専門化，高度化しているが，その一方で開発期間は短縮化が求められている。これを解決する方法として，社内で保有していない技術及び標準的な機能は，外部から OS，ライブラリ及びプラットフォームを導入して実現することがある。外部技術の導入に際し，例えば Linux など，ソースコードが公開されているオープンソフトウェア（以下，OSS という）を利用することがある。また，プラットフォームの採用に際し，顧客から Android などの OSS を使うように要求されることもある。

OSS の多くは無償で利用できる。また，多数の人が利用し開発した成果が更に OSS として公開されていたり，標準的な装置のデバイスドライバが提供されていたり，インタフェースがデファクトスタンダードになっていたりして，開発者の利便性が高い。

しかし，OSS は市販品とは異なり，一般的には保証やサポートがない。また，OSS の使用許諾条件には，自社開発部分の外部への開示を要求されるものがあるなど，利用においての注意点がある。組込みシステムでは，性能要件達成，独自ハードウェア制御などのために，OSS 部分に手を加えたり自社開発ソフトウェアと組み合わせて使ったりすることがあるので，関係部署を交えた協議を要することがある。

このように組込みシステムのシステムアーキテクトは，OSS 導入に際して，自社開発ソフトウェアと OSS とをどのように組み合わせるかについて，利点，注意点などを考慮してシステム構築を検討する必要がある。

あなたの経験と考えに基づいて，設問ア～ウに従って論述せよ。

設問ア　あなたが携わった組込みシステムの概要と，OSS 導入の是非を検討するに至った経緯を，OSS 導入の目的を含めて 800 字以内で述べよ。

設問イ　設問アで述べた組込みシステムの構築において，OSS 導入の是非を検討した際に，関係部署とどのような協議を行い，OSS 及び市販品と自社開発ソフトウェアとの組合わせに関してどのような考慮をしたか，800 字以上 1,600 字以内で具体的に述べよ。

設問ウ　設問アで述べた組込みシステムについて，OSS 導入に際し，開発段階で発生した課題，目的の達成度を踏まえて開発時に下した導入の是非に対する判断の妥当性，及び今後の対応について，600 字以上 1,200 字以内で具体的に述べよ。

論文事例 1

平成 28 年度　問3

満川　一彦

設問ア

memo

1　組込みシステムの概要，OSS 導入の是非を検討するに至った経緯，OSS 導入の目的

1．1　組込みシステムの概要

私は電機メーカB社に所属する組込みシステムのシステムアーキテクトである。論述の対象とする組込み製品は，B社の液晶パネルの新製品である。B社の液晶パネルは，店頭での商品説明装置，ホールなどの会場案内装置のパーツとして利用されている。製品には，液晶パネルの制御機能と表示内容を設定する機能が組み込まれている。表示内容を設定する機能はカスタマイズ可能である。液晶パネル製品は多くの取引先への納入実績があり，取引先は液晶パネルを組み込んだ最終製品を顧客に販売している。

消費電力が少なく，応答速度に優れた液晶部品が供給されるようになったことを契機に新製品の開発計画が立ち上がった。私は，OSS 導入の検討も含め，液晶パネルの新製品の開発を取りまとめることになった。

1．2　OSS 導入の是非を検討するに至った経緯

過去の実績と自社の技術力を踏まえると，全ての組込みソフトウェアの自社開発が可能である。ただし，競合他社よりも先行して新製品を発売することが重要であり，開発期間の短縮は必須要件になっている。私は，既存のツールやドライバなどの活用を考慮し，ソースコードなども公開されている OSS の導入を決定した。

1．3　OSS 導入の目的

液晶パネルの制御機能をカスタマイズした最終製品を販売している取引先は多数ある。現在は専用のソフトウェアでカスタマイズすることになっている。OSS を導入する目的は次の2点である。

・取引先が容易にカスタマイズできるよう，技術者の確保がしやすい汎用的なプラットフォームを採用する点。
・開発用のツールなどが豊富に揃っている点。

memo

ここに注目！
関係部署を具体的に書いている点がよいです。

設問イ

2　OSS導入の是非を検討した際における関係部署との協議内容，OSSと自社開発ソフトウェアとの組合せに関しての考慮事項

2.1　OSS導入の是非を検討した際における関係部署との協議内容

　B社として，試行的にOSSを使用したことはあるが，本格的にOSSを導入するのは初めてあるため，私は，関連部署と事前に協議する必要があると考えた。協議をした部署は，開発部門と法務部門である。

(1)開発部門

　液晶パネル製品には，自社開発のハードウェアと汎用のハードウェアを使用する。表示内容を制御する機能を実現するためには，自社開発のハードウェアに対応するデバイスドライバが必要であるが，OSSでは提供されていないため，自社でデバイスドライバを開発しなければならない。これまでの製品開発においては，自社専用のソフトウェア開発環境を有しており，長年の開発実績に基づくノウハウが多く蓄積されている。社内の技術者のスキルも高く，開発を担える人材も多数揃っている。

　OSSを適用した本格的な製品開発は今回が初めてであるが，基本的なスキルを持ち合わせた技術者は在籍している。

　私は，適用するOSSの候補について，活用できるライブラリなど一般に流通している範囲について，開発部門の責任者と協議した。納期短縮に寄与する度合いの大きいOSSを明確にすることができた。併せて，製品の納期目標を踏まえ，OSSの技術者をどの程度確保しておくかについても協議し，外部技術者の調達の必要性についても明確にした。

(2)法務部門

　OSSにはライセンスが存在し，著作権の表示，変更箇所の明示，ソースコードの開示，再配付，責任免除など

memo

様々な条件が定められている。今回の開発では，表示内容を制御する機能について，OSSとして提供されているプラットフォーム上で開発する予定であるが，ソースコードを改変することがほぼ確実であり，ソースコードの開示義務のないライセンスを選択しなければならない。私は，法務部門と連携し，ソースコードの開示義務の有無を中心に協議した。

2．2　OSSと自社開発ソフトウェアとの組合せに関しての考慮事項

OSSの多くは無償であり，提供されている標準的なデバイスドライバを使用すれば，開発コストを抑えることができ，かつ開発期間を短縮することも可能である。

OSSを導入するメリットは大きく，OSSの良さを生かすためには，OSSを活用できる範囲を正しく見極めることが必要である。ただし，OSSには保障やサポートがないため，OSSとして提供されている部分の品質を十分確認して使用することが必要である。

設問ウ

memo

3　開発段階で発生した課題，目的の達成度を踏まえて開発時に下した導入の是非に対する判断の妥当性，及び今後の対応

3．1　開発段階で発生した課題

開発段階で発生した課題は，B社の技術者のスキル不足と活用した0SSが提供しているライブラリの品質不良である。

(1)技術者のスキル不足

B社の技術者がもつスキルは，技術者のアサインを検討する管理職が参照できるように，データベースに一元管理されている。0SSに関連する技術については，適用実績が少ないため，技術者本人の自己申告を中心としてスキル情報が蓄積されている。そのため，開発段階に入って，技術者がもつスキルと開発に必要なスキルの不一致が露呈することとなった。該当する技術者はベテランの技術者で，基本的なスキルは有していたため，外部の講習会に該当する技術者を派遣することで対応した。

(2)ライブラリの品質不良

適用したライブラリについて，外部で広く使用されている実績があったため，私は品質が安定しているものと考えていた。しかし，今回の製品開発において使用した部分については，使用実績が少なく，適用後に不良が顕在化することとなった。ライブラリのソースコードは公開されていたため，至急，ソースコードを見直し，品質の確保をすることになった。

3．2　目的の達成度を踏まえて開発時に下した導入の是非に対する判断の妥当性

今回の製品開発においては，ライセンス条項を事前に検討した結果，プラットフォームにはAndroidを適用することとなった。Androidは，携帯端末や情報家電製品など多くの適用実績があり，開発環境なども充実したものが多数流通している。入手することが容易で，Webサ

イトなどから技術情報も豊富に得ることができる。OSS導入の目的の一つでもある，最終製品を生産する取引先においても，カスタマイズ環境を容易に構築できる。

　OSS導入の目的は達成できており，私は，導入の是非に対する判断は妥当であったと考えている。 900字

3．3　今後の対応

　B社としてはOSS導入が今回初めてであるが，今後もOSSを適用する案件は継続すると予想される。私は，技術情報の蓄積が必要であると考えている。OSSは常に進化しており，必然的に新しいOSSが出現することになる。私は，技術情報の蓄積に加え，OSSの動向も常に把握しておくことが必要であると考えている。 1000字 1100字

－以上－

1200字

memo

ここに注目！

“目的”を明示した上で目的の達成について論じることで，設問文の“目的の達成度を踏えて”という条件を満足させています。

IPA発表採点講評

　システムへの外部技術の導入において，オープンソースソフトウェアのもつ利点と注意点を関連部署と検討し，非採用の決定を含め自社開発ソフトウェアとの組合せを考慮したシステム設計の実践経験をうかがわせる論文を期待した。全体的に適切に論述されているものが多かった。一方，システムの一部の構成要素の記述だけであったり，既存のシステムの説明となっていたりして，オープンソースソフトウェアの検討への関与がうかがえない論述も散見された。

平成 27 年度 ▼ 問 3
組込みシステム製品を構築する際のモジュール間インタフェースの仕様決定について

組込みシステム製品は，各機能に対応したモジュール，ユニットなど（以下，モジュールという）を組み合わせて構築する場合がある。モジュール間インタフェースの仕様決定に際しては，組込みシステム製品に求められる要件に配慮しながら，将来発生し得る事態も想定し，適切に対応できるように設計することが望まれる。

例えば，開発着手後の仕様の変更・追加が想定される組込みシステム製品の場合は，他のモジュールに影響しないようにインタフェースの仕様を決定し，柔軟性をもたせる。そのためには，モジュール間を疎結合とし，機能を極力独立させるようなインタフェースにする。一方で，機能仕様が固定されていて，少ないハードウェア資源で大きなパフォーマンスが要求される組込みシステム製品の場合は，全体を密結合としたインタフェースにする。

また，長期間使用されることが求められる組込みシステム製品の場合は，将来，保守，リプレースなどでモジュールの交換が発生することがある。その際，陳腐化，生産中止などの理由から新たなモジュールに置き換えなければならなくなるリスクが想定される。

したがって，組込みシステム製品に求められる要件を満たすためには，開発に着手する前に，最適なモジュール分割，モジュールの結合度，製品寿命などを考慮した上で，インタフェースの仕様を十分に検討することが重要である。

あなたの経験と考えに基づいて，設問ア～ウに従って論述せよ。

設問ア　あなたが携わった組込みシステム製品の概要，特徴，及び要件について，モジュール間インタフェース仕様で配慮した内容を含めて，800 字以内で述べよ。

設問イ　設問アで述べた組込みシステム製品に求められる要件に適切に対応するために考慮したモジュール間インタフェースについて，将来発生し得ると想定した事態の内容，及びその事態に対してどのように配慮したかを，800 字以上 1,600 字以内で具体的に述べよ。

設問ウ　設問イで述べたモジュール間インタフェースの仕様決定が，組込みシステム製品の開発にどのように影響し，組込みシステム製品の納入後に，どのように評価されたかを，600 字以上 1,200 字以内で具体的に述べよ。

組込みシステム製品を構築する際のモジュール間インタフェースの仕様決定について（1/5）

論文事例1

平成27年度　問3

満川　一彦

設問ア

memo

1　製品の概要，製品の特徴，及び組込みシステム製品に求められる要件とモジュール間インタフェースで配慮した内容

1．1　製品の概要

私は，家電メーカのM社に所属するシステムアーキテクトである。M社のAV機器はユーザの支持が高く，競合他社に対する強みとなっている。論述の対象とする組込みシステム製品は，ハードディスクレコーダのフラッグシップモデルとなる新製品である。私は，モジュール間インタフェースの仕様決定を含めた組込みシステム製品の開発をとりまとめることになった。現在発売中の最上位モデルの仕様以上の仕様を想定していて，予定販売価格は30万円程度である。経営企画部門が想定している主要なターゲットは経済的に余裕のある社会人となっている。

1．2　製品の特徴

製品の特徴は，シニア世代までを視野に入れた，業界初となる大きなタッチパネル方式を採用することと，同時並行で開発が進むM社のテレビ製品との連携機能の強化，インターネット接続機能とタッチパネルを活用したパソコン的な使い方を充実させることである。

1．3　組込みシステム製品に求められる要件とモジュール間インタフェースで配慮した内容

製品の設計寿命は10年である。ハードウェア的には修理レスで10年間使用できる設計をする。ただし，設計寿命までの10年間に，少なくとも3回はソフトウェア的な機能エンハンスを予定しており，モジュールの入替えが容易に行えることが必要である。また，ブランドが確立しているシリーズ製品であり，主要な機能は，廉価版モデルや次期モデルにも引き継がれるため，主要な機能を構成するモジュールは独立性の高いモジュールとする必要があった。

設問イ

memo

2　将来発生し得ると想定した事態の内容と想定した事態に対して配慮した事項

2.1　将来発生し得ると想定した事態の内容

　並行開発するテレビの新製品は，M社にとって看板製品であり，顧客からの機能エンハンス要求は多数寄せられている。テレビの新製品の開発に際し，顧客からの要望は可能な限り取り入れる計画になっていて，開発途上での仕様変更の可能性は高い。また，テレビ製品はハードウェアとして実装する部分が多く，ハードディスクレコーダとのインタフェースで競合が発生した場合は，ハードディスクレコーダ側でソフトウェアによってインタフェースを調整する方針が定められている。私は，ソフトウェアとしてインタフェースを調整するとしても，製品の納期に影響の少ない方策を検討しなければならないと考えていた。

2.2　想定した事態に対して配慮した事項

　ハードディスクレコーダの主要機能は，中核となる録画・再生機能，テレビとの連携機能，インターネットアクセス機能，液晶パネル表示・制御機能の四つである。私は，ハードディスクレコーダが製品寿命を終えるまでの製品エンハンスに伴うモジュール更新を考慮すると，一連のモジュールは全て疎結合で開発することが望ましいと考えていた。一方，モジュールを密結合にすることによって性能面では有利になる。私は，機能面での変更が少なく，性能が重要になる録画・再生機能とインターネットアクセス機能については，密結合のモジュールで構成することとした。テレビとの連携機能については，テレビ側の仕様変更の可能性を考慮し，疎結合のモジュール構成とした。また，定期的な機能エンハンスを予定している液晶パネル表示・制御機能については，メニューのデザインや構成の変更など，ダウンロードによって更新されると考えられるモジュールを，疎結合のモジュ

ここに注目！

趣旨に沿って，疎結合，密結合について，事例の詳細を論じている点がすばらしいです。

ールで構成し，更新を容易にすることとした。
　未確定要素が多いテレビとの連携機能については，製品の開発への影響を小さくすることを目的に，既存のハードディスクレコーダにおけるテレビ連携機能の設計内容を確認し，変更される可能性のあるモジュールを明確にしておくこととした。

memo

900字
1000字
1100字
1200字
1300字
1400字
1500字
1600字

設問ウ

memo

3　開発への影響と組込みシステム製品の納入後の評価

3.1　開発への影響

　テレビとの連携機能について，テレビ側の設計変更が想定以上に多発する事態となった。事前にテレビ側の設計変更の影響を受ける可能性が高いモジュールを明確にしておいたが，設計変更の影響を強く受ける状況である。私は，テレビとの連携機能のモジュールの粒度を小さくして，テレビ側の仕様が決定したところからハードディスクレコーダ側のモジュールの仕様を確定させていく工夫をした。一部のモジュールについては，再設計が必要となり，スケジュールに遅延が発生することとなった。ただし，開発スケジュールには若干の余裕をもたせてあり，全体の開発日程には影響がなかった。

　モジュールの粒度を小さくすると，全体のモジュール数が増加することになり，性能面への影響を考慮しなければならない。ある程度開発が進行しないと明確にならない部分もあるが，製品価格が高価に設定されており，プロセッサやメモリなどのリソースは必要十分なものが使えるため，性能面への影響は吸収できる見込みである。

ここに注目！

“影響”というキーワードを使って鮮明に論じている点がよいです。

3.2　組込みシステム製品の納入後の評価

　製品発売の1年経過後に，計画どおり機能エンハンスを無事にリリースできた。発売した製品に不具合は発生していないため，不良対策は含まれておらず，純粋な機能エンハンスである。新しいモジュールがインターネットに公開されると，インターネット接続中に自動的にダウンロードされ，モジュールの更新が行われる。ハードディスクレコーダ製品は，旧モジュールをバックアップしておく設計となっており，不良対策以外のモジュールについては，利用者の操作によって旧モジュールに戻すことができる。特にユーザインタフェースについては，慣れ不慣れなどの理由から古いユーザインタフェースを好む利用者も多い。新しいモジュールへの自動更新や旧

memo

インタフェースへの戻し操作などについて，問題は発生していない。私が仕様決定したモジュール間インタフェースについて，十分に効果が表れていると考えている。

－以上－

900字

1000字

1100字

1200字

IPA発表採点講評

システム要件を満たすインタフェース仕様を題材として，ライフサイクルを考慮したシステム設計についての実践的な論述を期待した。全体的に適切に論述されているものが多かった。しかし，一般的な仕様決定方針を述べるにとどまり，システム特有の条件に対する考慮に欠けるものや，個別の課題解決の羅列となり，システム全体が見渡せない論述も散見された。

事例作成者の紹介と一言アドバイス

岡山　昌二（おかやま　しょうじ）

外資系製造業の情報システム部門に勤務の後，1999 年から主に論文がある情報処理試験対策の講師，試験対策書籍の執筆を本格的に開始する。システムアーキテクト，IT サービスマネージャ，プロジェクトマネージャ，IT ストラテジスト，システム監査技術者試験の対策の講義とともに，コンサルティングを行いながら，(株) アイテックが出版しているシステムアーキテクト試験の「専門知識＋午後問題」の重点対策，総仕上げ問題集を執筆。システム運用管理技術者，アプリケーションエンジニア，プロジェクトマネージャ，IT ストラテジスト，システム監査技術者，元 EDP 監査人協会（現 ISACA）東京支部　広報・出版担当理事。

論文問題攻略のためのワンポイントアドバイス

章立てや論述内容を決める論文設計は，論文を書き始める前に必ず行いましょう。論文設計では，問題の趣旨に追加で論文ネタを，設問文に章立てを書き込むようにして，メモ用の白紙ページではなく，問題が書かれたページを使うようにしましょう。

鈴木　久（すずき　ひさし）

1963 年　静岡県生まれ。専門分野は応用統計学，オペレーションズリサーチ，コンピュータ科学（工学部出身）。国内大手・外資系電機メーカに勤務，生産管理，品質管理，マーケティング，商品開発，情報システムの業務に携わり，利用部門の立場で業務とシステム化のかかわりに従事。独立後，システムの企画段階のコンサルティングや分析業務を手掛けるかたわら，情報処理技術者試験の論文対策指導を長年行っている。「システムの供給側と利用側がいかに協力できるか」が指導の中心である。

論文問題攻略のためのワンポイントアドバイス

細かい表現を模倣するのではなく，全体の流れをしっかりととらえることが重要です。誰でも自分独自の文体や書き味があるのでそれを生かしつつ，いかに文章を良くするかに集中してもらいたいと考えます。

まず，設問要求に対してシンプルに文章を展開することが重要です。採点する人は短時間で採点・評価を行っていると考えられるので，とにかく分かりやすい文章とすることが大前提となります。

また，施策の報告の列挙では論述として不十分です。自分の考えや主張を述べて客観的な理由説明を行い論述展開して，いかに自分の専門能力が高いかアピールしましょう。そして，施策を行った過程にも注目して，どのような努力や苦労があったのかをアピールして，臨機応変な行動力があることを示しましょう。こうしたアピールは，対象システムの状況や特徴を基に妥当性・正当性を高めるようにしましょう。

長嶋　仁（ながしま　ひとし）

業務アプリケーションの開発・カスタマサポート領域の SE 業務を経て，研修講師と学習コンテンツ制作を中心に活動中。情報処理技術者（テクニカルエンジニア〔システム管理，ネットワーク，情報セキュリティ，データベース〕），システム監査，システムアナリスト，上級システムアドミニストレータなど情報処理安全確保支援士，技術士（情報工学）。

論文問題攻略のためのワンポイントアドバイス

論文を添削してきた経験から，合否を分ける大きなポイントは「設問の要求事項の充足度」です。設問では全部で5～7個程度の事項が要求されます。要求事項から見出しを作成し，全ての事項を網羅することが重要です。論文を3本準備すれば，転用可能な問題が出題される確率が高くなります。ただし，そのままでは要求事項を充足できませんので，準備した論文に含まれない要求事項を何としても絞り出します。この絞り出しは，答案用紙に論文を書き出す前の論文設計時に行います。後付けで考えると，一貫性が崩れやすいからです。

もう1点補足です。SAに固有なポイントとして，設問アで「業務の概要」と「情報システムの概要」が求められた場合に，それぞれを明確に説明します。一緒くたに述べてしまうと減点の可能性があります。

北條　武（ほうじょう　たけし）

大手 SIer に勤務しつつ情報処理技術者試験の教育に携わっている。主に公共分野のシステム開発に十数年従事した後，プロジェクトのリスクマネジメント，情報セキュリティ関連や，J-SOX 法対応の監査を経験し，現在は PM 育成の施策に携わっている。保有資格はシステム監査技術者，システムアナリスト，プロジェクトマネージャ，テクニカルエンジニア（データベース），情報セキュリティアドミニストレータ，PMP，公認内部監査人（CIA）等であり，また，2009 年から一般社団法人プロジェクトマネジメント学会の委員も務めている。

論文問題攻略のためのワンポイントアドバイス

まず，問題文と設問をよく読んで，出題者の意図を捉えてください。題意に沿って書かないと，いくらいいことを書いても加点されません。また，2 章，3 章は 1 章で書いた内容に基づいて，SA として自身が取り組んできたことの工夫点や根拠が前面に出るような内容にしてください。論文添削をしていますと，2 章，3 章で事実経緯に終始してしまい肝心な工夫点や根拠が 2，3 行の論文，教科書に書いてあるような，どのシステム開発でも通用してしまう一般論に終始している論文が散見されます。そこが A 評価と B 評価の分かれ目，すなわち合否の分かれ目ですので，常に意識して取り組んでください。

満川　一彦（みつかわ　かずひこ）

人財育成業務に従事。

保有資格は，技術士（情報工学）を筆頭に，情報処理技術者（システム監査技術者，IT ストラテジスト，システムアナリスト，プロジェクトマネージャ，アプリケーションエンジニア，IT サービスマネージャ，上級システムアドミニストレータ，テクニカルエンジニア（システム管理）ほか（エンベデッドシステムスペシャリスト以外全て））など。

著書は，『2022 IT ストラテジスト「専門知識＋午後問題」の重点対策』ITEC，『情報処理教科書　システムアーキテクト　2022 年版』(共著)，『OSS 教科書　OSS-DB Silver Ver.2.0 対応』(共著)，『IT Service Management 教科書　ITIL ファンデーション　シラバス 2011』(共著)以上翔泳社，『書けるぞ高度区分論文（うかるぞシリーズ）』週間住宅新聞社　など。

論文問題攻略のためのワンポイントアドバイス

論文試験においてA判定（合格）を得るためのポイントを 4 点紹介します。

第一は，題意（設問文の「述べよ」という指示）に沿って論述することです。題意に沿った論述は，合格のための絶対条件です。高尚な内容の論文であっても，題意に沿っていなければ，不合格になります。

第二は，試験区分ごとに期待されている人材像の立場で，具体的な内容を論述するということです。プロジェクトマネージャの試験で，「私は，ユニバーサルデザインを意識してユーザインタフェースの設計を行った」と記述してはいけません。ユーザインタフェースの設計を行うのはシステムアーキテクトであって，プロジェクトマネージャの業務ではないからです。「具体的な内容の論述」については，単に「テストを綿密に行った」と論述するのではなく，「システムに求められる性能要件が厳しく，テストケース数を，同程度の規模の事例より 20％多く設定した」というように論述するわけです。数値を用いることも具体的な記述のテクニックです。一般論に終始しないように気をつけてください。

第三は，論述を開始する前にストーリを作成することです。ストーリに沿って論述すれば，論旨が明確になります。特に，文章作成にあまり慣れていない方には，ストーリを作成することをお薦めします。

第四は，論文の手書き練習をすることです。論文試験では，2 時間で 2,800 字程度の文章を書く必要があります。パソコンなどの文書作成と比較して，手書きには多くの時間を要し，論文が完成する頃には手が相当疲れます。2,800 字書くことを体感しておくために，少なくとも 5 本は手で書く練習をしてください。

■**参考文献**

IPA　独立行政法人　情報処理推進機構；試験要綱，2022年
・株式会社日経BP；日経コンピュータ，2019年～2022年，日経SYSTEMS，2013年～2018年
・Project Management Institute, Inc.；プロジェクトマネジメント知識ガイド第6版，2017年
・寺田 佳子著；学ぶ気・やる気を育てる技術，日本能率協会マネジメントセンター，2013年
・IPA　独立行政法人　情報処理推進機構；情報処理技術者試験ガイドブック，2006年
・株式会社日経BP　IT Pro；IT資格ゲッターの不合格体験記，2006年
・古郡延治著；論文・レポートの文章作法，有斐閣，1992年
・木下是雄著；理科系の作文技術，中央公論新社，1981年
・樋口裕一著；ホンモノの文章力－自分を売り込む技術，集英社，2000年
・出口汪著；「論理力」最強トレーニング－「考える力」を鍛えれば，あなたの仕事も2倍速くなる！，ベストセラーズ，2003年
・Kim Heldman著，PMI東京（日本）支部監訳；PMP教科書　Project Management Professional，翔泳社，2003年
・アイテック情報技術教育研究所　編著；〈午後Ⅱ〉論文の解法テクニック改訂新版，㈱アイテック，2006年

アイテックが刊行している「総仕上げ問題集シリーズ」，「重点対策シリーズ」，「合格論文シリーズ」の各書籍も参考文献として掲載します（2022年8月現在)。
詳しくはアイテックのホームページ（https://www.itec.co.jp/）を参照してください。

・総仕上げ問題集シリーズ……最新の試験分析，3期分の試験問題と解答解説，実力診断テストを収録

ITストラテジスト　総仕上げ問題集
システムアーキテクト　総仕上げ問題集
ITサービスマネージャ　総仕上げ問題集
プロジェクトマネージャ　総仕上げ問題集
システム監査技術者　総仕上げ問題集

・重点対策シリーズ……午後の試験の突破に重点を置いた対策書

ITストラテジスト　「専門知識＋午後問題」の重点対策
システムアーキテクト　「専門知識＋午後問題」の重点対策
ITサービスマネージャ　「専門知識＋午後問題」の重点対策
プロジェクトマネージャ「専門知識＋午後問題」の重点対策
システム監査技術者　「専門知識＋午後問題」の重点対策

・合格論文シリーズ……本書を含めた次の5冊には専門家による合格論文，論述のヒントが満載

ITストラテジスト　合格論文の書き方・事例集　第6版
システムアーキテクト　合格論文の書き方・事例集　第6版
ITサービスマネージャ　合格論文の書き方・事例集　第6版
プロジェクトマネージャ　合格論文の書き方・事例集　第6版
システム監査技術者　合格論文の書き方・事例集　第6版

■著　者

岡山　昌二
鈴木　　久
長嶋　　仁
北條　　武
満川　一彦

システムアーキテクト　合格論文の書き方・事例集　第6版

監修・著者■　岡山　昌二
著者■　鈴木　　久　　長嶋　　仁
北條　　武　　満川　一彦
編集・制作■　山浦　菜穂子　　三浦　晴代　　八幡　美保
DTP・印刷■　株式会社ワコー

発行日　2022年10月11日　第6版　第1刷
2023年11月13日　第6版　第2刷
発行人　土元　克則
発行所　株式会社アイテック
〒143-0006　東京都大田区平和島6-1-1　センタービル
電話　03-6877-6312
https://www.itec.co.jp/

703500-11WP
ISBN978-4-86575-303-5 C3004 ¥3000E

【訓練 1風の文章を書いてみよう

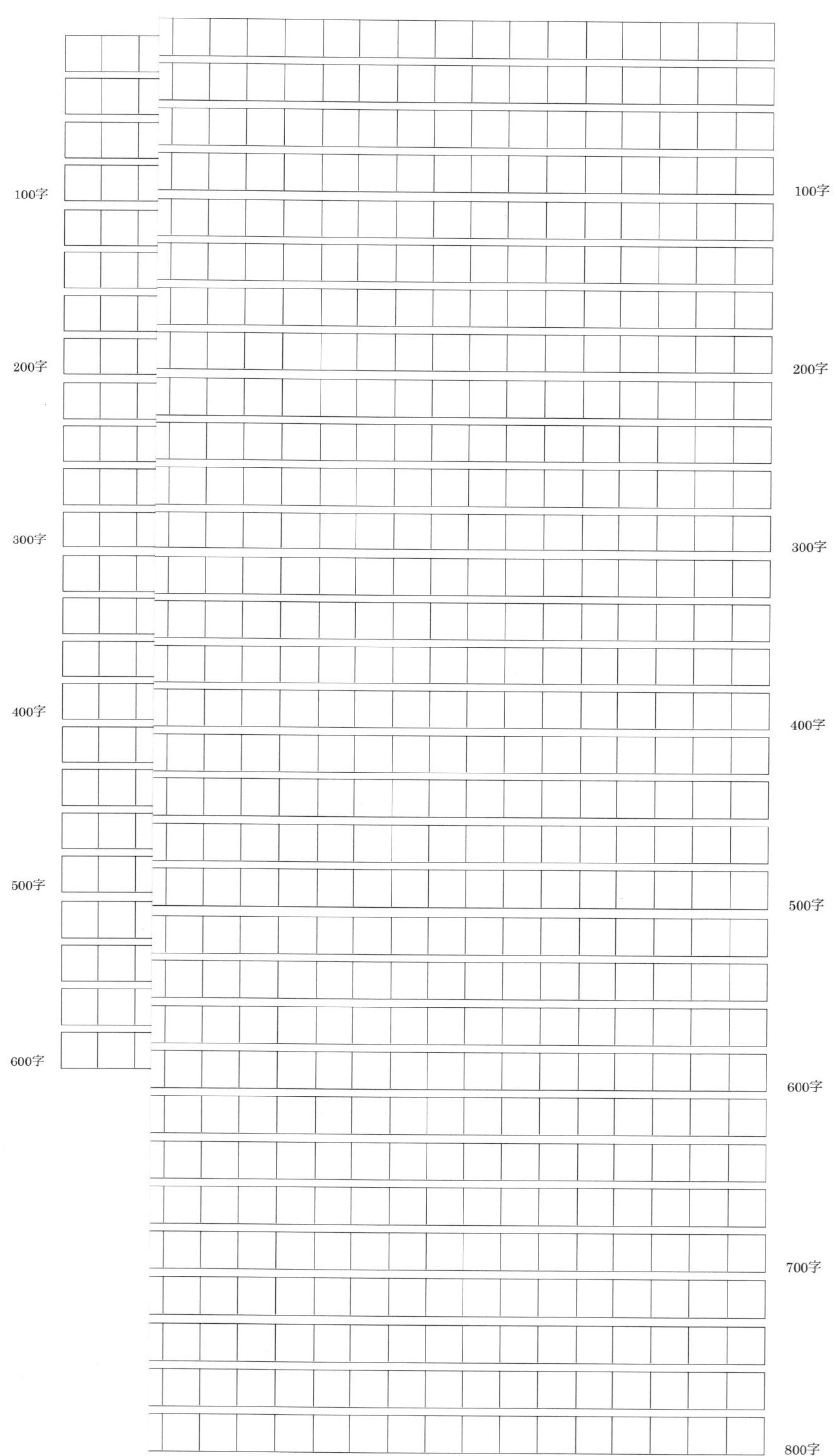

巻末ワークシート1

】問題文にトピックを書き込む（演習問題）

ザビリティを重視したユーザインタフェースの設計について

情報システムの接点としてスマートフォンやタブレット端末など多様なデバ
ｾわれてきており，様々な特性の利用者が情報システムを利用するようになっ
に伴い，ユーザビリティの善しあしが企業の競争優位を左右する要素として
ている。ユーザビリティとは特定の目的を達成するために特定の利用者が特
状況下で情報システムの機能を用いる際の，有効性，効率，及び満足度の度
とである。

ユーザビリティを実現するためには，利用者がストレスを感じないユーザイ
ース（以下，UI という）を設計することが重要である。例えば，次のよう
者の特性及び利用シーンを想定して，重視するユーザビリティを明確にした
することが望ましい。

に慣れていない利用者のために，操作の全体の流れが分かるようにナビゲー
ン機能を用意することで，有効性を高める。

に精通した利用者のために，利用頻度の高い機能にショートカットを用意す
とで，効率を高める。

ユーザビリティを高めるために，UI を設計する際には，想定した利用者に
を持った協力者に操作を体感してもらい，仮説検証を繰り返しながら改良す
った設計プロセスの工夫も必要である。

の経験と考えに基づいて，設問ア～ウに従って論述せよ。

あなたが UI の設計に携わった情報システムについて，対象業務と提供する
能の概要，想定した利用者の特性及び利用シーンを，800 字以内で述べよ。

設問アで述べた利用者の特性及び利用シーンから，どのようなユーザビリテ
を重視して，どのような UI を設計したか，800 字以上 1,600 字以内で具体
に述べよ。

設問イで述べた UI の設計において，ユーザビリティを高めるために，設計
ロセスにおいて，どのような工夫をしたか，仮説検証を含めて，600 字以上
200 字以内で具体的に述べよ。